하와일록

河窩日錄

일러두기

단행본과 학술지, 잡지 등은 『 』로, 논문과 단편, 시조, 그림은 「 」로 표기했다.

국학자료 심층연구 총서 21

하와일록

河 窩 日 錄

소년에서 유학자로, 조선 사대부
청소년의 성장 과정과 세상 읽기

한국국학진흥원 연구사업팀 기획
안경식 김종석 김명자 이우진 백민정 이광우 지음

은행나무

책머리에

　『하와일록河窩日錄』은 조선후기 안동 하회에 살았던 풍산류씨 겸암 류운룡의 9대손인 류의목柳懿睦(1785~1833)이 소년 시절 작성한 일기 이다. 2021년 한국국학진흥원은 심층연구의 대상으로 류의목의『하 와일록』을 선정하였다. 최근 일기 자료의 번역 성과에 힘입어 다양한 연구가 진행되고 있다. 따라서 일기의 심층 연구라고 하면 특색이 없 다고 볼 수 있다. 그러나 류의목의 일기는 기존 일기와 달리 성인이 되 기 전인 청소년 시기의 일기라는 점에서 흥미롭다. 류의목은 12세부터 18세까지 일기를 작성하였다. 따라서 조선시대 사대부가의 청소년이 어떤 과정을 거쳐 생활하고 사고했는지를 생생하게 파악할 수 있다는 점에서 의미가 있다.

　한국국학진흥원 연구사업팀에서는 연구의 진행을 위해 역사학, 교 육학, 철학, 문학 전공자 등 관련 분야의 전공자를 규합하여 연구팀을 구성하였다. 연구팀은 1년간 치밀한 공동연구를 진행하였다. 1년 동 안 봄과 여름, 가을의 계절이 바뀌는 동안 세 차례나 모여서 발표와 토론을 진행하였다. 다양한 전공만큼 각자의 시각이 달랐고 그러한 차이 속에서 새로운 사실을 발견하는 계기를 마련하기도 했다. 그리고 이들 연구의 결과를 각 연구자들이 본인의 책임 아래 연구 내용을 서술하고 보완하여 본 책을 완성할 수 있었다.

류의목은 풍산이 본관이며, 서애西厓 류성룡柳成龍의 형인 겸암 류운룡의 후손이다. 20세에 입재 정종로의 문인이 되었다. 이후 성리학과 예학에 관한 저술을 남겼으나 한 번도 관직에 나간 적은 없었다. 일찍부터 경상도 안동 하회에 거처하며 학문 활동에 전념하였다.『대학변의大學辨義』,『상례고증喪禮考證』과 같은 학술서와 함께 이번 심층연구 대상인『하와일록』을 남겼다.

『하와일록』은 청소년이 쓴 일기라는 편견과 달리 당시 향촌 사회에서 발생한 각종 동향을 세밀하고 구체적으로 적고 있다. 또한 중앙 정계의 동향을 살펴서 관직 임명이나 정치적 부침을 기록하기도 했다. 향촌 내의 관혼상제나 족보 편찬, 유행병과 그 치료와 같이 지방사회에서 발생할 법한 다양한 일들을 기록하기도 했다. 따라서『하와일록』은 단순히 사대부 청소년의 사고방식을 이해하는 사적인 측면의 기록 자료를 벗어나 공적인 가치가 충분한 역사적 사료로서 의미를 지니고 있다. 물론, 류의목 스스로 일기를 쓰는 목적을 스스로를 돌이켜보고 반성하기 위한 심신의 단련에 있다고 언급한 만큼 개인적 기록으로서의 가치도 있다. 이제 이러한 특징을 지닌『하와일록』을 여섯 명의 연구자가 고민하고 분석한 성과를 내보이고자 한다.

안경식 교수는 "소년 류의목은 어떻게 유학자가 되었나?"라는 주제로, 유학자의 지知가 어떻게 내면화 되어가는지를 고찰하였다. 이는 류의목을 사례를 통해 한 인간이 생물학적 존재로 태어나서 어떤 과정을 거쳐 유학자라는 사회문화적 존재로 성장해가는지를 알아본 것이다. 김종석 박사는 "조선후기 한 지방 사족의 세상 읽기"라는 주제로, 류의목의 사례를 통해 조선후기 재지사족의 후예가 어떠한 학습 과정을 거쳐 한 사람의 사족으로 성장해 가는지 고찰하였다. 특히 주변 환경 변화에 대한 대응을 통해 사족 사회의 일원으로 자리매김해 가는 사회화 과정을 고찰한 것이다. 이를 통해 조선후기 유교 지식인의 실존적 정신세계를 역으로 재구성할 수 있다. 김명자 박사는 "사랑채와 자제의 사회화 프로젝트"라는 주제로, 사랑채가 만들어지는 과정과 사랑채의 역할을 알아보고, 또 류의목의 일기자료에 등장하는 남성이 자신의 공간인 사랑채를 중심으로 자제를 어떻게 사회화시키는지 검토하였다. 유교이데올로기의 실현 공간으로서 '가家'에 주목하고 그중에서도 사랑채에서 발생한 자제 교육, 가정 경영, 손님 접대와 같은 역할에 주목하였다. 이우진 교수는 "죽음을 통한 젊은 유학자의 성장"이라는 주제로, 류의목이 주변의 죽음에 대한 애도 작업을 어떤 식으로 수행했는지 탐색하였다. 특히 애도 작업을 상례 절차와 유비적으로 논의하여 전통시대의 비탄 극복 과정을 그려냈다. 백민정 교수는 "아이에서 어른으로의 성숙 여정, 『하와일록』"이라는 주제로, 류의목이 『하와일록』에 표현한 서술의 변화를 통해 실용적인 글의 성격이 점차 문학적인 성격으로 변화해가는 과정을 살폈다. 이광우 박사는 "류의목이 경험한 1798~1799년 전염병 이야기"라는 주제로, 류의목의 경험을 중심으로 당대의 전염병 실태와 참상, 여기에 대응하던 전통시대 사람들의 여러 양태를 조명하였다.

『하와일록』은 서애 류성룡의 8대손 류이좌의 집인 하회마을 화경당
和敬堂에 소장했다가 현재 한국국학진흥원에 기탁되어 있다. 한국국학
진흥원은 2015년 일기국역총서 사업으로 번역본을 발간하였다. 심층
연구포럼은 한국국학진흥원의 대표적인 연구사업이다. 지난 10년이
넘는 기간 동안 100명이 넘는 연구진이 참여하여 다양한 성과를 꾸준
히 발간하고 있다. 그리고 2021년에도 6명의 연구자가 『하와일록』의
심도있는 연구에 매진하여 성과를 배출하게 되었다. 참여해주신 연구
자분들과 한국국학진흥원에 자료를 기탁해준 모든 분들께 감사드린
다. 앞으로도 역량 있는 연구자들과 함께 심층연구포럼을 지속해 나가
길 희망한다.

2022년 11월
한국국학진흥원 연구사업팀

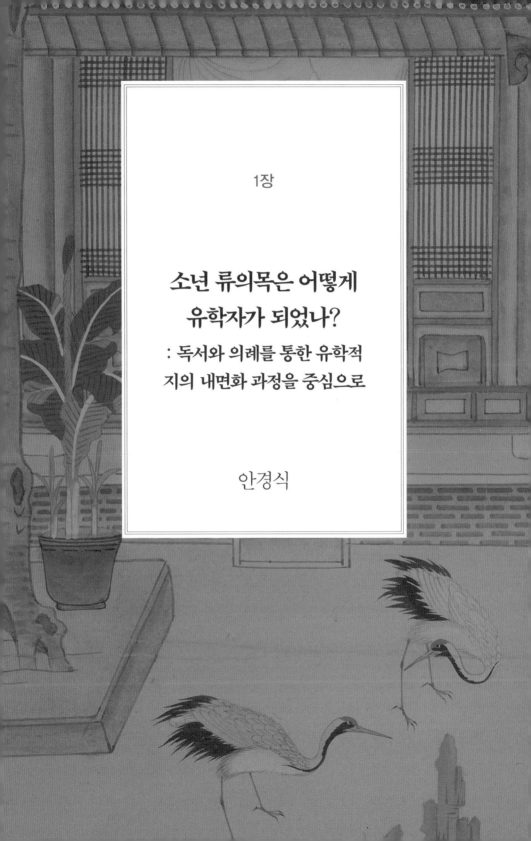

1장

소년 류의목은 어떻게
유학자가 되었나?

: 독서와 의례를 통한 유학적
지의 내면화 과정을 중심으로

안경식

이 글은 『국학연구』 제47집에 실린 논문 「소년 류의목은 어떻게 유학자가 되었나? -독서를 통한 유학적 지知의 내면화 과정을 중심으로-」를 수정 보완한 글이다. 논문에 서는 독서 활동만을 다루었으며, 여기서는 의례를 통한 유학적 지의 내면화 과정을 추 가하여 살펴보았다.

유학자의 탄생과 지의 내면화

이 글은 유학적 지知가 어떻게 내면화internalization되어 가는지를 알아보려는 것이다. 18세기 후반에서 19세기 초반, 안동 하회마을에 살았던 소년 류의목柳懿睦(1785~1833)의 일기를 통하여 한 인간이 생물학적 존재로 태어나서 어떤 과정을 거쳐 유학자라는 사회문화적 존재로 성장해 가는지를 알아보고자 하는 것이다. 이른바 유학자의 '탄생' 과정을 지의 내면화라는 관점에서 탐구해 보고자 하는 시도다.[1]

지의 내면화 문제는 학습이 일어나는 기제를 밝히는 작업으로 교육학의 핵심 연구 과제 중 하나다. 사실 전통철학의 인식론epistemology에서도 이 문제에 관심을 가져왔지만 보다 주목받게 된 것은 20세기이후, 피아제J. Piaget, 비고츠키L. Vygotsky로 대표되는 심리학자들의 등장과 때를 같이한다. 하지만 이들이 지의 내면화를 인간의 생득적 요인과 환경적 요인의 상호작용으로 설명하는 것은 같다. 다만 피아제가 생득적 인지 구조의 파악에 관심을 둔 반면 비고츠키는 사회적 상호작용의 중요성을 강조한 차이가 있다. 피아제가 지의 내면화가 어떤 기제의 작동으로 이루어지는가에 관심을 가졌다면, 비고츠키는 내면화를 어떻게 촉진할 수 있는가에 관심을 가졌다고 할 수 있다. 최근 독일의 교육학자 불프C. Wulf는 역사적 교육인간학Historisch-Pädagogische Anthropologie이란 연구 영역을 창안하여 미메시스mimesis라는 개념으로 학습 기제의 해명을 시도하고 있다. 그는 신체성, 미메시스, 연행성, 의례, 이미지 등과 같은 개념으로서 문화 인지 과정을 설명하고 있는데 이는 유학적 지의 내면화 문제를 설명하는 데도 유용할 것으로 보인다.[2]

류의목의 자는 이호彝好, 호는 수헌守軒이며, 본관은 풍산豊山이다. 겸암謙菴 류운룡柳雲龍(1539~1601)의 9대손으로 20세에 입재立齋 정종로鄭宗魯(1738~1816)의 문인이 되었다. 『대학변의大學辨義』, 『중용관견中庸管見』, 『상례고증喪禮考證』 등 성리학 저술과 예서禮書를 남겼고, 사후에 문집 『수헌집守軒集』이 출간되었다. 그러나 출사出仕한 적은 없었으며, 하회 남쪽 삼봉三峯 아래 남애서숙南厓書塾을 짓고 학문하며 살다 49세에 죽었다. 문집 외에 12세(1796)부터 18세(1802)까지의 일기 『하와일록河窩日錄』이 남아 있는데, 한국국학진흥원에서 『할아버지와 함께한 시간들 : 하와일록』이란 책으로 2015년 번역되었다. 이 일기의 특징은 학습 일기이자 성장 일기라는 것이다. 일기에는 다른 무엇보다 류의목의 학습 과정이 세세히 기록되어 있고, 12세부터 18세까지의 청소년기의 성장 일기로서의 의미가 있다. 12세의 류의목은 동자童子 류팽길(류의목의 아명)이었지만 18세의 류의목은 유자儒子가 되어 있었

하회마을

다. 류의목의 일기 『하와일록』은 그의 지적 성장을 기록한 자료다. 역사적 자료인 개인의 일기를 통해 피아제의 관심사였던 스키마schema와 같은 인지 구조를 발견하기는 어려울 것이다. 그러나 『하와일록』에는 요즈음의 일기에서 발견하기 어려운 유교적 지의 학습 과정이 상세히 기록되어 있다. 또 비고츠키가 지의 성장과 촉진에 필수적인 요소로 보았던 사회문화적 상호작용의 내용 역시 풍부하게 기록되어 있다. 이 글에서는 관찰이나 실험 등과 같은 종래의 심리학적 방법이 아닌 일기와 같은 문헌을 통한 역사학적 방법으로 지의 내면화, 즉 지의 성장 문제를 살펴보고자 한다. 지의 내면화 문제를 인지 구조의 확인보다 지의 성장 과정에 초점을 맞춘다면 가능한 작업으로 보인다.

소년 류의목이 유학자라는 사회문화적 존재가 되는 과정에는 수없이 많은 요소가 작용할 것이다. 여기서는 류의목이 유학자로서 성장하는 데 관련이 있는 경험 가운데 독서 활동과 의례 참여 경험에 주목하고자 한다. 사실 한 인간의 지적 성장에는 우리가 다 파악할 수 없는 수많은 경험이 작동할 것이다. 류의목의 일기를 보더라도 독서 경험과 함께 가족, 친척, 친구 등 주위 사람들과의 교류 경험이라든지 제사나 상례, 혼례, 강회 등 각종 의례, 의식의 참여 경험이 눈에 띈다. 이러한 경험들은 소년 류의목이 유학자로 성장하는 데 도움을 주는 문화적 자원이 되었을 것이다. 물론 이러한 경험들은 개별적인 것은 아니며 상호 밀접한 관계를 맺고 있다. 예를 들어 조선시대 유학자의 일상은 『소학』과 같은 텍스트가 행동 전범이 되었고, 관혼상제와 같은 의례는 『주자가례』와 같은 텍스트를 기본으로 하여 가감과 변용이 이루어져 왔다. 이와 같이 지의 내면화에는 매우 다양한 경험이 어울려 작동함에도 불구하고 여기서 특별히 독서 활동과 의례 참여 경험에 주목하는 것은 류의목의 일기에 가장 특징적으로 드러나는 것이 이 두 가지이기 때문이다.

먼저 그의 일기에는 지의 성장이 가장 활발하게 이루어지는 시기라고 볼 수 있는 소년기, 청소년기에 이루어진 독서 활동이 다른 어떤 사료보다도 잘 기록되어 있다. 즉, 그가 읽은 책의 종류와 분량에서부터 독서의 깊이를 결정하는 독서 시간과 집중도 그리고 독서의 방식(숙독, 다독, 성독 등), 독서와 토론의 관계, 독서와 시험의 관계, 서원 등을 중심으로 이루어지는 당시의 독서 문화는 물론이고 독서를 통하여 지의 내면화가 이루어졌는지를 짐작할 수 있는 내용까지 일기에 기록되어 있다. 독서가 문자를 통하여 이루어지는 지의 내면화를 설명할 수 있다면 의례의 참여는 비문자적 경험이며, 이 역시 유학적 지의 내면화를 설명할 수 있는 중요한 문제 가운데 하나다. 류의목의 일기에는 독서 활동과 아울러 상례, 제례, 혼례 등의 통과의례에 관한 내용이 하루가 멀다 하고 기록되어 있다. 이 글에서는 이 두 가지 활동과 경험을 통하여 유학적 지가 어떻게 내면화되고, 유학자의 '탄생'이 어떻게 이루어지는지를 살펴보고자 한다.

이 연구는 지의 내면화에 대한 역사적 사례 연구다. 류의목의 남겨진 일기 일부를 주요 사료로 활용하기에 실험실과 같이 통제된 조건하에서 이루어지는 심리학 연구처럼 내면화 정도를 수치로 양화하여 제시할 수 없다. 대신 이 연구는 지역 단위에서 이루어지는 문화적 지의 내면화 과정에 관계하는 요인이 어떠한 것이며, 그 요인들이 실제 생활 조건 속에서 어떻게 개인에게 내면화되는지를 엿볼 수 있는 문화기술지적 성격이 있다. 그래서 비록 한 지역의 사례이기는 하지만 그곳이 조선시대 사림의 본거지라 할 수 있는 안동 지역이라는 것도 유학적 지에 관심을 가진 사람들에게는 흥미로운 점이다.

소년 류의목이 어떻게 유학자가 되어 가는지를 살펴보는 것은 조선시대 선비의 정신세계의 바탕이라 할 수 있는 유교적 지가 어떻게 내면화되어 가는지를 탐구하는 과정이다. 동시에 한국인의 형성 과정을 탐구하는 것이기도 하다. 이른바 서구 근대교육의 도입과 함께 그동안 우리는 전통적 교육은 삶에 '무기력'한 교육이라고 보았다. 그래서 그 경험을 폐기했다. 이 글을 통해 그들의 앎이 삶과 무관하거나 무기력한 것이 아니었다는 것이 밝혀지기를 기대한다.

유학에서 독서의 의미와 지의 내면화

조선시대 나아가 동아시아 사회에서 유자[士, 儒]를 달리 독서인이라 칭한 것은 독서야말로 그들을 다른 계층의 사람들, 예를 들면 농, 공, 상민과 구분 짓는 활동이었기 때문이다. 유자들의 독서 활동은 단지 오늘날 우리가 눈으로 문자를 보고 정보를 얻는 활동과는 다르다. 그것은 유학의 전통에 입문하는 하나의 과정이다.

선진先秦시대 유학의 전통에서 '학學'은 크게 두 가지 의미가 있다.[3] 하나는 학교로서의 학이고, 다른 하나는 배움으로서의 학이다. 서주西周시대의 문물文物로서 학교는 대학과 소학이 있고, 대학으로는 이른바 오학五學이 완비되어 있었다.[4] 서주시대의 문물을 만든 이가 주공周公이다. 문물의 옛 의미는 예악과 전장, 제도를 지칭하는 것이다.[5] 학교라는 제도는 문물의 하나로 만들어진 것이고, 여기서 예, 악, 시, 서 등을 가르쳤다. 동주東周시대는 이 문물이 무너진 시대다. 예와 악을 비롯한 전장, 제도가 무너졌고, 이를 회복시키려 한 이가 공자다. 공자는 스스로를 호학好學하는 사람이라고 하였는데, 그가 배우려고 한 것은 바로 서주의 문물이다. 또 그 가치를 인정하여 책으로 편찬한 것도 선대의 문물이었다. 따라서 책을 읽는 것은 선대의 문물을 습득하는 것이며, 동시에 선대의 성인을 만나는 것이기도 하였다.

성리학자의 독서 목표

유가에서 독서의 의미를 다시 확인한 이는 주자다. 그는 "성현이 없었더라면 수많은 서책도 없었을 것이다"[6]라고 하여 독서와 성인의 관계를 확실히 했다. 충실한 주자학자인 퇴계 이황의 독서관도 다르지 않다. 학봉 김성일에 따르면 "선생(퇴계)은 성현을 존숭하여 그를 존경하기를 마치 신명神明이 머리 위에 있는 듯하였다. 그래서 책을 읽을 때에는 반드시 그 이름을 피하고, 아무개라고 일컬었는데 한 번도 어긴 적이 없었다"고 하였다.[7] 또 말하기를 "글을 읽는 데 중요한 것은 반드시 성현의 말과 행동을 마음으로 체득하는 것이다"라고 하였다.[8]

도학자로서 조선 성리학자들의 목표는 성인이 되는 것[聖人自期]이었고, 그 방법의 하나가 독서다. 주자는 "성인은 많은 것을 겪어 본 사람이다. 그래서 그것을 책판에 써 사람들에게 보게 한 것이다,"[9] "성인의 말씀은 그가 일찍이 겪어본 것이다"[10]라고 하였다. 흔히 독서는 간접 체험이라고 한다. 타인의 경험이 기록되어 있는 책을 통하여 타인의 경험을 간접적으로 체험하는 것이다. 이 간접 체험을 현대 학문의 용어로 바꾸면 '내면화'다. 성인은 많은 것을 경험한 사람으로 자신의 경험을 서책에 기록하였는데, 이것이 유학적 지가 되는 것이다. 후학들은 책을 읽음으로써 이 지를 습득하여 자신도 성인이 되고자 하는 것이다.

주자는 독서의 의미에 대해 또 이렇게 설명하고 있다.

독서는 두 번째 의미다. 사람은 태어나면서 도리를 완전히 갖추고 있지만 책을 읽지 않으면 안 되는 것은 경험이 부족하기 때문이다. 성인은 많은 것을 경험한 분이다. 그래서 책으로 써서 다른 사람들에게 읽게 한 것이다. 지금 책을 읽는 것은 다만 수많은 도리를 알려 하는 것이다. 도리를 완전히 이해하고 나서는 그 모든 것이 원래 자신에게 갖추어져 있었던 것이지 밖에서 부가되어진 것이 아닌 것임을 알게 된다.[11]

주자가 독서를 두 번째 의미라고 규정한 것은 독서가 남의 경험을 기록해 놓은 것이기 때문이다. 그러면 첫 번째는 무엇인가. 그것은 자신의 경험이다. 위에서 말했듯이 독서는 성현들의 경험의 기록이고, 이를 통해 후학들은 성현들의 사상을 알 수 있다. 하지만 서책이 아무리 성현의 글이라 하더라도 결국은 나 아닌 남의 경험을 기록한 것이고, 그런 의미에서 두 번째가 될 수밖에 없다. 그런데 내면화와 관련하여 주자의 위의 말에서 주목할 점은 "그 모든 것이 원래 자신에게 갖추어져 있었던 것"이라는 말이다. '그 모든 것'이란 앞 문장에서 언급한 '수많은 도리'일 것이다. 그래서 이 말을 풀어보면 성현이나 나는 다 같이 사람이고, 사람으로서 이미 도리를 갖추고 태어났다. 성현은 그 도리를 경험하여 안 사람이고, 나는 그 도리를 아직 나의 경험으로 알지 못한 차이가 있다. 서책은 경험을 전달하는 미디어다. 성현은 자신의 경험을 글로 써 책으로 만들었다. 나는 그 책을 읽음으로써 성현의 경험을 징검다리로 삼아 나의 경험으로 만든다. 이것이 독서의 의미다. 그런데 이것이 가능한 것은, 즉 독서를 통해 성현의 사상과 행동이 나의 것으로 내면화될 수 있는 것은 성인과 나는 다 같은 사람으로서 앎의 바탕이 되는 성품[性]이 다르지 않기 때문이다. 이것이 유학에서 보는 지의 내면화 이론이다. 사실 오늘날도 독서는 지의 습득의 주요 수단이 되고 있고, 그 지의 습득이 어떻게 이루어지는지에 대해서는 심리학자, 교육학자 등 학자들이 해명을 해왔다. 유학 역시 지의 내면화에 대한 나름대로의 이론이 있었고, 그것을 우리는 주자의 앞의 말에서 찾을 수 있다. 주자는 『대학장구大學章句』에서도 "하늘이 사람을 내릴 때 이미 인의예지의 성품을 부여하지 않은 것이 없다"고 한 바 있다.[12] 이로써 내면화의 가능성을 확보한 것이다. 그러나 그것은 어디까지나 가능성이고 가능성을 현실화하기까지는 남은 단계가 있다. 그것이 독서(행위 혹은 실천)다. 독서를 제대로 하게 되면 나의 인간됨(외면으로서의 실천 행동과 내면으로서의 생각, 사상)도 성인과 다름없이 되고, 독서가 제대로 되지 않으면 책은 책이고, 나는 나[書自書, 我自我] 혹은 성인은 성인, 나는 나다.

독서와 내면화

그렇다면 이런 내면화가 가능하려면 어떻게 독서를 해야 할까. 일찍이 공자는 '학이시습學而時習'이라 한 바가 있다. 물론 이때의 학學의 대상이 서책에 한정되는 것을 아닐 것이다. 그러나 서책이든 뭐든 학습한 내용을 반복하여 익히는 것[時習]을 내면화의 한 방법으로 본 것이다.[13] 주자는 좀 더 구체적으로 "성현의 말(책)은 반드시 늘 가져와 눈으로 보고, 입으로 읊조리고, 마음속에서 움직이게 하라"[14]라고 말한다. 퇴계도 다르지 않았다.

> 익도록 읽는 것뿐이다. 글을 읽는 사람이 비록 글의 뜻은 알았으나 만약 익지 못하면 읽자마자 곧 잊어버리게 되어 마음에 붙을 수 없다. 이미 배우고 거기에 충분히 익도록 하는 노력을 보탠 뒤라야만 비로소 마음에 붙을 수 있으며 또 푹 젖어드는 맛도 있을 것이다.[15]

제자(학봉 김성일)가 독서법을 묻자 이렇게 답한 것이다. 글을 배웠다 해서, 문장의 뜻을 머리로 이해한다고 해서 독서를 했다고 할 수 없다. 퇴계는 온숙溫熟이란 말을 자주 썼다. 온숙, 온습이란 말은 반복 학습한다는 뜻이다. 우리말의 익다는 말도 열매 따위가 시간이 흘러 여물게 된 것을 뜻하기도 하지만 학습한 것을 체득한 것을 일컫기도 한다.[16] 퇴계는 "마음에 붙는다[存之於心]"라는 말도 썼는데 이 논문의 개념으로 바꾸면 지의 내면화가 될 것이다. 퇴계는 학봉에게 가장 경계할 것으로 "책을 읽기 전에도 이 사람, 읽은 후에도 이 사람"이란 두 구절이라 했다.[17] 이것은 지의 내면화가 이루어지지 않은 상태다. 독서의 실패다. 이와 달리 지의 내면화가 이루어지는 상태를 그들은 협흡浹洽이라고 했다. 협흡은 어떤 것에 푹 젖어드는 것이다.

유학자들이 독서 활동을 통해 지를 내면화하는 데 또 하나의 요점은 소리 내어 읽기, 이른바 성독聲讀이다. 소리 내어 읽기는 눈으로 읽는 독서법과는 차이가 있다. 일정한 운율을 넣어 낭랑한 음성으로 경서를 읽는 모습은 조선조 선비들의 전형적 독서 모습이다. 눈으로 읽으면 속독이 가능하다. 굳이 육성肉聲으로 읽는 것은 지의 육화肉化를 목적으로 하기 때문이다. 성독은 구구단을 외는 것과 같은 기계적 암기가 아니다. 성독은 낭송인 동시에 암송이다. 지의 내면화의 한 방법이었다. 일찍이 주자는 소리 내어 읽기에 대해 머리로만 읽는 것과 비교하여 이렇게 말한 적이 있다.

글은 읽는 것이 중요하다. 많이 읽으면 자연히 깨우치게 된다. 지금 바로 종이 위에 쓰인 것을 생각으로만 한다면 일이 해결되지 않는다. 끝내 내 것이 되지 못한다. 다만 읽는 것이 중요하다. 이것이 왜 그런지는 모르겠지만 자연히 마음과 기운이 합쳐져 즐겁게 발산되므로 저절로 확실히 기억되는 것이다. 비록 눈으로 충분히 보고 마음으로 생각했다 하더라도 읽는 것만 못하다. 자꾸 읽다 보면 잠깐은 뜻을 파악하지 못할 수는 있지만 결국은 저절로 알게 된다.[18]

여기서 글을 읽는다는 것은 소리 내어 읽는다는 것이다. 주자는 소리 내어 읽는 것이 눈으로 읽는 것보다 나은 까닭은 잘 모르겠다고 한다. 그렇지만 자신의 경험으로 미루어 볼 때 소리 내어 읽는 것이 지를 '내 것'으로 만드는(내면화하는) 중요한 방법이라고 한 것이다.

류의목의 독서 활동 역시 이러한 유가의 전통과 무관하지 않다.

류의목의 독서와 지의 내면화

아동기의 독서

류의목의 문자 학습이 몇 세부터 시작되었는지를 알려주는 기록은 없다. 다만 행장에는 7세에 붓을 잡고 "강상청풍江上清風, 산간명월山間明月, 이득목우耳得目寓, 취용무금取用無禁"이란 글을 크게 썼다는 말이 있다.[19] 이 글은 소동파의 「적벽부」의 한 구절을 따온 것으로 보인다. 「적벽부」에는 "유강상지청풍惟江上之淸風, 여산간지명월與山間之明月, 이득지이위성耳得之而爲聲, 목우지이성색目遇之而成色, 취지무금取之無禁, 용지불갈用之不竭"이라는 말이 있다. 당시 족조族祖 임재공 류규(1730~1808)가 류의목의 머리를 쓰다듬으며 "가져가 우리 집에다 걸어놓고 싶다"고 할 정도였다.[20] 임재공은 채제공蔡濟恭(1720~1799)의 천거로 관직에 나간 학자다. 당시 회시에 실패하고 향리에서 후학들을 가르치고 있었는데 류의목이 적벽부를 외고 쓰는 모습이 눈에 뜨인 것이다. 임재공은 일곱 살 아이가 붓으로 큰 글씨를 쓴 것에 놀랐는지는 모르겠지만 적벽부를 읽었다는 것 그리고 그 원문을 응용한 것 역시 놀라운 일이다. 이를 미루어 보면 류의목은 이미 그 전에 문자 학습을 위한 서책들, 예를 들면 『유합類合』이나 『천자문』과 같은 서적들은 독파한 상황이었다. 그의 아우 류진현(1796~1834)이 5세에 『유합』을 읽었다는 기록이 그의 일기에 있다.[21] 그 역시 크게 다르지 않았을 것이다.

류씨 집안은 가학家學의 전통이 있었다. 이는 류씨 집안뿐 아니라 당시 사대부 가문의 일반적 전통이기도 하였다. 류의목에게 글을 가르쳤던 최초의 스승은 집안사람이었을 것이다. 아버지나 할아버지일 가능성이 크다. 「행장」에서는 "할아버지 월오공이 특별히 기특히 여기고 아꼈다"고 하며, "배움에 들어서는 어른의 이끌어 주심에 싫은 기색을 내지 않았다"고 했다.[22]

그런데 따지고 보면 지의 내면화는 이미 그가 글공부를 시작하기 전부터 시작되었을 수도 있다. 그의 집안은 글 읽는 유학자 집안이고, 아버지나 할아버지의 글 읽는 소리를 아주 어렸을 때부터 듣고 자랐을 것이다. 무슨 뜻인지도 모르지만 낭랑하게 글 읽는 소리를 듣는 것으로부터 유학자의 길로 들어서게 되는 것이다. 그의 스승이었던 류심춘柳尋春(1762~1834)의 「연보」를 보면, 3세 때 "일찍이 생고生考(친부) 처사공의 곁에서 처사공이 『마사馬史』(사기)를 외는 소리를 듣고 그 자구字句를 다 암송하였다"는 말이 있다.[23] 스승 류심춘의 천재성을 이야기하는 말이기는 하지만 선비 집안의 일반적 풍경이라 할 수 있다.

류의목의 경전 공부에 대한 최초의 기록 역시 그의 「행장」에서 볼 수 있는데 "11세에 『상서尙書』를 읽었다. 임재공이 경전의 뜻을 시험하여 물어보면 놀랄 만한 답을 많이 하였다. 같은 자리에 있던 과재 이진동이 경탄하여 아이의 공부가 이러하다면 훗날의 성취를 가히 짐작할 수 있을 것이다"고 하였다.[24] 이미 어려서부터 놀람과 칭찬의 대상이었다.

류의목의 남아 있는 일기는 12세인 정조 20년(1796)부터다. 이 해는 1월과 2월의 기록만 남아 있는데, 자신의 독서 기록은 "할아버지를 따라 겸암정사에서 공부를 하였다"가 전부다. 이날은 친척 할아버지인 이진동, 영주의 선비 성씨, 구담 할아버지와 아버지까지 함께한 자리였다. 그것을 보면 이날의 공부는 일반적인 자리는 아니었던 것 같다. 글공부만을 위한 자리는 아니었고, 뭔가 어른들의 행사가 있었을 수 있다. 이런 행사에 참석하는 것 역시 유학자가 되는 과정이 된다. 이날, 할아버지를 따라갔다는 것은 할아버지의 교육적 배려로 보인다. 손자를 데리고 가서 어른들 앞에서 글공부를 하게 함으로써 어른들의 가르침을 받을 기회를 제공하려는 뜻이 있는 것이다. 이듬해인 13세의 일기도 1월에서 3월까지의 일기만 소략하게 기록되어 있는데, 구체적 독서 기록은 없다. 다만 할아버지가 옥연서당, 겸암정사, 병산서원에 출입한 기록이 많으며, 류의목 역시 할아버지를 따라 이들 서당, 정사, 서원 등에 함께 출입했을 것으로 여겨진다.[25]

지의 내면화는 개별적인 것이고, 독서와 내면화의 관계에는 많은 요인이 작용한다. 독서인의 여러 개인적 요인(예를 들어, 그의 기억력, 집중력, 건강 상태, 정서 등)을 비롯하여 책의 난이도와 중요도(과거시험이나 가학에서 얼마나 비중이 있는 책인지 등) 그리고 독서 당시의 주위 환경적 요인(집안 사정, 스승의 역할)과 독서인의 독서 방식과 행태, 전략 등 매우 다양한 요인이 내면화의 수준 혹은 효과를 결정할 것이다. 앞서 말한 바와 같이 이 연구는 200여 년 전의 일기 자료를 바탕으로 이루어지는 것이므로 요즈음의 실험 연구와 같이 이들 각 요인이 내면화에 미치는 효과를 수치로 제시할 수는 없다. 그렇지만 류의목의 일기에는 내면화 과정을 추정할 수 있는 많은 기록이 있다. 우리는 그를 통하여 내면화와 관련된 여러 요인을 알아낼 수 있다.

독서의 분량과 깊이

우선 독서를 통한 유학적 지의 내면화를 파악하려면 류의목의 독서의 분량과 깊이를 살펴봐야 한다. 앞에서 어린 시기에 읽은 「적벽부」와 『상서』를 언급하였지만 일기에는 그 밖의 많은 책이 등장한다. 『논어』, 『맹자』, 『중용』, 『대학』을 비롯하여 『시경』과 『서경』, 『주역』, 『예기』, 『좌전』 등 사서오경은 조선조 유학자들이 공통적으로 읽은 서적이지만 류의목의 독서 목록에서도 중심을 차지한다.[26] 또 그가 즐겨 읽은 책은 조선의 주요 문인의 문집, 특히 자신의 집안 선조의 문헌과 퇴계학파의 문집이었다. 『서애집西厓集』, 『수암집修巖集』, 『졸재집拙齋集』 등이 선조의 문집이고, 『퇴계집』, 『학봉집鶴峯集』, 『금옹집錦翁集』, 『제산집霽山集』, 『구사당집九思堂集』, 『학사집鶴沙集』, 『남야집南野集』, 『청강집淸江集』 등과 『퇴계선생언행록退溪先生言行錄』 등도 폭넓게 보았다. 또 중국 역대 문인의 명문名文을 정리해 놓은 『고문진보古文眞寶』 등도 즐겨 읽은 것으로 되어 있다.[27] 일기에 기록되지 않은 책이 다수 있다고 생각한다면 독서의 양은 그가 유학자로 성장하는 데 부족하지 않았을 것이다.

독서의 깊이를 결정하는 것은 독서의 시간과 집중도 등이 된다. 류의목이 하루에 몇 시간 정도 독서를 했는지는 기록에 없다. 당시 여러 사정상 하루 종일 독서만 할 수 있는 상황은 아니었다. 『하와일록』이 시작된 12세부터 일기의 많은 내용이 그의 부친의 병환과 관련된 것으로 채워졌다. 부친 류선조柳善祚는 의목이 15세 되던 해 회복하지 못하고 죽었는데, 당시 온 집안사람의 고초가 일기에 잘 기록되어 있다. 이런 상황에서 그가 독서에 전념하기는 어려웠을 것이다. 또 집안의 장남인 그는 사흘이 멀다 하고 일어나는 관혼상제와 같은 집 안팎의 대소사에 대부분 관여해야 했다. 아울러 농사일과 같은 생업에도 관여해야만 했다. 일기에는 추수하러 갔다가 밤늦게 귀가한 일(1799년 9월 26일)을 비롯하여, 꿀을 뜨는 일(1801년 10월 10일), 짚으로 지붕 잇는 일(1801년 11월 13일) 등 다양한 일들이 기록되어 있다. 그렇다고 해서 류의목이 이런 일들을 핑계로 독서를 게을리 한 것은 아니다. 하루 종일 독서나 제술로 시간을 보낸 날도 적지 않다. 그런데 지의 내면화와 관련해서 주목할 부분은 그가 밤 시간을 이용해 글을 많이 읽었다는 사실이다. 1802년 2월의 일기에는 이런 내용이 많다.

> 밤에 『시경』과 『서경』을 암송했는데 모두 대여섯 권이었다. 자려고 하다가 문을 열어보니 하늘이 깨끗하고 은하수가 반짝였다. 사방이 조용하여 사람 소리도 없었고, 다만 강의 새 우는 소리만 들렸다.[28]
>
> −1802년 2월 4일−

이 밖에도 "내가 『시경』을 암송하고 문을 열어 보니 달빛이 아름답고 눈빛이 깨끗하였다"(1802년 2월 11일), "밤에 암송을 마치고 창문을 열고 사방을 보니, 온갖 소리가 모두 적막하고, 흰 달빛이 흐를 뿐이었다"(1802년 2월 12일), "밤에 『시경』을 암송하고 닭 우는 소리를 들은 후에 취침하였다"(1802년 2월 15일), "『시경』 「녹명」을 암송하고, 닭 우는 소리를 들을 후에 취침하였다"(1802년 2월 16일), "『시경』을 읽고 닭 우는 소리를 듣고 취침을 하였다"(1802년 2월 18일)는 기록이 있고, 이렇게 기록하지 않았으나 이 무렵은(다른 때는 알 수 없으나) 거의 이렇게 밤을 새워 글을 읽었던 것 같다. 그가 『시경』을 읽은 것은 남아 있는 일기가 시작된 시점인 1798년 3월부터 일기가 끝나는 1802년까지 한 해도 빠짐없이 지속된다. 그가 『시경』을 어떻게 읽었는지 알 수 있는 기록들이다. 다른 경전도 다르지 않았을 것이다.

유학자의 독서는 한 번 읽었다고 해서 끝나는 것이 아니다. 같은 경전을 암기할 때까지 반복해서 읽는 것이 원칙이다. 『시경』의 경우를 예를 들면, 일기가 남아 있는 첫 해인 1798년에 읽은 기록이 있다. 이후에도 일기 자체가 소략하게 남아 있는 해를 제외하고는 대부분의 해에 반복해서 읽은 기록이 있다. 그의 할아버지 역시 류의목에게 "『맹자』를 읽은 후에 다시 첫 권부터 한 번 더 읽어 내려가고, 다시 『논어』, 『중용』, 『대학』으로 뜻을 헤아려보는 것이 옳다"라고 반복 독서를 권한 적이 있다.(1800년 12월 11일) 유학 경전의 반복 학습은 유학적 지의 내면화에 큰 도움을 준다.

독서의 방식

앞서도 언급했듯이 독서의 방식 가운데 숙독(집중해서 읽기), 다독(여러 번 읽기)과 함께 소리 내어 읽기, 즉 성독도 내면화를 촉진하기 위한 방안으로 알려져 있다. 소리를 내어 읽는 것은 눈으로만 읽는 것과 달리 자신의 목소리를 자신이 다시 들음으로써 효과가 배가 된다. 당시의 모든 유학자가 성독을 중시했듯이 류의목 역시 소리 내어 독서했던 것 같다. 일기에는 족조로 보이는 길안 할아버지가 "이 아이의 글 읽는 소리는 곁에 있는 사람이 밖으로 나가는 것을 절로 잊도록 합니다"라고 할 정도였다.(1800년 12월 3일)

글을 베껴 쓰는 것[謄寫] 또한 글을 이해하는 효과적인 방식으로 인식되었는데, 부여숙夫餘叔 류이좌는 류의목에게 "한 번 베끼는 것이 열 번 읽는 것보다 낫다"고 충고하였다.(1802년 4월 24일)

강회와 거재를 통한 독서

조선조 유자의 독서가 개인 차원으로만 이루어진 것은 아니다. 지역사회 차원으로도 독서를 장려하였다. 관에서 주관하는 백일장이나 순제巡題와 같은 장학 행사도 있었고, 서원과 같은 곳에서 여는 다양한 형식의 강회講會도 독서 풍토를 촉진하는 행사였다. 류의목 역시 자신의 독서 실력을 이런 모임을 통해 평가받았다. 1798년 1월 7일자 일기에는 병산서원에서 열린 강회에 참석하였다는 기록이 남아 있다.

화장花庄 아저씨와 안인득 등 여러 사람과 강회에 참석하기 위해 병산서원으로 갔다. 식후에 강회가 시작되었다. 신양 출신 원장이 남쪽 벽으로

앉아 있었고, 경산 할아버지는 도훈장으로, 진사 할아버지는 면훈장으로
모두 서쪽 벽에 기대어 앉았다. 옷깃을 바로잡고 반듯하게 앉아 유생들
을 재촉하여 『소학』을 읽도록 하였다. 나도 들어가 「진충숙공왈장」을 강
하여 '통'을 받았다. 재임 진사 김종석이 "이번 강회는 마땅히 진작시키
는 것을 위주로 해야 하니, 순純, 통通, 약略, 조粗 이외는 점수를 둘 필요가
없습니다. 불不의 점수패를 없애기 바랍니다"라고 하였다. 장로들이 돌아
보며 "재석齋席인 그대가 유생들에게 선행을 쌓는구려"라고 하며 웃었다.
저녁에 상을 나누었는데 나는 버금[副壯]에 들었다.[29]

    이날의 강회는 『소학』 강의였던 것 같다. 『소학』은 대개 동몽(15세 전
후의 소년)이 읽는 책이었는데(조선 초기 『소학』 읽기 운동이 일어났을 때에는 동
몽만이 아니라 명유까지 읽었지만), 이날은 그것을 제대로 외우고 뜻풀이를
할 수 있는가를 시험하였던 것 같다. 류의목은 당시 강회의 모습을 소
상히 기록해 놓았는데 원장, 도훈장, 면훈장 등 강학의 직책을 맡은 어
른들 앞에서 옷깃을 바로잡고 반듯하게 앉아 『소학』을 읽었다. 참가자
여러 사람이 다 들을 수 있도록 큰 소리로 암송했던 것이다.
    병산서원은 서애 류성룡과 그 아들 수암 류진을 향사하는 곳으로 류
의목의 집안 서원이나 다름없다. 처음에는 풍산현의 풍악서당豊岳書堂
이었으나 서애가 현 위치로 옮겼으며, 이후 이 지역의 향풍 수립에 중
요한 역할을 담당했다. 앞서 말한 바와 같이 류의목의 일기에서 마을
앞 강 건너에 있는 옥연서당, 겸암정사, 화천서원 등과 함께 자주 언급
되고 있는데, 할아버지의 행차 또는 순제 관련 내용이다. 지금 남아 있
는 병산서원의 고문서 가운데는 류의목의 시대와 가까운 시기의 독서

병산서원

활동을 알 수 있는 기록들이 있다. 「병산서원통독안서屛山書院通讀案序」, 「통독시회안通讀時會案」, 「거재안居齋案」, 「강안講案」 등이 그것이다.[30]

이 가운데 「병산서원통독안서」와 「통독시회안」은 1781년 5월 11일 부터 14일까지 병산서원에서 『대학』을 통독한 기록으로 전자는 당시 이 모임에 참여한 병산서원의 원장 류종춘이 쓴 서문이고, 후자는 참여한 사람의 명단이다. 재미있는 것은 류의목의 일기에 나오는 사람 다수가 이 모임에 참여했다는 것이다. 할아버지 류일춘은 당시 유학幼學 신분으로 참여했으며, 류의목의 작은아버지 류영조, 족숙 류상조의 이름도 보인다. 당시 참여한 사람은 모두 107명에 달했는데, 이 가운데 강을 바친 사람은 62명이었다. 당시 강회의 진행은 먼저 뜰 아래서 상읍례를 하고 이어 「백록동규」를 읽고, 유생들을 모두 인도하여 존덕사를 배알하게 하였다. 상읍례와 같은 학례 그리고 관혼상제와 같은 가례에 대해서는 뒤에서 다시 언급하겠지만 유학적 지의 내면화에 매우 중요한 역할을 하였다.[31] 학례에 이어 입교당에 앉아 강학을 시작하였다. 모두 『대학』을 들고 앉은 가운데 한 사람씩 나와 『대학』의 한 장씩 읽고 뜻풀이를 하면 다른 사람들이 그에 대한 자신의 의견을 밝히는 형식으로 진행되었다. 나흘간 지속되었고, 통독이라는 이름을 붙인 것으로 보아 책 전체를 완독하는 강회였을 것이다.

「거재안」은 신축년(1781)과 임인년(1782)의 거재의 기록이다. 두 번 모두 거재는 10월에 시작하여 12월에 끝났는데 각 보름씩 4회로 나누어(초순, 이순, 삼순, 사순) 경전을 읽는 것으로 되어 있었다. 각 순마다 10여 명의 지역 유생들이 참여하였다. 이 기록은 비록 류의목이 태어나기 전이지만 이 지역의 강학 전통을 알 수 있는 자료다. 류의목 역시 이러한 전통에 따라 독서했을 것이다.

「강안」(정식 명칭은 「기유이월초일일설강강생己酉二月初一日設講講生」)은 기유년(1789)에 실시된 고강안考講案이다. 강안에서는 참가자들을 유생과 동몽으로 구분하였으며, 유생들이 독서한 것을 순통, 통, 약, 조 등으로 평가했고, 동몽은 평가하지 않았다. 기유년은 류의목이 5세 때였는데 「기유강안」에 녹명된 최연소 동몽은 7세였다. 역시 류의목이 어떤 교육문화 속에서 독서했는지를 알 수 있는 자료라 할 수 있다.

이러한 강회나 거재에서의 독서 활동에서는 토론이 매우 중요하다. 위에서 본 「병산서원통독안서」에서도 참여 유생이 경의經義의 대략을 말하자 참여한 여러 사람이 각자의 견해를 서로 주고받기를 수차 반복하였다고 하였다. 류의목의 일기에서도 개인적, 사적 토론 기록이 매우 많다. "안심의 이영수가 찾아와 함께『시경』의 뜻을 토론하였다"(1802년 1월 1일), "금곡 할아버지와 함께『노선생언행록』에 대해 토론하였다"(1802년 1월 22일), "저녁에 금곡 할아버지를 찾아가 함께 글을 토론하였다"(1802년 2월 2일), "밤에 부여 아저씨를 모시고 토론했다"(1802년 5월 27일) 등이 그것인데, 독서 토론이 일상적으로 행해졌음을 알 수 있다.

독서의 평가

독서 활동을 촉진시키기 위한 또 하나의 방법으로는 평가가 있다. 평가의 형태로는 언어적 방식과 지필적 방식이 있다. 류의목의 독서 활동에 대해 집안사람들은 칭찬이나 질책을 내려 독서 활동을 격려하기도 하였다. 그의 일기를 보면 대부분의 사람들이 류의목의 독서에 대해 긍정적 평가와 칭찬으로 격려하였지만 그의 할아버지만은 질책을 아끼지 않았다.『서경』을 읽을 때 할아버지는 "팽아가 주고 周誥를 읽는데 송독하지 못하니 매우 괴이한 일이다"라고 하자 같이 있던 종숙從叔이 "팽아(류의목의 아명이 팽길인데 이를 줄여서 팽아라 불렀다)는『서경』을 읽으며 스스로 자기만 한 사람이 없다고 하고, 비록 의심되고 어두운 곳이 있더라도 다른 사람에게 묻지 않으며 심지어 나 같은 사람도 눈 아래로 보니, 반드시 장래에 무슨 일을 할 수 있겠습니까?"(1798년 11월 26일)라고 질책하기도 하였다.

조선조 유학자들의 독서는 과거와 결부되어 있는 경우가 많다. 그래서 독서의 평가 역시 과거시험 방식과 같이 경문經文을 외우는 배강背講이라든지 독서 지식을 응용한 제술 등의 방식으로 이루어진다. 류의목의 일기에는 순제巡題와 관련한 기록이 매우 많다. 순제는 관에서 수령의 주관하에 치러지는 지필 시험으로 일종의 과거 대비 모의고사 정도에 해당한다. 서원이나 향교 등을 거쳐 유생들에게 시제가 개별적으로 전달되며 정해진 기일 안에 답안을 작성하여 서원 등에 보내야 한다. 고평考評 역시 각 지역에 일임하였는데, 일기에는 류의목의 조부 류일춘이 고평을 위해 서원에 출입하는 장면이 많다. 시험은 초순, 재순, 삼순의 세 차례에 걸쳐 시행되었으며, 고평 결과는 관에 보고되고, 관에서는 고평에 따라 시상하였다. 1798년 8월 18일의 일기에는 순제의 책임자인 수령이 파직되는 사건이 생겨 응시자 모두 풀이 죽었다는 기록이 보인다. 이는 순제의 출제 및 관리 책임자가 수령이었기 때문이다. 또 1801년 7월 12일 일기에는 관(안동군)의 순제와 감영(경상도)의 순제가 동시에 류의목에게 온 기록도 보인다. 이러한 순제는 독서한 바를 응용하여 문장을 짓는 제술 공부의 한 형태인데, 강경과 더불어 제술은 과거시험의 양대 형식이었다. 순제에서는 시詩나 부賦, 고풍古風 등을 시험하게 된다. 순제나 백일장과 같은 시험과 각종 강회는 선비들의 독서 활동을 추동하는 중요한 요인이 되었으며, 지의 내면화를 강제하는 수단이 되었다.

유학적 지가 독서를 통해 얼마나 내면화되었는지를 파악하는 방식에는 여러 단계가 있다. 글을 읽을 수 있는 능력에서부터 암송 능력, 의미의 이해 능력 그리고 암송한 글을 응용하여 제술할 수 있는 능력 등은 모두 독서인으로서의 능력이다. 류의목의 경우 독서 내면화를 잘 보여 주는 일화가 있다. 1800년 12월 12일의 일기를 보면, 류의목의 할아버지와 진사 할아버지 그리고 그 아래서 공부하는 자제들이 모두 모여서 대화를 하는 장면이 있다. 두 할아버지가 공부하는 아이들의 능력을 하나하나 평하게 되었는데, 류의목의 차례가 되었다.

이어서 나에게 남초죽南草竹(담뱃대)을 주며 "너는 이것을 가지고 '성현의 중中'과 '자막의 중'을 헤아려 보아라"라고 하여, 나는 담뱃대를 손으로 받들고, 대나무 한 가운데를 잡고 "이곳이 '자막의 중'입니다"라고 하였고, 또 한 손가락 위에 올려 두고 경중을 헤아려 가운데를 잡고 "이곳이 '성현의 중'입니다"라고 하였다. 주자가 이른바 '중'은 정해진 것이 없고 상황에 따라 있는 것이라고 하였으므로 아마 이런 까닭으로 잘하였다고 한 듯하다.[32]

생활에서 내면화의 적용

독서는 글만 외운다고 내면화되는 것은 아니다. 내면화의 목표는 의미의 파악에 있고 나아가 생활의 적용에 있다. 그는 또 이렇게 이야기하고 있다.

아침에 창에 기대 홀로 앉았는데 아버지를 여윈 슬픔으로 절로 처연해졌다. 이어서 군자가 힘쓸 바는 반드시 낙천樂天이 중요한 것이라는 말이 떠올랐다. 가세가 청빈하더라도 대처함에 태연한 것이 즐거움이며, 기쁜 경사가 거듭되는 것을 보고 느긋하게 즐기는 것 또한 즐거움이며, 이를 미루어 천만 가지 일에 있어서까지 대처함에 중도를 얻는 것이 즐거움이 아닌 것이 없다.[33]

－1801년 2월 15일－

이 말을 보면 그는 이미 중도의 즐거움까지 파악한 것이다. "부친 거상 이후로 마음은 슬펐으나 그 즐거움은 일찍이 떨어진 적이 없었다"고 말할 정도였다. 류의목은 유학의 시중時中을 내면화하고 있었던 것이다. 1801년 1월 15일의 일기에는 이런 이야기를 적고 있다.

> 「만장萬章」을 읽었다. (…) 양촌 할아버지가 와 "지난번 부府에 들어갔을 때, 진남루 아래 주춧돌 위에 두 아이가 있는 것을 보았는데, 나이가 7~8세 정도 되었고, 벌거숭이에 의지할 바 없이 서로 껴안고 앉아 있었다. 날씨도 추워 불쌍하였다"라고 하였다. 나는 "이것이 바로 측은지심이니 맹자가 이른바 인의 단서라고 한 것입니다. 이 마음을 확충한다면 끝내 대현군자의 경지에 이르는 것 또한 불가할 것이 없습니다"라고 칭찬하였다.[34]

당시 류의목은 『맹자』를 읽고 있었다. 전날 읽은 「공손추」에는 그 유명한 사단四端에 대한 이야기가 나온다. 이날 마침 양촌 할아버지가 두 아이가 추운 날씨에 떨고 있는 것을 보고 불쌍함을 느꼈다고 하자 류의목은 이것이 바로 측은지심이라고 하였다. 독서한 내용으로 세상을 읽어 간 것이다.

1801년 2월 21일의 일기는 류의목의 독서의 또 다른 측면을 보여 준다.

> '자로증석염유공서화시좌장子路曾晳冉有公西華侍坐章'을 읽다가 "점點아, 너는 어떠하냐?"와 "무슨 상관이 있겠는가?"란 말에 이르러 감탄하며 그 사람됨을 흠모하였고, 문득 느긋하게 글 읽는 것을 잊고 앉았다. 정자程子

가 "천 리 밖으로 마음을 달린다"라고 한 말에 이르러 또한 엄숙히 스스로를 경계하고 반성하였다.[35]

당시 류의목은 『논어』를 읽고 있었는데 정이程頤의 주석까지 읽을 정도로 세밀하고 꼼꼼한 독서였다. 그렇지만 그는 독서를 괴롭게 하지 않았다. 이날 읽은 부분은 공자가 제자들과 함께 앉아 대화를 나누는 부분이다. 공자가 제자들에게 세상이(군주가) 너희들을 알아주는 상황이라면 너희들은 어떻게 하겠느냐는 질문을 던졌고, 증점은 "늦은 봄, 봄옷이 다 만들어지면 관자冠者 5~6인과 동자童子 6~7인과 함께 기수沂水에서 목욕하고 무우舞雩에서 바람 쐬며 읊조리며 돌아오겠습니다"[36]라는 대답을 하여 유자儒子의 이상을 말했다. 류의목 역시 이 장면에서 공감한 바가 컸고, 이를 일기에 남겨 놓았다. 이를 보면 류의목의 독서는 일방적 수용이 아니었다. 책 속의 인물들의 대화에 함께 참여하고 있는 것이다.

유학자에게 경전 읽기는 성인 되기의 한 방법이다. 성인을 직접 만날 수 없는 상황에서 성인의 말씀과 경험을 기록해 놓은 경전은 성인을 만날 수 있는 중요한 수단이 된다. 유학자는 경전을 통하여 성인의 가치관, 생각을 배우게 되고, 그의 문장까지 배우게 된다. 굳이 "배움이란 본받는 것"[37]이라는 주자의 말을 떠올릴 필요 없이 유학자의 독서는 역시 일종의 미메시스적 행동이다. 류의목은 이를 통하여 유학자가 된 것이다.

유학에서 의례의 의미와 지의 내면화

유학에서의 예와 의례

의례의 사전적 의미는 "행사를 치르는 법식이나 정하여진 방식에 따라 치르는 행사" 정도로 규정되어 있다.[38] 그런데 '의례적'이라는 말에서 알 수 있듯이 오늘날 의례의 의미는 과거와 크게 달라져 있다. 실질적 의미는 사라지고 격식이나 형식만 갖추는 행동을 우리가 '의례적'이라고 하듯이 이미 의례는 특히 전통적인 의례는 우리에게 거추장스럽고 부담을 주는 구시대의 유물이 되고 말았다. 그러나 조선시대만 하더라도 유학의 예는 경학과 함께 예학이라는 학문으로 자리 잡을 만큼 중시하였고, 선비로서는 필수적인 학습 내용이었다. 소년 류의목의 일기에는 이 의례가 어떻게 기록되어 있는지를 살펴보고, 그것이 지의 내면화와 어떤 관련이 있는지를 알아보고자 한다. 그에 앞서 유학에서 예와 의례는 어떤 의미를 가지는지부터 간략히 알아보자.

유학은 어떻게 보면 다른 어떤 사상보다 예를 중시하는 사상이다. 일찍이 공자가 춘추 말기의 혼란을 극복하는 방안으로 극기복례克己復禮를 이야기한 이래, 제자백가의 다양한 사상 가운데서도 예는 유가의 '트레이드마크'로 여겨질 정도였다. 사실 선진시대의 예는 우리가 생각하는 이상으로 발달해 있었다. 그 정수가 13경 가운데 예서가 흔히 말하는 3례, 즉 『주례』, 『의례』, 『예기』로 정리되어 있으며 이는 유학자의 핵심적인 공부거리였다. 특히 『예기』는 5경의 하나로 자리 잡았고, 이 글의 주인공 류의목의 독서 목록에도 들어 있었다. 그런데 조선조 유자들의 예 사상에는 역시 주자의 예 사상이 큰 영향을 미쳤다.

주자가 동아시아 사회에 남긴 지적 유산을 한마디로 정리할 수는 없지만 그 가운데 하나가 예인 것은 부정할 수 없다. 공자의 예가 이상적인 사회 건설을 위한 실천적 방법의 하나이듯이 주자에게 예 역시 그러한 의미가 있다. 예는 천리天理를 인간 사회에 실현하기 위해 성인이 만든 문물의 하나였던 것이다. 그러나 시대가 바뀌어 과거 성인들이 만든 예제, 즉 고례古禮를 이 시대에 그대로 적용하기에는 문제가 있었다. 과거의 예는 주로 왕실과 귀족 위주의 제도였는데 이로써 새로운 사회 질서를 구축하기에는 무리가 있었다. 사士·서인庶人으로까지 이 질서를 확대할 필요를 느꼈고, 그래서 예를 깊이 연구하게 된 것이다.[39] 그는 가례家禮, 학례學禮, 향례鄕禮, 방국례邦國禮 등을 『의례경전통해儀禮經傳通解』를 통해 정리하였지만, 그 가운데 조선 사회의 예제에 가장 큰 영향을 준 것은 역시 『주문공가례朱文公家禮』로 잘 알려진 『주자가례朱子家禮』다.[40] 그 서문을 잠시 보자.

> 예에는 근본과 문식文飾이 있다. 집에서 행하는 것부터 말하자면 명분을 지키는 것과 사랑하고 공경하는 진실이 그 근본이다. 관혼상제와 의장도수儀章度數는 그 문식이다. 근본이라는 것은 집에서 날마다 실행하는 상체常體이니 진실로 하루라도 닦지 않을 수 없다. 문식 또한 모두 사람 된 도리의 처음과 끝을 바로 세우는 것이다. (…) 이 또한 하루라도 강습하지 않을 수 없다.[41]

주자는 예에는 본질적 측면과 형식적 측면의 두 가지를 말하고 있으며, 어느 하나도 소홀히 할 수 없음을 이야기하고 있다.

주자의 예를 이야기함에 있어 빠뜨릴 수 없는 부분이 사실은『소학』이다.『소학』은 주자가 수신제가치국평천하의 근본이 수신에 있음을 말하기 위해 편찬한 책이다. 그 서문에서 주자는 이 책을 엮은 뜻을 두 가지 측면에서 말하고 있다. 하나는 어릴 때의 습관 교육을 위해서다. 그는 "반드시 어릴 때에 공부하여 익히게 함은 그 익힘이 지혜와 함께 자라며, 교화가 마음과 함께 이루어져서 막히어 감당하지 못하는 근심을 없도록 하기 위해서다[必使其講而習之於幼穉之時, 欲其習與智長, 化與心成而無扞格不勝之患也]"라고 한 것이 그것이다. 어릴 때부터 바른 습관을 들여 나중에 바로 잡을 수 없는 상태가 되지 않도록 해야 한다는 말이다. 예와 관련한 지의 내면화가 이루어져야 함을 말한 것이다. 또 하나는 풍속 교육을 위해서다. 이것은 오늘날로 보면 일종의 정치교육, 사회교육, 문화교육 등에 해당하는 것으로 개인 단위에서 벗어나 "사회의 문화(풍속)를 바꾸는 데 조그마한 보탬이 되고자 한다는 것[有補於風化之萬一云爾]"까지 이야기하였다. 잘 알려져 있듯이『소학』은 조선조에서는 국초부터 중시되었고, 특히 초기 사림파들이 이 책을 성전으로 받들었으며, 류의목의 학문적 근거가 되는 퇴계학파에서도 중시한 책이다. 류의목의『소학』공부에 대해서는 앞부분에서 이야기한 바 있지만 문화적 분위기를 통한 내면화를 말한 것이다.

아버지의 상례

류의목의 일기에는 예와 관련한 많은 기록들이 있다. 뒷날 류의목 자신이 예서禮書『상례고증喪禮考證』(일실되어 전하지 않음)을 쓸 정도로 예의 전문가이기도 했다. 그러나 그렇지 않더라도 유학자 선비의 삶은 예와 불가분의 관계를 맺고 있다. 그의 일기가 소년기의 일기였기에 주로 가례家禮 내용이 언급되어 있고, 그마저 상세하지도 않다. 그러나 이를 통해서라도 당시 동자 류팽길의 삶에 의례가 어느 정도의 영향력을 행사했는지는 충분히 짐작할 수 있다.

류의목의 일기에 가장 많이 등장하는 의례 가운데 가례와 관련된 것은 상례와 제례며, 그밖에 혼례와 관례에 대한 이야기도 나온다. 이 네 가지는 사실『주자가례』의 주 내용이기도 하다. 이 의례들에 대해 류의목은 어떠한 태도로 받아들였는지 살펴보자.

먼저 상례에 대한 것이다.『주자가례』에서는 상례에 대해 초종初終에서부터 습襲(시신의 염습), 소렴小殮, 대렴大殮, 성복成服, 곡哭, 상식上食, 문상聞喪, 치장治葬, 발인發引, 반곡反哭, 우제虞祭를 거쳐 소상小祥, 대상大祥, 담제禫祭에 이르는 과정을 상세히 언급하고 있다. 상喪은 예나 지금이나 인간사에서 필수적인 것이지만 유학자들에게 상례는 그들의 정체성을 잘 드러낼 수 있는 의례다. 류의목의 독서 목록에서도『예기』가 보이는 것으로 보아 그는 이미 이 시절 주자 이전의 고례古禮에 대해서도 독서를 통해 충분히 학습하였음을 짐작할 수 있다. 그러나 예의 학습은 독서 못지않게 생활 속에서 이루어지는 부분이 있는데, 류의목의 일기를 통해서 이를 확인할 수 있다.

1797년 일기(3월 8일)에서는 외종조모의 별세 소식과 자신이 통곡하였음을 기록하고 있다. 오늘날은 외종조모가 누구인지도 알기 어려운 세상이지만 겨우 13세의 소년이 외종조모의 별세 소식을 듣고 통곡하였다는 것은 그냥 할 수 있는 행동이 아니다.『주자가례』에 따르면 사람이 죽으면 치상의례를 진행하면서 "친척과 동료, 친구에게 부고[訃

告於親戚僚友]"하는 절차를 진행한다. 이때 부고를 접한 사람은 졸곡한 후 답을 하는 것으로 되어 있다. 류의목과 망자 외종조모의 생전의 교류에 대해서는 알려져 있지 않다. 그러나 소식을 접하고 통곡했다는 것을 보면 그도 이미 상례에 참여한 것으로 볼 수 있다.

류의목의 일기에서 상례에 대한 상세한 내용이 나오는 것은 1799년 10월 5일 이후인데, 이날 부친 류선조가 별세했기 때문이다. 류의목의 남아 있는 일기에는 그의 아버지보다 그의 할아버지 이야기가 더 많다. 아버지는 3년간 병석에 있었고, 투병 과정이 상세히 남아 있다. 별세한 이튿날 밤에 시신의 머리를 빗기고 목욕을 시킨 뒤 옷을 입히는 절차인 습襲의 절차가 진행되었고, 다음 날 시신의 손과 발을 거두는 소렴이, 그 이튿날 시신을 이불로 싸서 베로 묶는 대렴이 진행되었다. 그 이튿날은 성복하고 조객록弔客錄을 마련하였다. 그 이후 진행된 절차에 대해서는 기록되어 있지 않아 알 수 없으나 조문이 이루어졌을 것이다. 다시 일기가 시작된 것은 달을 지나 11월 4일이 되어서다. 관에 옻칠을 하려는데 할아버지가 와서 질책하는 장면이 있다.

"그 어미가 하지 못했던 것이니 어찌 그 자식에게 하겠는가! — 조비祖妣의 장례 때는 관을 한 번 칠하는 데 그쳤다. — 또한 내가 듣기에 저 아이의 유언에서 '어머니의 상에 관한 일이 많이 엉성하였으니 내가 죽은 후에 장사에 관련된 모든 도구는 어머니의 상례보다 지나침이 없도록 하라'고 하였으니 — 이는 아버지의 유훈인데 명을 받을 때 차마 책에 쓰지 못했다. — 이 말이 어찌 식견이 있는 것이 아니겠는가!"라고 하였다. 이때 옻칠장이 이미 와서 기다리고 있었으므로 부득이 칠했다. 집에서 유

밀과를 쓰는데 할아버지께서 "이것은 금지된 물품인데 어찌 쓰느냐? 옛
날 노선생은 제자가 질문하자 명하여 쓰지 않았던 것을 근거로 삼을 수
있다"라고 하였다.[42]

-1799년 11월 4일-

관에 옻칠을 몇 번하는 것과 유밀과를 쓰는 것과 같은 사항은『주자
가례』에 따로 없다. 옻칠에 관한 것은 망자의 어머니의 상에 비해 과하
게 해서는 안 된다는 망자의 유훈에 관한 것이었고, 유밀과를 금한 것
은 사치품이었기 때문이다. 여기서 말한 노선생은 퇴계를 말하며, 선
조인 류운룡, 류성룡이 퇴계의 제자였기에 퇴계 선생의 말을 거론한
것이다. 류의목은 이날 아버지의 유훈, 할아버지의 훈계, 심지어 영남
유림의 종장인 퇴계 선생의 가르침도 따르지 않았다. 평소와는 전혀
다른 행동이다. 그 어떤 것보다 돌아가신 아버지를 우선하고 싶었던
아들의 마음이었다.

장례는 망자가 사망한 지 한 달이 넘은 11월 10일에 거행되었다. 이
날 류의목의 일기에는 상여의 출발과 하관, 반혼返魂, 초우제初虞祭 등
의 내용이 적혀 있다. 특이한 것은 이날 신주神主를 쓸 때 이름을 받았
는데, 이때 받은 이름이 의목懿睦이다. 그 이전에는 아명인 팽길을 썼
다. 신주에는 '현고모관부군신주顯考某官府君神主 효자모孝子某 봉사奉
祀'라고 쓰는데[43] 이때 모某에 자신의 이름을 써야 하고, 이에 이름을
받은 것이다. 이로써 그는 이제 집안에서 그의 아버지를 대신할 위치
에 선 것이다.

상례 이후에도 류의목은 상주로서 매사에 삼가는 태도를 보인다.

1800년 3월 21일 일기에는 같이 공부하던 금곡 할아버지가 잠시 건너오라는 청을 보냈는데, 이를 류의목이 사양하는 내용이 있다. 상복을 입은 상황에서 길에 나다니기 불편했던 것이다. 그는 "찾아주시는 후의를 가슴에 새기지 않음이 없으나 먼 고을의 군인들이 좁은 길에 어깨를 맞대고 있어 질대絰帶의 상복으로 얼굴을 맞대고 다니기 마땅치 않습니다. 오직 사람들이 보고 놀랄까 걱정스러울 뿐이지 감히 은근하고 지극한 가르침을 어기겠습니까!"라고 사양했고, 이에 금곡 할아버지는 "도를 지키는 데 무슨 방해가 되겠는가. 좀 상의할 일이 있으니 와 주는 은혜를 베풀어 주기를 바라네"라고 그에게 재차 청하였다. 이에 류의목은 금곡 할아버지를 찾아가 저녁까지 정답게 이야기를 나누었다고 기록하고 있다.

일기에는 도정 할아버지가 상주 류의목의 손을 잡고 "지금 너는 나이가 이미 16세이니 아침저녁의 제전祭奠과 신혼晨昏의 곡읍哭泣을 마땅히 지키고 빠뜨리지 말 것이며, 스스로를 새롭게 하는 길에 힘쓰면 보탬이 되는 바가 반드시 적지 않을 것이다"라고 하였다.(1800년 3월 26일) 이를 보면 상례 기간에 이루어지는 행동들은 자신을 새롭게 하는 공부의 방편이 된다는 것이 유학자들의 인식이었던 것이고, 류의목 역시 이러한 가르침을 잘 받들었다.

현대인의 입장에서 볼 때 유가의 상례 절차는 매우 까다롭다. 류의목의 일기에는 그 모든 절차가 다 쓰여 있지는 않다. 상주의 입장에서 그 절차를 따지거나 기록할 상황이 못 되었던 것이다. 류의목의 거상居喪의 태도는 다음의 글에서 잘 알 수 있다.

아침에 창에 기대 홀로 앉았는데 아버지를 여읜 슬픔으로 절로 처연해졌다. 이어서 군자가 힘쓸 바는 반드시 낙천樂天이 중요한 것이라는 말이 떠올랐다. (…) 거상 이후로 마음은 슬펐으나 그 즐거움은 일찍이 떨어진 적이 없었다. 상중에 있을 때 자식의 정으로써 어찌 즐거울 일이 있겠는가마는 즐거워하는 바는 하늘(천리)이었을 뿐이다. (…) 혹 이러한 생각을 남에게 말하면 문득 비난하고 웃으며 "상주가 어찌 즐거움이 있겠는가?"라고 하니 이것은 결코 즐거운 바가 어떠한 것인지 모르는 것일 뿐이다. 근심을 당하면 근심됨을 즐기고 기쁨을 당하면 또한 그 기쁨을 즐기니 이 뜻을 요즘 사람으로 아는 경우가 적다. 옛날 진서산眞西山이 안자顔子의 즐거움에 대하여 "안씨는 곧 박문약례博文約禮에 힘을 쏟았는데 '박문'은 천하의 이치에 대해 궁구하지 않는 것이 없어 힘을 쓰는 것이 넓은 것이고, '약례'는 이치로 자신을 단속하는 것이니 힘을 쓰는 요체다. 보고 듣고 말하고 행동하는 것을 반드시 예에 따라 하며 항상 자신을 법도와 규칙 속에 두며 한 터럭이라도 나태하거나 방자한 생각이 없이 안팎과 크고 작은 일에 이 두 가지를 아울러 진작하면 이 마음과 몸이 모두 도리와 하나가 되어 조용히 천리天理 가운데 노닐게 될 것이다."[44]

-1801년 2월 15일-

이를 보면 류의목은 비록 17세의 소년이었지만 이미 천리 속에 노니는 사람이었다. 아버지의 죽음은 그 무엇보다도 안타까운 일이지만 인간의 죽음이 천리임을 터득한 것이다. 그래서 슬픔 속에서도 천리를 즐길 수 있었다. 그는 박문약례를 이치의 탐구와 이치의 실행이라고 보았다. 글로 익힌 도를 생활 속에서 실천하는 것이다. 예는 배운 바의 실천이기에 지의 내면화 과정에서 필수적인 부분이다. 그래서 유학자들은 예에 그토록 까다로웠던 것이다.

류의목의 일기를 보면 1주기—周忌인 소상에는 국상(정조의 상) 중이어서 제대로 예를 행하지 못했다. 2주기인 대상에는 그달 초하루부터 조문객이 많았으며, 대상 당일 새벽에 제사를 지내고 상복을 바꿔 입었다 한다. 이튿날 부제祔祭라 하여 선고先考의 신주를 조상의 신주를 모신 가묘家廟에 함께 봉안하는 절차를 치렀다. 이후 날마다 새벽에 감실龕室에 배알하게 된다. 또 담제禪祭라 하여 대상을 치른 지 두 달 뒤지내는 제사가 있는데 류의목은 12월 25일에 지냈다. 『주자가례』에서도 대상 다음 항목이 담禪이고, 대상 이후 달을 건너 담제를 지낸다[大祥之後, 中月而禪]라고 했다.[45] 담禪은 담담澹澹하고 평안하다는 뜻인데, 이날부터 평상으로 돌아간다는 의미가 있다. 류의목은 이날 "어느덧의복이 일상적인 사람과 같아졌으니, 이 아픔을 어찌하랴"고 했고, 친척들은 애사哀辭를 지어 보내기도 하였다. 담제 하루 전 애사를 지어 보낸 도정 할아버지는 "담제가 머지않다고 하니 내가 마땅히 애사를 지어 보낼 것이다. 너는 받아서 제탁에 올리도록 하여라. 애사는 죽은 사람만을 위해 짓는 것만이 아니고, 후손들이 가슴에 새길 바탕이 되기도 한다"라고 일러준다.(1801년 12월 19일) 이를 보더라도 상례를 비롯한 유교의 각종 의례는 유학적 지를 내면화하는 장이 되었음을 알 수 있다.

류의목이 경험한 제례

상례가 끝나면 제례로 이어진다. 『주자가례』에는 사시제四時祭, 초조初祖, 선조先祖, 녜禰, 기일忌日, 묘제墓祭 등에 대해 서술해 놓았다. 류의목의 일기에도 시제時祭, 시사, 절사節祀 등의 용어가 보이고, 집안의 각종 기제사와 상례 기간에 이루어지는 각종 제례에 대한 내용이 기록되어 있다. 심지어 마을에 전염병이 돌 때 고목을 벤 것이 화근이라 하여 제문祭文을 지어 제사를 지낸 기록까지 보인다. 류의목의 일기에는 제례의 절차에 대한 내용은 거의 보이지 않고, 대신 류의목과 당시 이지역 사람들이 제사에 어떤 태도로 임하였는지가 잘 나타나 있다.

류의목의 일기 초반부(12세에서 15세 무렵)를 보면 집안의 제례에는 참석했으나 집밖에서 이루어지는 제례, 예를 들면 시사 등에는 참석하지 못했거나 조심스럽게 참여했다. 자신이 아직 동자였기 때문이다. 17세에 종조모가 별세했을 때도 발인에 참여할 수 없었는데 역시 혼인하지 않은 동자였기 때문이다.

류의목의 일기, 『하와일록』이 최근 언론에 자주 등장하였는데 제례와 관련된 내용이었다.[46] 당시에는 전염병이 많았는데, 1798년 8월 14일 일기에는 "마마가 극성을 부려 부형들이 의논하여 추석에 제사를 지내지 않기로 정했다"는 내용이 있다. 또 1799년 1월 1일에는 "종가의 상으로 인해 명절 차례를 거행할 수 없었다"고 하였다. 이 해는 전국적으로 괴질이 돌아 12만 8천여 명이 사망했다는 기록이 『정조실록』에 있을 정도였다. 이를 보면 집안에 상이 있거나 돌림병이 있다면 제사도 지내지 않는 것을 관례로 했음을 알 수 있다.

동자 류의목이 내면화하는 것은 제례의 절차도 있지만 주위 사람들이 제사에 임하는 태도나 마음가짐일 수도 있다. 1801년 10월 26일의 일기에는 "할아버지가 새벽에 고조부 기제사에 참석했는데 어머니와 내가 말려도 되지 않았다"고 하였다. 당시 할아버지(류일춘)는 거의 팔십에 가까운 노인이었다. 그럼에도 몸소 제사에 참석한 것은 효를 실천한 것이고, 후손들은 이런 모습을 보고 본받게 된다. 병환에 있던 류의목의 아버지(류선조)는 할아버지(류일춘)가 편찮자 자신의 병을 돌보지 않고 몸과 마음을 다했고, 이를 본 손자 류의목은 절박한 마음을 형언하기 어려웠다고 기록하고 있다.(1799년 1월 13일) 앞서 언급하였듯이 이 해는 전염병이 돌아 죽는 사람이 매우 많은 엄중한 상황이었다. 일기에 따르면 "한 마을 위아래 사람이 한 사람도 누워 있지 않은 사람을 볼 수 없었다"거나 "큰집의 모든 가족, 막내숙부의 모든 가족, 종숙의 모든 가족이 일시에 옮아 아파하였다"고 하는 상황에서 친척 어른들이 이를 아랑곳하지 않고 마을의 어른인 할아버지 문병을 왔고 이를 류의목은 일기에 기록해 놓은 것이다.(1799년 1월의 일기) 이를 보면 유학적 지의 내면화는 글로만 이루어지는 것이 아님을 알 수 있다.

혼례를 앞두고 치러진 류의목의 관례

관례冠禮는 유가의 성인 의식이다. 류의목이 집안의 주요 제사에 참여하지 못한 것은 그가 아직 관례를 치르지 않은 동자였기 때문이다. 『주자가례』에서 가장 먼저 소개되는 의례가 관례인데, 관례의 의의를 사마온공司馬溫公의 말을 빌려 "옛날에는 20세에 관례를 하였는데 성인成人의 예를 책임 지우기 위한 것이었다. 대개 장차 자식으로서 아우로서 신하로서 연소자로서의 행동을 그 사람에게 책임 지우려는 것이기 때문에 그 의례가 중요하지 않다고 할 수 없다"고 하였다.[47]

류의목의 일기에는 그의 삼종질과 삼종제의 관례에 대한 기록 그리고 자신의 관례에 대한 기록이 있다. 이를 보면 당시의 관례는 혼인 전의 의례로 이루어졌는데, 류의목 자신은 혼인 나흘 전에 의식을 치렀다. 일기에는 당시의 상황을 이렇게 기록하고 있다.

식후에 관례를 행했다. 신양의 이씨 친척 할아버지, 지곡 권표 친척 아저씨 및 한 마을의 노소가 모두 모였다. 이씨 어른이 "이 상투를 한 번 묶으면 다팔머리는 두 번 다시 어려우니, 참으로 눈물을 떨굴 때다"라고 하였고, 도정 할아버지는 "이마에 이미 관을 썼으니 학문으로 채운다면 어찌 좋지 않겠는가"라고 하였다. 마침내 감위龕位에 배알하니 남몰래 눈물이 초연히 흘렀다. 어머니 또한 새삼 슬픈 표정이었다. 문중에 두루 인사하려는데, 진사 할아버지가 "빈소에는 곡하지 말고 절만 하는 것이 옳다"라고 하였고, 후곡 아저씨는 "반드시 관을 바로 쓰는 데 힘써야 한다. 전傳에 '그 관이 바르지 못하면 황황히 가버린다[其冠不正, 望望然去之]' 하였으니 가장 엄숙히 명심해야 한다"라고 하였고, 도정 할아버지는 "많은 사람이 앉은 자리에서 안부 인사를 할 때는 반드시 눈을 들어 좌우를 돌아보아야 한다. 혹 인사할 때 빠뜨릴 수 있기 때문이다"라고 하였고, 대죽 할아버지는 "너에게 별달리 더 훈계할 일이 없다. 그러나 관을 쓴 사람은 모든 책임이 돌아가니 충분히 명심하여라"라고 하였다.[48]

-1802년 3월 12일-

여기서 보듯이 관례는 단지 성인의례의 하나로만 이루어지는 것은 아니었다. 류의목의 경우는 '문호門戶의 희망'으로 촉망받는 소년이었기에 책임감과 학문을 격려의 의미도 적지 않았다. 당일 참석한 친지들의 격려도 그러하였고, 할아버지 역시 만나는 사람들이 "그 머리에 관을 쓰면 과거에 반드시 합격할 것이다"라는 말을 듣고 와 분발을 촉구하기도 하였다.

당시 의례의 절차는 『주자가례』가 아니라 『삼가의절三加儀節』에 따랐던 것으로 보인다. 이 책은 순암 안정복의 저술인데, 집안 어른들이 옛 제도 대신 이 책을 참고할 것을 언급하였다. 『주자가례』의 관례는 삼가례三加禮 → 초례醮禮 → 자관자례字冠者禮의 순으로 이루어지는데, 당시 실제 일반 민가에서는 약식으로 이루어진 것으로 보인다. 관례에서 초명을 버리고 자字를 받는데 류의목의 자는 이호彝好였다.[49] 일기에 따르면 그에게 자를 준 사람은 평소 그에게 학문적으로 격려하고 공부의 방향을 가리킨 진사 할아버지였고, 『시경』「대아」〈증민〉편에서 "백성들이 본심을 가지고 있으니, 아름다운 덕을 좋아하네[民之秉彝, 好是懿德]"에서 취했다. 관례 당일 정식으로 주었는지는 모르지만 이미 1월 29일에 당사자에게 알려주었다. 새로운 이름을 받는다는 것은 가정에서 벗어나 사회적 존재로 새로 태어나는 과정이다. 어른으로서 책임감이 부여되는 상징적 사건이기도 하다. 이제 그는 동자 류팽길이 아니라 유자가 된 것이다.

류의목의 관례는 무사히 끝났지만 아버지가 없는 관계로 아쉬운 점도 있었던 모양이다. 할아버지를 만난 사람들이 개를 몇 마리나 잡을 것인지 술은 몇 말이나 빚을 것인지를 물어 가난한 집이어서 탁주 몇 잔에 불과할 것이라고 하였다 한다. 그의 어머니 역시 "저 아이의 아버지가 살아 계셨다면 관례를 소략하게 하지 않았을 텐데. 이마저도 못하니 참으로 아쉽습니다"라고 아쉬움을 표했다.(1802년 3월 10일)

류의목의 혼례

예부터 인륜지대사라고 한 혼례는 개인적인 인생사이기도 하지만 그보다는 집안의 일로 보아 왔다. 아무리 나이가 많아도 혼례를 치르지 않으면 어른 대접을 못 받았고, 아무리 나이가 어려도 혼례를 마치면 어른 대접을 해 주는 것이 전통적인 관습이었다. 『주자가례』에는 주로 혼례의 절차에 대해 언급하고 있는데, 의혼議婚 → 납채納采 → 납폐納幣 → 친영親迎 → 부현구고婦見舅姑 → 묘현廟見 → 서현부지부모壻見婦之父母의 순으로 되어 있다. 이미 고례古禮를 주자가 간소화한 것이 이것이다.

류의목의 혼례는 아버지의 대상이 끝난 후 몇 달이 지나지 않은 시점이다. 당시 그의 친척들을 보면 15세 무렵에 혼인하는 예가 보인다. 류의목의 혼사는 아버지의 상례가 끝나기를 기다렸던 것 같다. 혼담이 처음 나온 것은 1802년 1월 14일인데 1801년 12월 25일에 담제를 지낸 것으로 보아 그렇게 볼 수 있다. 1월 14일 일기에는 그의 혼담이 일찍이 해저의 감사 김씨 종가에서 나왔다고 한 것으로 보아 상이 끝나기를 기다린 것이다. 이 단계가 의혼 단계다. 이어 1월 18일의 일기에는 "할아버지가 해저의 남선례男先禮를 준비하여 보냈다"고 적고 있다. 남선례는 강선례剛先禮라고도 하는데, 신랑이 신부집에 청혼지를 내는 것이다. 이어 1월 21일, 22일에는 신부댁인 해저海底(류의목의 처가, 봉화군 해저리, 바래미라고도 함)에서 심부름꾼을 보내어 류의목의 사주단자를 가지고 갔다. 여기까지가 납채의 단계에 해당한다. 이어 신부댁에서 폐백을 보내는 납폐 단계인데, 일기에 이 부분은 언급이 없고, 혼인 날짜를 선택하는 연길涓吉이 3월 16일이라는 내용이 있다. 그리고 3월 12일에 관례를 행했다. 이어 친영 단계인데 혼인의식을 거행하는 날이다.

신부집까지는 거리가 있는 관계로 하루 전에 출발했다. 연로하신 할아버지, 숙부가 동행했다. 주막에 하루 유숙하고 이튿날 처가에 갔다. 이날 일기를 이렇게 적고 있다.

> 산의 꽃잎이 비처럼 날렸다. 봄 경치가 사람을 홀렸고 큰길은 머리털같이 뻗어 있었으며 아름다운 기운이 가득하였다. (…) 해저까지는 겨우 2리라고 하였다. 할아버지는 가마를 탔고, 나는 말을 탔는데, 여기에 이르러 다시 가마로 바꾸어 탔다. 나는 곧장 본촌本村으로 가 마을 앞을 바라보니 노소의 사람들이 숲처럼 서 있었고, 화주華柱 여덟아홉 개가 마릉 앞에 늘어 서 있어 참으로 볼 만하였다.
>
> 빙종조聘從祖 현감 김희택 공의 집으로 들어가 먼저 식사를 하였다. 그 마을의 여러 장로는 평소 할아버지와 잘 알고 있는 사이였는데 다투어 와서 치하하며, "팔순의 연세에 이렇게 행차하시다니, 드물고 드문 일입니다"라고 하였다. (…) 현감 김희락 공의 사모관대를 입고 빙가聘家에서 예를 거행했는데, 옆에 있던 장로들이 많이 지도하며 예를 차렸다. 예가 끝나고 동방東房으로 들어가자 여러 벗이 모여 종일토록 농담하며 웃었다. 빙조 김희경과 장인 김재화가 들어와 보았고, 종동서 김휘덕은 순흥 문단리 사람으로 또한 보러 왔는데, 나이가 막 15세로 재주가 출중하였다.[50]
>
> −1802년 3월 16일−

이튿날 새벽에 외당外堂에서 할아버지와 막내숙부에게 인사를 올렸고, 할아버지와 숙부는 동방에 들어가 신부를 보았다. 저녁에 신부의 친척들이 방문해 교유 시간을 가졌는데, 이때 류의목을 보고 "유자다운 맛이 있어 참으로 기특"하다고 치하하였다. 하루 더 유숙하고 3월 18일에 귀가하였다. 여기까지가 친영의 단계이고 실질적으로 혼인의 례의 중요 부분이다. 이후 혼인 이후의 의례, 즉 후례後禮가 남았는데, 여기에는 신부가 신랑 집에 가는 신행新行(우귀于歸라고도 함)과 신부가 신랑 부모에게 인사를 올리는 부현구고婦見舅姑(현구례見舅禮라고도 함), 근친覲親 등의 단계가 있는데, 일기에 이 부분에 관한 기록이 없다. 다만 신랑이 혼인한 지 달포가 지난 4월 26일에 다시 처가를 방문했고, 이 방문은 혼인의 한 절차인 재행再行으로 보인다. 처가에서 사람을 보내 이루어진 이 재행은 보통 결혼 직후에 이루어지는데, 류의목의 경우는 한 달이 넘어서야 이루어졌다. 관례적으로 이루어지는 재행이지만 이때 처가 집안사람들과의 교유가 이루어진다. 처가 친지들의 식사 초대가 이루어지며, 처객으로서 자리를 잡게 되는 과정이다. 젊은 유학자 류의목의 일기에서 주목할 것은 이 과정을 통해 어떤 교유가 이루어지는지 또 그 과정에서 학문은 어떤 의미를 지니는지를 살펴보는 것이다. 류의목의 재행은 4월 26일에 처가에 도착하여 5월 19일에 귀가하였으니 23일간의 긴 체류였다. 이것은 하루이틀에 지나지 않던 당시의 재행과는 차이가 있다. 일기에 기록된 일정과 사람들을 간추려 보면 이러하다.

4월 26일 빙종조 청하 어른의 환영을 받으며 처가 도착.

4월 27일 김재선, 재달, 재수, 재기, 재현, 재전, 인수, 의수, 예수의 방문.

4월 28일 『학봉집鶴峯集』, 『금옹집錦翁集』 독서. 여러 어른과 벗이 신랑을 보러 옴. 생원 금씨와 처종남 김윤팔과 함께 마을에 인사 다님.

4월 29일 벗들이 와 담소. 송하에 가서 화주華柱(급제자 표시 기둥) 구경.

5월 1일 대사간 김한동 족조 방문. 빙조, 장인, 빙종조(청하 김씨), 정언 김씨, 김희교 어른 등과 환담. 이 자리에서 권면의 뜻으로 류의목에게 많은 이야기를 해 주었고, 정언 어른이 류의목의 행동거지가 노성老成한 사람과 같다고 함. 이 밖에 유곡의 권씨 어른, 영주의 김씨 어른을 소개 받음. 용담의 벗 김재칠, 김재륙이 인사하러 옴.

5월 2일 청하 어른이 『제산집霽山集』과 『구사당집九思堂集』을 주고 감. 『제산집』을 읽음.

5월 3일 주부 김씨 어른이 집안 상사祥祀가 끝나면 출제出題하여 류의목을 시험할 것이라 함. 수곡의 진사 류성휴, 귀현의 생원 이씨를 만남. 『여헌연보旅軒年譜』를 봄. 저녁에 호군 김씨의 석전夕奠에 가서 조문함. 안곡의 재종숙부, 계상의 이원모 어른 부자, 감사 김씨를 만남. 밤에 빙부를 대신해 소암공의 제문을 씀.

5월 4일 소암공 상사에 가서 조문. 그 자리에서 이원모 어른, 김재박 어른을 소개받아 이야기 나눔. 석남 어른이 식사를 초대하여 응함. 식후 재종숙이 찾아와 신부를 보고 가면서 이 마을 사람의 자자한 칭찬에 근신할 것을 당부함. 저녁에 『청강집淸江集』, 「시화詩話」, 「소총笑叢」을 봄.

5월 5일 이여우 부자 방문, 류범휴 어른 인사. 마을의 여러 벗과 김씨의 사당에서 담소. 계팔, 수재 김준길과 수심의 김재상 조문. 상가에 가는 길에 대간 어른 만남. 상가에서 김재공 형을 만나 이야기를 나눔. 표곡 김희명 어른집에서 어른들게 인사하고 김희천 어른의 집에서 거행되고 있는 은사殷祀에 참여.

5월 6일 상인喪人 김희분의 집에 가서 재종숙 만남. 김희분 어른이 날마다 문집을 읽고 있다고 들었는데, 그렇게 하면 근본 공부에 해가 있을까 걱정되므로 앞으로는 서서四書를 숙독하라고 충고함. 청하 어른의 식사 초대에 응함.

5월 7일 법흥 이씨와 안곡 아저씨를 뵘. 숙부를 만나 이곳의 어른과 아이 모두가 너를 칭송하니 경계를 게을리 하지 말라고 함. 문을 닫고 책에 침잠하여 이곳 어른들의 바람에 부응하라고 함.

5월 8일 장인을 대신해 산양으로 보내는 편지를 씀.

5월 9일 송하에 가서 장인, 재헌, 인종숙姻從叔, 김희명 어른, 김희욱 어른, 김희승 어른과 함께 이야기를 나눔. 진사 류성휴와 대화.

5월 10일 장인을 모시고 덕고에 가서 류인춘 방문. 그 집에서 풍수지리서를 보고 산의 이치에 대해 논하자 이에 통달했다고 칭찬받음. 귀갓길에 생원 구명원을 만나 선조의 일에 대해 담론. 해저 상리에서 여태섭이 마중을 나와 담소를 나눔.

5월 11일 대간 김씨 어른의 집을 방문.

5월 13일 치학 김재수와 글[賦]을 지음.

5월 14일 어제 지은 글을 주부 어른께 바치고 삼상三上의 평가를 받음. 그 자리에서 또 출제하였고 지은 글을 저녁에 바쳐 다시 삼상을 받음. 저녁에는 주부 어른이 음식을 대접함.

5월 15일 청하 어른이 두꺼운 백지 한 속을 주어 글을 지어 바쳐 이하二下를 받았고, 이를 마을의 어른들이 다투어 가져가 살펴봄. 유곡의 어른의 식사 초대가 있었음.

5월 16일 해저리에서 수 리쯤 떨어진 곳에 사는 진사 황서한의 아우 황래한과 왕래하며 글을 지음.

5월 17일 주부 어른이 관의 순제巡題로 글을 짓도록 명함. 지은 글이 주부 어른으로부터 삼중三中으로 평가받았고, 모든 어른들이 관에 제출하기를 권했으나 객의 처지를 대며 사양함.

5월 18일 빙증조 기일이어서 청하 어른 집에서 제사가 있음. 왕동의 김재정 형이와 영주 백일장에 함께 참여하기를 권함. 류의목이 내일 하회로 돌아갈 것이라는 말에 모든 벗과 좌중의 어른이 조금 더 머물며 공부하고 가기를 권함. 치학 김재수의 점심 식사 초대에 응함. 식사 후 글을 지음. 저녁에 마을 어른들을 찾아다니며 하직 인사를 함. 온 마을의 벗과 담소를 나눔.

여기서 보듯이 그는 처가 재행에서 거의 매일 많은 사람들을 만나며 인맥을 넓혀 나갔다. 그의 처가는 봉화 해저리며, 이곳은 의성 김씨 집 성촌이다. 일기에서 보듯이 처가 쪽에는 벼슬한 이가 적지 않으며 학식 있는 자들이 많다. 류의목은 이들과 단지 담소하며 하루하루를 소일한 것은 아니다. 그는 이곳의 지식인들과 교유하며 인맥, 학맥을 넓혀 갔는데 이는 학문적 기반이 될 뿐 아니라 유자로서의 사회생활의 기반이 된다. 일기에 나타나듯이 그는 처가 사람들과 교유하면서 그동안 자신이 익혔던 학문을 드러내지 않을 수 없었고, 처가 사람들은 이 과정을 통해 류의목을 김씨 집안의 사람으로 기꺼이 받아들이게 되었다.

혼례의 대미大尾는 연부례延婦禮다. 연부례는 신랑집에서 신부를 맞이하는 의식인데, 9월 28일에 이루어졌다. 장인이 신부를 데리고 왔는데 류의목은 감회를 안정시키기 어려웠다고 기록하고 있다.

화천서원

일기에 나타난 그밖의 의례

류의목의 일기에는 관혼상제와 같은 가례 외에도 서원의 의례 관련 기록도 보인다. 병산서원에서의 학례에 대해서는 앞서 언급한 바와 같다. 그것은 혼인 전에 동자로서 참여한 것이다. 여기서는 혼인 후 화천서원花川書院에서의 향사 의례에 참여한 것을 잠시 살펴보도록 하자.

1786년에 세워진 화천서원은 류의목의 선조 겸암謙菴 류운룡柳雲龍 (1539~1601)을 향사한 서원으로 류씨 집안, 특히 겸암의 후손인 류의목으로 보면 큰 의미가 있는 곳이다. 또 집에서 화천(서원 앞의 낙동강 지류)만 건너면 곧 닿을 수 있는 가까운 곳에 위치하기도 하여 류의목의 할아버지와 숙부 등 가족들이 가장 늘상 출입하던 곳이다. 일기에는 화천서원의 원장이 류의목의 할아버지에게 와서 인사드리는 모습도 기록되어 있다. 화천서원은 겸암이 짓고 머물던 겸암정, 서애 류성룡(1542~1607)이 머물면서 『징비록懲毖錄』을 집필한 것으로 알려진 옥연서당玉淵書堂(현 옥연정사) 그리고 역시 서애를 향사한 병산서원과 함께 류의목의 지적 성장과 관련이 깊은 학문의 공간이자 제향의 공간이었다.

성혼한 류의목은 이제 서원의 행사에 일정한 역할을 담당하게 되었다. 9월의 향사는 류의목이 자신의 고을에서 처음으로 동자의 신분을 벗고 유자의 신분으로 참석한 행사였다. 1802년 화천서원의 추향제는 9월 9일에 있었다. 그러나 이미 그 며칠 전부터 행사 준비가 이루어졌다. 일기에는 향사 기록이 9월 3일부터 나오며, 9월 4일 화천서원에 가서 장로들에게 인사하는 내용이 보인다. 그리고 9월 7일에 입재入齋하였는데, 류의목은 처음 요즈음의 방명록과 같은 시도기時到記 작성의 책임을 담당하였다. 이날 저녁에 행사의 역할 분담인 집사분정執事分定이 이루어졌는데, 이때 류의목은 제사에 사용하는 향을 담당하는 봉향奉香을 맡았다. 제향에는 주향자主享者로서 초헌관初獻官, 아헌관亞獻官, 종헌관終獻官 외에도 축관祝官, 진설陳設, 찬자贊者, 알자謁者, 찬인贊引, 봉향奉香, 봉로奉爐, 봉작奉爵, 전작奠爵, 사준司罇, 공반供飯, 장찬掌饌, 척기滌器, 관세위盥洗位 등 많은 직책이 있는데 류의목이 드디어 공식적으로 한 직책을 맡았던 것이다. 이 행사에서 류의목이 한 일은 시도기 작성과 봉향 이외에도 주로 최연소자들이 담당하던 조사曹司(서기) 역할과 상량문을 쓰는 일 등 여러 일들을 아울러 담당했다. 행사 당일의 기록을 잠시 보면 이렇다.

계명鷄鳴에 모두 세수하고 죽을 각각 한 그릇씩 먹었다. 각각 맡은 바대로 사당에 들어가 행사行事하였다. 문물이 성하게 갖추어져 볼 만하였다. 제사가 끝나고 당에 벌여서 앉았다. 찬자贊者 김용필 씨가 정색하며 "제사의 향이 다 타지 않았으니 견책하지 않을 수 없습니다"라고 하였다. 김익신이 나가 엎드려 죄를 청했다. 내가 봉향奉香으로서 또한 이어 엎드렸다. 김씨 어른이 "어린 사람이 일이 어두워 이런 일이 생긴 것이니, 이후로는 이처럼 하지 말라"라고 하니, 원장이 "그것은 원장의 잘못입니다"라고 하였다. 김씨 어른이 돌아보고 그만두었다. 이에 음복하였는데 동쪽 어귀가 이미 밝았다. 유안儒案을 썼다.[51]

-1802년 9월 9일-

본 행사가 끝나고 아직 향이 다 타지 않은 상태에서 제사를 서둘러 마쳤고, 자리를 옮겨(사당에서 입교당立敎堂으로) 식사(개좌음복開坐飮福)를 기다리고 있는 상황이었다. 이때 찬자(행사의 사회 담당)가 아직 향이 다 타지 않았음을 들어 제사가 다 끝나지 않았는데 자리를 옮겼다는 것을 문제 삼았다. 봉향을 맡은 류의목은 자기 책임이라고 말하며 엎드려 사과했고, 주위 어른들이 이를 무마해 주는 풍경이 연출된 것이다. 병산서원의 예를 보면, 음복 때 제사가 예에 따라 올바르게 행해졌는지를 묻는 제사 공론이 이루어진다. 공론이 끝나면 '파좌罷坐'를 선언하여 음복례를 마친다. 화천서원에서도 일종의 제사 공론이 이루어진 셈이다.

의례와 지의 내면화

위에서 필자는 유학적 지의 내면화 문제를 의례와 관련지어 이야기해 보았다. 교육학자 이홍우 교수는 『성리학의 교육이론』이라는 글에서 이 문제를 '교과의 내면화'라는 말로 설명한 바 있다. 여기서 교과라는 말은 지금의 학교 교과에 해당하는 것이 조선시대에도 있었을 것이기에 교과라고 했다. 그리고 그 교과로서 경전과 의례를 들고, "경전은 지식을 담고 있으며 의례는 행동 또는 활동으로 이루어져 있다"고 말했다.[52] 이 두 가지를 든 것은 필자가 이 글에서 내면화의 경로로서 독서와 의례를 든 것과 다르지 않다. 다만 이 교수가 경전을 지식으로, 의례를 행동으로 구분한 데 비하여 필자는 이 두 가지를 모두 지의 측면에서 다루고 있는 차이가 있다. 필자는 독서 활동과 의례 참여라는 두 가지를 자연인에서 사회인이 되는 통로로 보았고, 이 과정에서 유학적 지의 내면화가 일어난다고 보았다. 이 교수는 같은 책에서 "교과의 내면화에 해당하는 성리학의 용어는 '자득自得'이다"라고 했다. 그리고 격물과 치지를 자득의 방법이라고 보고, 그것을 왕양명, 주자 그리고 칸트의 이론을 빌려 설명하고 있다.[53] 선현들의 설명 방식에서도 분명 내면화 문제를 다루고 있다. 그러나 그들의 설명이 현대인들에게 설득력을 가지기는 쉽지 않은 일이다. 그들이 사용한 개념 하나의 이해가 쉽지 않은 일인데, 개념의 산을 한참 넘어야 하니 그러하다.

지의 내면화가 어떻게 일어나는가? 다시 말하면 자연인으로 태어난 한 인간이 어떻게 유학자라는 사회적 존재가 되는가? 이것이 필자의 질문이고, 독서 활동과 의례 활동의 참여를 통하여 이루어진다는 것이 필자가 이 글을 통해서 한 대답이었다. 그러나 독서 활동과 의례의 참여라는 필자의 대답도 미흡할 수 있다. 여기서 한 걸음 더 나아가서 내면화의 기제를 설명해야 한다. 그 기제를 필자는 미메시스라 보았다. 독서도 성현을 본받는 활동이라는 점에서도 그러하지만 의례의 학습 역시 미메시스적인 활동이다. 의례는 생득적 활동이 아니라 문화적 활동이다. 문화적 활동으로 주기적으로 연행되며, 여기에 실천적 지가 미메시스로 작동하는데 우리는 이를 내면화한다.

위에서 보았듯이 류의목이 유자가 되어 가는 과정에는 여러 의례가 있었다. 관혼상제와 같은 일상의례는 말할 것도 없고, 서원에서 이루어지는 의례도 유학자의 삶의 구성하는 중요한 형식의 하나였다. 개인적, 사적 성격이 강한 독서 활동과 달리 의례 활동은 사회적, 공적 성격이 강하다. 따라서 의례는 강한 구속력을 가지며, 미메시스적으로 학습이 쉽게 일어날 수 있다.

류의목 일기의 교육적 가치

지금까지 필자는 조선 후기 경북 안동 지역에 살았던 류의목이라는 소년의 일기를 통해 유학적 지가 어떻게 내면화되는지를 살펴보았다. 머리말에서 언급한 바와 같이 유학적 지의 내면화 과정은 매우 복잡하여 한두 요인으로 설명할 수 없다. 과학적 연구라고 하는 심리학적 연구도 실은 대부분 가설에 입각한 주장들이며, 주장의 타당성 내지 효과 증명 역시 변인의 통제하에 이루어지고 있을 뿐이다.

이 글에서는 유학적 지의 내면화와 독서 활동이 어떻게 관련을 맺고 있는지 또 의례와는 어떤 관련을 맺고 있는지를 소년 류의목의 사례를 통하여 알아보고자 하였다. 그 결과, 류의목의 독서 활동은 다양했지만 중심은 역시 유학 경전이었다. 조선조 유학자들의 경우 독서의 궁극적 지향점은 성인되기며, 현실적으로는 과거를 목표로 했다. 이는 별개의 것처럼 보이지만 수기치인의 유학 이념으로 수렴된다는 점에서 별개의 것은 아니다. 독서 활동을 통해 내면화되기를 기대하는 것은 실은 성인의 삶의 경험이다. 성인의 말씀인 경전을 통해 성인의 삶의 경험을 내 것으로 만든 것, 이것이 지의 내면화다. 이것을 이 글에서는 미메시스 이론으로 설명했다. 모방으로 사회적 학습을 설명한 것은 이미 20세기 중반 반두라A. Bandura와 같은 학자들에 의해 이루어졌으며, 최근에는 불프 등 역사적 교육인류학자들은 미메시스 개념으로 설명하고 있고 필자도 그들의 생각이 유학적 지의 내면화를 설명하는 데도 적용될 수 있다고 보았다.[54] 불프는 인간의 학습, 특히 문화적 학습은 미메시스적으로 이루어진다고 하였다. 그에 따르면 오늘날 우리의 지식은 시험에 대한 지식, 즉 평가 가능한 지식을 말하는데, 이는 빙산의 일각에 불과하다. 지식의 다수는 빙산의 아랫부분이며, 이를 시험으로 불러낼 수는 없다. 이는 미메시스적으로 학습된다. 불프 교수는 폴라니M. Polanyi의 암묵지暗默知 tacit knowledge의 중요성을 말하면서 우리가 일상생활에서 윤리적으로 어떻게 행동하느냐, 축제와 같은 상황에서 어떻게 행동하느냐 하는 것은 모두 미메시스적으로 학습된다고 하였다. 문화 속의 많은 부분, 즉 언어, 이미지, 상상 등은 미메시스적으로 습득되며, 특히 실천적 지식은 미메시스적으로 습득된다고 하였다.[55]

앞서 이야기하였듯이 유학자에게서 독서는 성인의 모방이라는 형식을 갖추었다. 그러나 단순한 행동의 모방이 아니다. 그들 독서의 의의는 성현의 체험을 문제 해결의 실마리로 삼는 데 있다. 퇴계가 주자서를 중시한 것 역시 공부 과정에서 생길 수 있는 문제해결의 사례집으로 참고하라는 의미가 강했다. 유학자들의 지의 내면화는 문화적 성격이 매우 강하다. 사회적, 실천적 성격도 강하다. 독서의 과정이 그냥 단면적이지 않고 의례나 사회적 행동과 결부되어 있다. 그런 측면에서 유학자들의 독서는 단순히 모방은 아니라 창조적 미메시스에 가깝다.

사실 서책으로 이루어지는 지의 내면화는 활자라는 미디어의 특성상 지의 전달이 일방적으로 이루어지는 가능성이 있다. 더구나 책이 경전화canonize되면 더욱 그러하다. 성균관 학령學令이나 이산서원伊山書院 원규院規에는 유가 이외의 책을 읽지도 못하게 하고 있다. 류의목의 독서의 이력을 보면 역시 상당히 제한적이라는 느낌이 있다. 타 사상에 관심을 보이거나 타 사상과 관련한 서적을 보는 일이 없었다는 점에서 그러하다. 그러나 그러한 가운데서도 경전 텍스트의 내용을 그대로 수용하지는 않았다. 이미 원전(예를 들어 『논어』와 같은 서책)에 대한 주자의 주석과 같은 독자적 이해가 있고, 이를 다시 퇴계와 같은 조선 유학자들이 평을 하고, 그 이후 류의목과 같은 유림들이 받아들이게 된다. 이들에게 학통 개념이 있기는 하지만 비판적 논의가 불가능한 것은 아니었다. 그래서 유학자들의 내면화 과정은 단순한 모방이 아니다. 더구나 전수된 지를 받아들여 자신의 현 상황에 따라 내면화하고 그를 실제 생활에 적용한다는 점에서 창조적 미메시스라고 할 수 있는 것이다. 이것이 지의 내면화 과정이고, 이런 과정을 거쳐 소년 류의목은 유학자가 된 것이다.

사회적 지로서 유학적 지의 습득은 경전 학습과 같은 독서 활동을 통해서만 이루어지는 것은 아니다. 이 글에서 필자가 지식이라는 말을 두고 군이 지知라는 말을 쓴 것도 문자적 지식(흔히 이론적 지식이라고 하는) 외에 이른바 실천적 지식practical knowledge을 염두에 두었기 때문이다. 문자와 함께 행동 또한 상징체계로 전달되는데, 후자는 의례와 같은 형식에 담기게 된다. 선진先進이라 불리는 앞 세대의 실천적 경험들이 언어, 행동, 몸짓 등에 담겨 주기적으로 반복됨으로써 내면화가 일어나는 것이다.

유학자가 되는 과정은 한편으로는 독서 활동으로 이루어지고, 다른 한편으로는 각종 의례에 참여함으로써 이루어진다. 독서 활동에 의한 것이든 의례의 참여에 의한 것이든 내면화의 과정은 원래 겉으로는 잘 드러나지 않는다. 독서에 비해 의례는 상대적으로 한 개인의 삶에 더욱 강력하게 작동한다. 독서 활동이 개인적이라면 의례는 사회적 성격을 지니고 있기 때문이다. 특히 관혼상제와 같은 의례는 통과의례rite of passage로서의 성격이 있다. 이 관문을 통과하지 못하면 한 단계 더 성장할 수 없다. 사회 구성원으로서 '대접'을 받지 못하게 된다.

소년 류의목은 유림의 본향이라는 안동의 하회마을에서 태어나 그곳에서 일생을 마쳤다. 그는 과거급제를 하여 관직을 했거나 역사적으로 이름을 남긴 학자는 아니었다. 우연히 한국국학진흥원에 그의 일기 『하와일록』이 기탁되었고 이로 인하여 200년의 시차를 두고 다시 세상에 모습을 드러내게 되었다. 한국국학진흥원 심층연구포럼에서는 그의 일기를 바탕으로 2021년 한 해 학제간 연구를 진행하였다. 일기로 인하여 그가 남긴 문집(『수헌집』)도 다시 주목받게 되었다. 선비다운 모습으로 무덤 속에서 나온 것이다.

21세기를 맞아 4차 산업혁명이 화두에 올랐고, 20년이 지난 이 시점에 이미 4차 산업은 산업뿐 아니라 교육 영역에서도 거스를 수 없는 화두가 되고 있다. 사실 20세기가 되면서부터 점차 전통적 교육의 가치는 떨어지기 시작했고, 삶에 '무기력'한 교육으로 낙인찍히면서 그동안의 교육적 경험을 폐기하게 되었다. 교육도 산업이 되지 못하면 살아남을 수 없는 상황에서 류의목의 일기가 무엇을 말해 줄 수 있을 것이라고 기대하는 사람은 거의 없을 것이다. 그런데 류의목의 일기를 면밀히 살펴보면 여기에는 교육적 경험이 적지 않게 드러나 있고, 그 경험은 지금 우리의 관점에서 볼 때 매우 특이한 것으로 보인다. 필자는 이 경험들은 인류 문화유산으로서, 특히 교육문화유산으로서 충분한 가치가 있는 것으로 보인다. 이미 그가 살았던 마을, 하회마을이 세계문화유산이 되었고, 그가 다니며 공부하던 서원인 병산서원 역시 유네스코 세계유산으로 등재되었다. 그러나 우리가 진정 유산으로 삼아야 할 것은 지금은 거의 사라진 그들의 학습 경험이다. 그 경험의 한 편린을 류의목의 몇 년의 일기가 보여 주고 있다.

참고문헌

『江皋先生文集』

『論語集註』

『大學章句』

『守軒集』

『朱子語類』

『退溪集』

군터 게바우어, 크리스토프 불프, 『미메시스』, 글항아리, 2015.

권오영, 「류이좌의 생애와 학문성향」, 『동양학』76, 단국대학교 동양학연구원, 2019.

김명자, 「순조 재위기(1800~1834) 하회 풍산 류씨의 현실대응과 관계망의 변화」, 『국학연
　　구』29, 한국국학진흥원, 2016.

＿＿＿＿, 「『하와일록(1796~1802)』을 통해 본 풍산 류씨 겸암파의 관계망」, 『대구사학』
　　124, 2016.

김자운, 「조선 서원의 강학 의례와 교육적 의미」, 『민족문화논총』76, 영남대학교 민족문
　　화연구소, 2020.

柳台佐, 류용우 옮김, 『國譯 鶴棲文集』, 대보사, 2000.

박종배, 「朝鮮時代 學校儀禮 硏究」, 서울대학교 대학원 박사학위논문, 2003.

＿＿＿＿, 「병산서원 교육 관계 자료 검토」, 『교육사학연구』제18집 제2호, 교육사학회,
　　2008.

『辭源』, 臺灣商務印書館, 1989.

박종천,「『모당일기』에 나타난 17세기 초 대구 사림의 강학 활동과 강회」,『모당일기』, 은행나무, 2021.

주희, 임민혁 옮김,『주자가례』, 예문서원, 1999.

안경식,「先秦 大學 制度의 考察」,『한국교육사학』22권 2호, 한국교육사학회, 2000.

_____,「先秦 儒家의 時敎論」,『한국교육사학』23권 1호, 한국교육사학회, 2001.

안병걸,「풍산 류씨 가문의 학문 전통과 가학 계승」,『국학연구』35, 한국국학진흥원, 2018.

이병준 외 9인,『한국인은 어떻게 문화적으로 학습하는가?』, 에소디자인, 2015.

이용주,『주희의 문화 이데올로기』, 이학사, 2003.

이홍우,「교과의 내면화」, 서울대학교 교육연구소,『아시아교육연구』1-1, 2000.

_____,『성리학의 교육이론』, 성경재, 2003.

『하와일록』(일기국역총서 18), 김정민·박세욱·김명자 외 옮김, 한국국학진흥원, 2015.

한국학중앙연구원,『古文書集成 20』(병산서원 편), 1994.

Wulf, C., *Anthropology*, The University of Chicago Press, 2013.

병산서원 홈페이지: http://www.byeongsan.net/

지역N문화 홈페이지: https://www.nculture.org/man/main.do

하회마을 홈페이지: http://www.hahoe.or.kr/

주

1 이 글에서는 지식이라는 개념 대신 지知라는 개념을 사용하였다. 지식이라고 하면 오늘날 학교에서 가르치는 교과서의 지식과 같은 사고의 결과물을 떠올리게 된다. 그러나 인간 성장에는 지식 교육만으로는 설명할 수 없는 심미적이고 실천적인 문화 경험들이 지로서 작동한다. 류의목의 일기도 그러하다. 그 안에는 유가의 경전과 같은 문자 학습의 경험 기록과 아울러 그 밖의 많은 문화 경험 기록들이 있다. 이 경험들을 통하여 소년 류의목은 문화적 존재인 유학자로 성장했다고 보고, 이 논문에서는 그 경험들을 지의 관점에서 논의하고자 한다.

2 군터 게바우어, 크리스토프 불프, 『미메시스』, 글항아리, 2015.

3 안경식, 「先秦 大學 制度의 考察」, 한국교육사학회, 『한국교육사학』 22권 2호, 2000. 여기서 필자는 상말商末에서 주초周初까지의 '학學' 자의 의미와 용례를 네 가지(敎導, 人名, 祭祀活動, 學校)로 구분하여 논의하였다. 동주東周로 오면서 두 가지만 남았다.

4 지금은 문물이란 말이 생활 언어로서 거의 사용되지 않고 있다. 문물은 요즘 말로 하면 문화 혹은 문명에 가까운 개념이다.

5 『辭源』, 臺灣商務印書館, 1989, 1359쪽. "文物, 舊指禮樂典章制度."

6 "且如聖賢不生, 無許多書冊." 『朱子語類』, 「讀書法上」.

7 "先生尊慕聖賢, 敬之若神明在上, 臨文必諱名稱某, 未嘗犯之." 『退溪集』, 「言行錄」, 〈讀書〉.

8 "讀書之要, 必以聖賢言行, 體之心." 『退溪集』, 「言行錄」, 〈讀書〉.

9 "聖人是經歷見得許多, 所以寫在冊上與人看." 『朱子語類』, 「讀書法上」.

10 "聖人說底, 是他曾經歷過來." 『朱子語類』, 「讀書法上」.

11 "讀書已是第二義, 蓋人生道理合下完具, 所以要讀書者, 蓋是未曾經歷見許多, 聖人是經歷見得許多, 所以寫在冊上與人看, 而今讀書, 只是要見得許多道理, 及理會得了, 又皆是自家合下元有底, 不是外面旋添得來." 『朱子語類』, 「讀書法上」.

12 "蓋自天降生民, 則旣莫不與之以仁義禮智之性矣." 『大學章句』.

13 '시습時習'에 대한 유학자들의 해석에 대해서는 안경식, 「先秦 儒家의 時敎論」, 『한국교육사학』 23권 1호, 2001, 125~127쪽 '논어의 시습론' 참조.

14 "聖賢之言, 須常將來眼頭過, 口頭轉, 心頭運." 『朱子語類』, 「讀書法上」.

15 "止是熟, 凡讀書者, 雖曉文義, 若未熟則旋讀旋忘, 未能存之於心, 必也旣學而又加溫熟之功, 然後方能存之於心, 而有浹洽之味矣." 『退溪集』, 「言行錄」, 〈讀書〉.

16 주자 독서법이 그러하다. "책을 읽을 때는 반드시 반복해서 읽어야 한다. 반복해서 읽으면 저절로 충분히 익게 된다. 저절로 충분히 익으면 이치는 스스로 드러난다[大凡讀書, 須是熟讀, 熟讀了, 自精熟, 精熟後, 理自見得]." 『朱子語類』, 「讀書法上」.

17 "未讀是書猶是人, 旣讀是書猶是人." 『退溪集』, 「言行錄」, 〈讀書〉.

18 "書只貴讀, 讀多自然曉, 今卻思量得寫在紙上底, 也不濟事, 終非我有, 只貴乎讀, 這箇不知如何, 自然心與氣合, 舒暢發越, 自是記得牢, 縱饒熟看過, 心裏思量過, 也不如讀, 讀來讀去, 少間曉不得底, 自然曉得." 『朱子語類』, 「讀書法上」.

19 『守軒集』, 「行狀」.

20 『守軒集』, 「行狀」..

68

21 『하와일록』, 1800년 2월 7일. 류진현은 막내 아우로서 1796년 2월 24일에 태어났다. 일기
    『하와일록』의 원문과 번역문은 『할아버지와 함께한 시간들 : 하와일록』(일기국역총서 18)
    (김정민·박세옥·김명자 외 옮김, 한국국학진흥원, 2015)을 참조하였고, 연월일은 서기로 고
    쳤다.

22 "大父月梧公甚奇愛之" 및 "旣入學不煩長子提督."『守軒集』, 「行狀」.

23 『江皐先生文集』, 「年譜」.

24 "十一歲讀尙書臨齋公試問經義語多警發, 寡齋李公鎭東在座驚歎曰童習猶若此, 異日成就其
    可量乎."『守軒集』, 「行狀」.

25 조선조 유자들의 독서처는 몇 군데로 압축해 볼 수 있다. 첫째는 자신의 집 혹은 개인이나 집
    안의 독서당이다. 두 번째는 서원, 향교 등과 같은 학교, 세 번째는 사원이다. 이 가운데 류의
    목의 일기에 드러난 것은 자신의 집과 병산서원, 옥연정사, 화천서원 등이다. 뒷날 그의 나이
    38세에 하회 남쪽 기슭에 남애서숙을 지어 독서처로 활용한 기록도 문집에는 남아 있다. 그
    의 독서, 특히 청소년 시기의 독서는 유학적 지의 내면화와 직접적인 관련이 있을 것이다. 이
    가운데 서원 등에서 이루어진 독서 활동에 대해서는 뒤에 다시 언급하기로 한다.

26 사서오경 가운데 다른 책들과 달리 일기에 『주역』을 읽었다고 명시해 놓지는 않았지만, 금곡
    할아버지와의 대화에서 『주역』을 읽고 이해했음을 알 수 있다. 1800년 3월 29일 일기.

27 김정민, 「『하와일록』 해제」, 『할아버지와 함께한 시간들 : 하와일록』, 17~19쪽에는 연도별로
    독서 목록을 정리해 놓았다.

28 "夜誦詩及書, 凡五六卷, 將就枕, 開門見之, 天光淨淸, 星河動搖, 四隣鼻息人聲俱寂, 但聞江禽
    憂憂之聲矣."

29 "與花庄叔安仁得諸人, 出向屛山, 以應講次也, 食後設講, 山長新陽在南壁下, 慶山大父以都訓
    長, 進士大父以面訓我, 皆依西壁而坐, 整襟危坐, 促令儒生入讀小學, 於是余入參, 講陳忠肅公
    日章通, 齋任金進士宗錫進日, 此會當以興起爲主, 純通略粗外, 不必更設, 不枉請去之, 長老顧
    笑曰, 齋席積善於儒生矣, 夕頒賞, 余以副壯參焉."『하와일록』, 1798년 1월 7일. 관에서 실시
    한 『소학』 강의 기록은 1800년 윤 4월 29일 일기에도 보인다.

30 이 자료들은 한국학중앙연구원에서 1994년에 편찬한 『古文書集成 20』(병산서원편)에 포함
    되어 있으며, 박종배 교수가 「병산서원 교육 관계 자료 검토」(『교육사학연구』 제18집 제2호,
    2008)라는 글을 통해 소개한 바 있다.

31 유학에서의 학례에 대해서는 다음과 같은 연구가 있다. 박종배, 「朝鮮時代 學校儀禮 硏究」,
    서울대학교 대학원 박사학위논문, 2003; 김자운, 「조선 서원의 강학 의례와 교육적 의미」, 영
    남대학교 민족문화연구소, 『민족문화논총』 76, 2020; 박종천, 「『모당일기』에 나타난 17세기
    초 대구 사림의 강학 활동과 강회」, 『모당일기』, 은행나무, 2021, 178~182쪽.

32 "因賜余南草竹日, 汝以此裁度聖賢中子莫中以進也, 余以手奉之, 從執竹中日, 此子莫之中也,
    又措之一指上, 度輕重而執其中日, 此聖賢之中也, 朱子所謂中, 無定體隨時而在者."

33 "朝倚慁獨坐, 孤露之感, 自爾悽切, 因念君子用工, 必以樂天爲貴, 夫家勢淸貧而處之晏如者,
    樂也, 喜慶稠疊而見之怡然者, 亦樂也, 推而至於千端萬緖, 而處之得其中者, 無非樂矣."

34 "讀萬章, (…) 陽村祖來言曰, 向入府中, 見鎭南樓下柱礎上二兒, 年可七八歲, 赤身無依, 相抱
    而坐, 日氣又寒, 可矜, 余稱曰, 便是惻隱之心, 孟子所謂仁之端也, 擴充此心, 則終至於大賢君
    子之域, 亦無不可."

35 "讀子路曾晳冉有公西華侍坐章, 至點爾何如及何傷乎之語, 慨然想慕其爲人, 忽悠然忘讀而坐,
    至程子遊心千里之語, 又惕然警省焉."

36 "莫春者, 春服旣成, 冠者五六人, 童子六七人, 浴乎沂, 風乎舞雩, 詠而歸." 『論語』, 「先進」.

37 "學之爲言, 效也." 『論語集註』.

38 다음 어학사전의 검색 결과며, 네이버 국어사전의 검색 결과도 크게 다르지 않다.

39 이용주, 『주희의 문화 이데올로기』, 이학사, 2003, 제5장 '남송의 국가예제와 祀典' 참조.

40 이 글의 찬자가 주자인지 아닌지에 대해서는 논란이 있으나 조선시대에 끼친 절대적 영향을 부정할 수는 없다.

41 주희, 임민혁 옮김, 『주자가례』, 예문서원, 1999, 25쪽.

42 "厥母之所不得爲者, 安施於其子也, 盖祖妣葬时棺, 止於一漆, 且吾聞渠之遺言曰, 母喪時事多草率, 吾死後送終凡具, 無過於母喪云, 此卽大人遺訓, 而承命時不忍書冊, 此言, 豈非有識見者耶, 時漆工已來待, 故不得已用之, 家用油蜜果, 大父曰, 此禁物也, 安用之乎, 昔老先生弟子有柰, 命而不用者可徵也."

43 주희, 위의 책, 343쪽.

44 "朝倚牕獨坐, 孤露之感, 自爾悽切, 因念君子用工, 必以樂天爲貴, (…) 自居喪以後, 其心則慽, 而其樂則未嘗離, 當居憂之時, 人子之情, 豈有樂事, 所樂者天耳, (…) 或以此意語人, 則輒非笑曰, 喪主豈有樂哉, 須不知所樂者何如耳, 當憂則樂憂, 當喜則亦樂其喜, 此義令人知者, 蓋寡也, 昔眞西山說顔子之樂曰, 顔氏乃是博文約禮上用力, 博文者, 言於天下之理, 無不窮究, 而用功之廣也, 約禮者, 言以理檢束其身, 用功之要也, 如視聽言動, 必由乎禮, 常置此身於準繩規矩之中, 而無一毫放逸縱恣之意, 內外精粗二者幷進, 則此心此身皆與理爲一, 從容涵游於天理之中."

45 주희, 위의 책, 417쪽.

46 「조선시대 역병 돌 땐 명절에 차례도 안 지냈다」, 〈KBS 뉴스〉 2020년 9월 24일(https://news.kbs.co.kr/news/view.do?ncd=5011643).; 「우리 조상들 역병 돌 땐 명절 차례·가제사 생략했다」, 〈경북일보〉 2022년 1월 29일 기사 등.

47 주희, 위의 책, 119쪽.

48 "食後加冠, 新陽李戚祖, 枝谷權戚叔彪及一村老少皆會, 李丈曰, 此髻一結編髮難再, 誠爲墮淚處, 都正大父曰, 頭已冠矣, 以文學充之, 豈不好哉, 遂拜謁龕位暗淚愀然而下, 母主亦愴懷如新將歷拜門中, 進士大父曰, 殯所不哭, 但致拜爲可, 後谷叔曰, 必以正冠爲務, 傳曰, 其冠不正, 望望然去之, 最宜傷念, 都正大父曰, 稠座中將寒暄必擧目回顧左右, 盖以人事或有脫落也, 大竹大父曰, 於汝別無加戒之事, 然冠者衆責之所歸于十分惕念也."

49 『주자가례』에 따르면 자는 빈객이 관자에게 지어 주며 "예의가 이미 갖추어져 좋은 달 좋은 날에 너에게 자를 밝혀 알려준다. 자가 매우 아름다워 뛰어난 선비에게 마땅한 바이고 복에 마땅하니 길이 받아서 보존하라"(주희, 위의 책, 136쪽)고 한다. 자를 지어 주는 것은 이름을 공경한다는 뜻이다.

50 "山花如雨, 春景媚人, 大道如髮, 佳氣蔥蔥, (…) 去海底僅二里云矣, 前此大父乘轎, 余騎馬, 至是復換轎乘, 余卽抵本村望見村前, 老少諸人林立矣, 華柱八九羅列村前, 正可觀也, 入聘從祖縣監公熙澤家, 先點飯, 其里諸長老素與大父相熟, 爭來致賀曰, 八耋之年有此行役, 希罕希罕, (…) 縣監金公熙洛帽帶行禮於聘家, 長老在傍多敎而成之, 禮畢入東房諸友來會戱笑終日, 聘祖熙絧聘父在華皆入見, 從同婿金輝德順興文丹里人也, 亦來見年方十五才分出類."

51 "鷄初鳴, 咸盥漱, 飮粥各一器, 各以所帶任, 入廟行事, 文物彬彬鬱然可觀, 祀畢, 開坐於堂, 贊者金龍弼氏正色言, 祭祀香未盡焚, 不得不見責, 金益臣出, 伏請罪, 余以奉香亦繼伏, 金丈曰, 少年昧事致有, 此禮後勿如是, 院長曰, 是院長之過也, 金丈顧而止之, 遂飮福, 東口已明, 書儒案."

52 이홍우, 『성리학의 교육이론』, 성경재, 2003, '제3장 교육의 실제' 참조.

53 이홍우, 위의 책, 49~63쪽.

54 이와 관련한 연구로는 군터 게바우어, 크리스토프 불프, 앞의 책 ; Wulf, C., Anthropology, The University of Chicago Press, 2013 등이 있다.

55 2014년 3월 19일 부산대학교에서 '미메시스, 연행, 의례'라는 주제로 한 강연에서 이렇게 말했다. 이병준 외 9인, 『한국인은 어떻게 문화적으로 학습하는가?』, 에소디자인, 2015 참조.

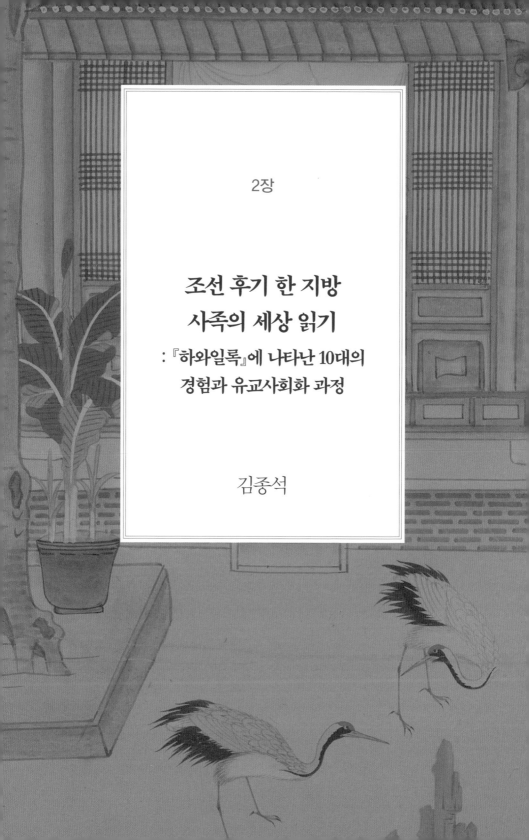

2장

조선 후기 한 지방 사족의 세상 읽기

: 『하와일록』에 나타난 10대의 경험과 유교사회화 과정

김종석

『하와일록』의 성격과 특징

　『하와일록河窩日錄』은 조선 후기 안동安東 하회河回에 살았던 풍산
류씨 겸암 류운룡의 9대손 류의목柳懿睦(1785~1833)이 10대 때 작성한
일기다. 현재 조선시대 일기류는 상당수 남아 있어 희귀한 자료는 아니다. 그러나 현존하는 일기는 대부분 성인들이 남긴 것이고 청소년이 작성한 일기는 매우 드물다는 점에서『하와일록』의 독특성이 있다.
『하와일록』의 의미는 그 희소성에 그치지 않고, 10대의 일기임에도 불구하고 기술 내용이 향촌의 동향, 향임의 임명,『영남인물고』·『번암집』과 같은 문헌의 편찬, 남인의 정치적 부침, 도목정사 등 중앙 정계의 동향, 돌림병의 유행과 치료, 친족 내의 관혼상제, 족보의 편찬 등당시 지방사회에서 일어나는 다양한 사안에 대해 두루 기록으로 남겼다는 점이다. 따라서『하와일록』을 류의목의 사적 기록이라기보다는풍산 류씨 겸암파 문중의 공적 기록으로 보는 시각도 있다.[1] 실제『하

와일록』에는 10대 사춘기 소년들만의 은밀한 내면세계가 거의 기술되어 있지 않다. 사춘기란 그 연령대에 누구나 거쳐 가는 하나의 생물학적 성장 과정으로 조선시대라고 해서 사춘기가 없을 수는 없었을 것이다. 그럼에도 이와 관련된 기술이 없다는 점은 아쉬운 부분이다. 그러나 이것은 당시 일기를 작성하는 환경에 기인한 것으로서 자제들이 쓴 일기를 어른들이 열람하고 평가한다든지, 조부가 직접 특정 내용의 기록을 지시하는 경우와 같이 사적 영역이 거의 보장되지 않았던 관행의 결과로 보인다.[2]

그러나 사적 일기의 성격이 전혀 없는 것은 아니다. 공부를 게을리 하다가 조부에게 매를 맞고 부끄러워하는 대목과 같은 경우다.[3] 나이가 들수록 사생활의 영역이 넓어지고 사적 일기의 성격이 강해지는 경향을 보인다. 류의목 스스로도 22세 되던 병인년에 그동안 써 온 일기를 정리하면서, "일기란 무엇인가? 날마다 한 것을 반드시 공책에 기록해 두었다가 그것을 살펴보며 반성하고 고치는 바탕으로 삼는 것일 따름이다. (…) 혹 마음을 다스리고 몸을 바로잡는 길에 만에 하나의 도움이 있기를 바란다"[4]라고 하여, 과거를 반성하고 심신을 다스리는 데 일기의 궁극적인 목적이 있음을 밝혔다. 우리가 『하와일록』을 문중의 기록을 넘어서 저자의 내면적 성장 과정의 기록으로 읽을 수 있는 근거가 여기에 있다. 다만 집안, 문중, 지역사회의 관심사가 많은 비중을 차지하고 있고 류의목의 관점에서 작성되어 있다. 15세 때[5] 아버지 류선조柳善祚를 여의기 이전과 이후는 분량으로나 내용으로나 차이가 있는데, 이전에는 주로 독서나 부친의 병간호에 관한 단편적 내용을 위주로 기술되어 있는 반면, 이후에는 문중과 향내의 동정이 비교적 폭넓게 기술되어 있다. 이것은 류의목이 그저 사춘기의 청소년이 아닌 한 사람의 사족의 후예로서 공적 비전이 성장하고 있었음을 의미한다.

이 연구에서는 류의목이 일찍 부친을 여의고 조부 류일춘柳一春 (1724~1810)의 엄격한 지도 아래 성장해 가는 과정을 일기와 문집을 통해 살펴보고, 조선 후기 재지사족의 후예가 어떤 학습 과정을 거쳐 한 사람의 사족으로 성장해 가는지에 초점을 맞추어 고찰하고자 한다. 단지 개인의 심리적 혹은 내면적 변화에 한정되지 않고 교유와 저술 및 주변 환경의 변화에 대한 대응을 통해 사족 사회의 일원으로 자리매김해 가는 사회화 과정을 고찰하고자 하는 것이다. 이를 통해서 조선 후기 유교 지식인의 실존적 정신세계를 역으로 재구성해 볼 수도 있을 것이다.『하와일록』은 류의목이 12세(1796, 정조 20)부터 18세(1802, 순조 2)까지 기록한 한문 필사본으로 본 연구에서는 2015년 한국국학진흥원에서 발간한 국역본을 주로 참고했다.

류의목에 대한 후학들의 기록

류의목의 문집인『수헌집守軒集』에는 그의 생애를 정리한「유사遺事」, 「행장行狀」, 「묘지명墓誌銘」이 수록되어 있어 그의 성장 이력에 대한 개괄적 파악이 가능하다.「유사」가 가장 자세하고 이를 바탕으로「행장」과「묘지명」이 작성된 것으로 보이는데, 세 가지 자료를 종합하여 그의 생애, 특히 학문이 형성되어 가는 과정을 정리하면 다음과 같다.

류의목은 호가 수헌守軒, 자는 이호彛好, 본관은 풍산豐山으로 서애 류성룡의 가형이자 원주목사를 지낸 겸암 류운룡의 9대손이다. 족제 류진우가 쓴「유사」에는 류의목의 가계를 설명하면서, 파조 류운룡에 대해 "동생 류성룡과 더불어 가장 먼저 도산陶山에 취학하여 심학心學의 적전嫡傳을 얻었다"[6]라고 하여, 겸암파의 학문적 바탕이 퇴계학에 있음을 강조했고, "조부 류일춘柳一春은 유림사회에서 명망이 높았고 아버지 류선조는 효행으로 인근 고을까지 알려졌다"[7]고 하여 지역에서 확고한 유가의 명문 집안으로 기반을 닦았다는 점을 부각시켰다. 그의 인격 형성에 가장 큰 영향을 끼친 인물은 조부 류일춘이었다. 아버지 류선조는 오랜 기간 병을 앓다가 류의목이 15세 되던 해에 죽었기 때문에 어린 손자를 직접 챙기면서 지도한 사람은 조부였다. 류일춘은 일찍 아들을 잃고 손자 류의목에게 큰 기대를 걸었다. 류의목은 어릴 때부터 두각을 드러내어 주변의 기대를 한 몸에 받고 있었기 때문이다. 11세 때『상서尙書』를 읽었는데, 족증조부 류규柳湀[8]가 시험 삼아 그 의미를 물어보았더니 그 답변 내용이 사람들로 하여금 탄복케 했다. 병산서원 원장을 지낸 이진동李鎭東[9]도 함께 있다가 경탄하면서 "이 아이의 공부가 이와 같다면 훗날 성취할 바를 가히 헤아릴 수 있겠는가?"라고 했다.[10] 이런 상황은「행장」과 같은 전기 기사에서 말을 할 때마다 이루어지던 과장된 표현으로 이해하는 것이 일반적이다. 그러나 전통 사회에서 학문 활동이 갖는 포괄적 의미를 감안하면 단순히 칭송으로만 보는 것은 충분치 않다. 그들에게 학문을 한다는 것은 어떤 의미를 가졌는지를 묻는 것은 이 때문이다.

류의목이 성리서에 침잠하기 시작한 것은 14, 15세 무렵인데, 류의목에게 조부뻘 되는 병암屛巖 류학춘柳鶴春과 삼종질 신독재愼獨齋 류도중柳道曾과 함께 공부하면서 도움을 주고받았다. 항렬이 달라도 연배가 비슷하면 같이 어울려 공부했던 것이다.

결혼 후에는 처가 쪽 사람들과 학문적으로 교유하면서 도움을 받았다. 류의목은 18세에 의성 김씨와 혼인을 했는데, 처가가 있던 안동 해저海底는 강원도관찰사를 역임한 팔오헌八吾軒 김성구金聲久가 이주해 온 이후 의성 김씨의 세거지가 된 곳이다. 김성구의 조부는 김우굉金宇宏으로 이황의 문인이었으며, 일족으로서 조부 류일춘과 교유했던 김희명金熙命, 김희락金熙洛, 김희승金熙昇, 김희택金熙澤 등은 대산大山 이상정李象靖의 학문적 영향권에 있던 인물들이었다.[11] 「유사」에는 김한동金翰東과 김희택, 김희락, 김희성金熙成 등이 류의목의 학문적 조예와 노성한 행동거지를 칭찬했음을 기록하고 있다. 김한동은 김성구의 증손으로 대사간과 승지를 지낸 인물이다. 이들도 류의목의 급제에 큰 기대를 걸고 있었다. 조부 류일춘은 손자가 주변의 칭송으로 인해 자만에 빠질까 걱정했던 것으로 보인다. 그는 류자휘劉子翬가 주자에게 준 글[12]과 퇴계의 「성학십도」를 손자에게 주면서 스스로 단속하게 했다.

류의목은 20세에 입재立齋 정종로鄭宗魯의 문하에 올랐다. 정종로는 류성룡의 문인인 정경세鄭經世의 6대손이자 이상정의 문인으로 당시 상주 지역을 중심으로 퇴계학맥을 대표했던 인물이다. 중년에 고을 남쪽 삼봉三峰 아래에 집을 짓고 거처를 옮겼을 때 남애南厓라는 당호를 지어 준 사람이 정종로였다. 그 외 족조 강고江皐 류심춘柳尋春이 강석을 열었을 때 여기에도 참석하여 많은 도움을 받았다. 또한 같은 고을의 족숙 학서鶴棲 류이좌柳台佐는 류의목의 집에 자주 출입하면서 학문뿐만 아니라 생활 전반에 걸쳐 가르침을 주었다. 40세 무렵에는 당대의 명류인 손재損齋 남한조南漢朝, 주일재主一齋 강민순姜敏淳을 비롯하여 원근의 사우들과도 편지를 통한 교유가 있었다.[13] 류의목은 평생 주자학에 종사하여 밤이면『대학』,『중용』,「숙흥야매잠」등 성리서를 암송했으며 큰 병이 들지 않으면 손에서 주자서를 놓지 않았다. 「대학의의」,「중용관견」,「상례고증」을 저술했다. 일상적 도리를 지키는 데 독실했고, 그 외 과거시험은 단지 부모가 계시니까 응시했을 뿐이지 득실에 개의치 않았다고 한다.[14] 계사년(1833) 3월 20일에 졸하니 향년 49세였다.

이상과 같이 정리할 때, 류의목의 학문적 정체성은 기본적으로 조부 류일춘과 족숙 류이좌의 지도하에 가학의 전통을 계승했고 그 바탕 위에 대산 이상정과 입재 정종로로 이어지는 퇴계학맥의 주자학을 접목한 결과라 할 수 있다. 그러나 이러한 결론은 주자학자로서 그의 학문 형성 과정은 설명해 주지만, 재지사족의 후예로서 그의 인격과 정신세계가 어떻게 형성되어 왔는지를 설명하는 데는 한계가 있다. 한 사람의 정신세계는 학문만으로 완성되는 것이 아니기 때문이다. 이렇게 보면 자신의 삶을 구성하는 제반 환경을 본인의 관점에서 사실적으로 정리한 일기는 그 사람의 정신세계를 이해하는 데 큰 도움이 된다.

10대 소년의 눈에 비친 조선 후기 영남사회

일기는 비록 학술적 저술은 아니지만 작자가 무엇에 관심을 두고 무엇을 생각하고 있었는지, 즉 작자의 세상을 보는 시각과 미래에 대한 비전을 추측해 볼 수 있는 자료다. 비록 공적인 사안이라도 자신이 관심을 두고 있는 일을 일기로 옮겼을 것이기 때문이다. 우리는『하와일록』을 통해 조선 후기 지방사회의 동향을 재구성하고, 나아가 재지사족의 일원으로서 성장하고 있던 10대 소년 류의목의 내면세계를 읽을 수 있다.『하와일록』의 내용 중에서 저자의 정신적 성장 과정에 크게 영향을 끼쳤던 것으로 판단되는 경험을 정리해 보면 다음과 같다.

1. 과거급제의 중요성

조선시대 사족들에게 과거시험에 급제하는 일은 결코 멀리하거나 비루하게 여길 수 있는 것이 아니었다. 사족 사회의 구성원으로 자리매김하려면 선택의 여지가 없는 좁은 통로이며 가문을 유지하기 위한 가장 효과적인 수단이었다.『하와일록』은 지금까지 그 어떤 기록보다도 조선시대 사족 후예들에게 가해지던 과거급제에 대한 사회적 요구, 과거시험을 위한 험난한 준비 과정을 구체적이고 실제적으로 보여 주는 자료다. 공부 내용과 방법도 과거시험에 맞추어져 있었고, 친가는 말할 것도 없고 처가의 부형들도 끊임없이 과거급제를 독려하고 있었다.

> (부여 아저씨가) 말했다. "과거시험은 문호門戶를 유지하는 것이다. 만약 과거가 아니면 어떻게 양반이라 하겠는가? 지금 우리 집안으로 말하건대, 여러 대 동안 모두 과거 공부를 하지 않았던 것은 대개 옛날과 거리가 멀지 않아 유택遺澤이 남아 있었기 때문이다. 지금은 세대가 더 내려옴에 따라 벼슬이 점차 멀어졌으니, 과거 공부에 힘을 다하지 않을 수 없다."[15]

풍산 류씨 가문은 파조인 겸암謙巖 류운룡柳雲龍과 동생 서애西厓 류성룡柳成龍 대에서 크게 성취를 이루어 그야말로 전성기를 누렸으므로 한동안 그 그늘에서 행세할 수 있었으나 후대로 오면서 벼슬과는 인연이 멀어졌다. 실질적으로 류의목을 지도했던 조부 류일춘은 문장으로서 지역사회에서는 명망이 높았지만 과거에 급제하지 못했고, 부친 유선조도 과거와는 인연이 없었으며 그나마 병으로 일찍 죽었다. 조선시대 향촌사회에서 사족의 지위는 지속적으로 급제자를 배출하지 않으면 유지할 수 없었던 사정을 감안하면, "세대가 더 내려옴에 따라 벼슬이 점차 멀어졌으니, 과거 공부에 힘을 다하지 않을 수 없다"는 말에서 그들의 절박한 심정을 짐작할 수 있다.

이 말을 한 부여 아저씨는 류의목에게 숙항이 되는 학서鶴棲 류이좌(1763~1837)를 가리킨다. 류이좌는 류성룡의 8대손으로 문과에 급제하고 여러 벼슬을 거쳐 참판까지 역임한 문중의 주요 인물로 당시 부여현감을 지냈기 때문에 부여 아저씨로 칭한 것이다. 따라서 관직이 바뀜에 따라 수찬 혹은 주서 아저씨로 기록했는데 그들에게 벼슬자리가 갖는 현실적 의미가 그만큼 컸음을 알 수 있다. 류이좌는 촌수는 멀었지만 기회가 있을 때마다 류의목의 집을 방문하여 공부를 돌봐주고 격려했는데, 그것은 조부 류일춘이 집안의 문장이었기 때문이다. 류이좌 외에 친척 중 류의목의 공부를 챙긴 인물로 교리 혹은 승지 아저씨도 등장하는데, 이는 류이좌와 마찬가지로 류성룡의 8대손인 류상조柳相祚(1763~1838)를 지칭한다. 류상조는 류이좌와는 사촌간이며 동방 급제하여 판서까지 지낸 인물로, 류의목에게 붓이나 먹을 선물로 주기도 하고 심지어 류의목이 쓴 일기를 감상하기도 할 정도로 가까이 지냈다. 그러나 류이좌와 류상조는 모두 서애파의 후손이고 겸암파에서는 급제자를 내지 못하고 있었으므로 류의목이 느끼는 압박감은 클 수밖에 없었을 것이다.

집안의 기대를 한몸에 받고 있던 류의목이 10대 후반으로 갈수록 문중 부형들이 모두 나서서 류이목에게 조언과 질정을 아끼지 않았다. 문과에 급제하고 벼슬자리에 있던 족숙 류이좌와 류상조가 주도적 역할을 했겠지만 그 외에도 여러 부형이 과거를 준비하는 자제들의 공부를 챙겼던 것으로 보인다. 당시에는 지방 수령들도 흥학興學의 한 방법으로 관내 유생들에게 이른바 순제巡題라고 하여 시제試題를 내고 그 결과를 평가했는데, 류의목의 경우 경상감영에서 순제를 받기도 하고 안동부에서 순제를 받기도 했다. 어떤 날은 감영의 순제와 안동부의 순제가 한꺼번에 내려오기도 했다.[16] 순제는 일종의 모의고사 같은 것으로 하회의 경우 옥연서당이나 겸암정사, 병산서원 등에서 이루어졌다. 고평考評, 즉 채점은 별도로 공식적인 기구를 두지 않고 향내 원로들에 의해 이루어졌던 것으로 보이며, 류의목의 조부 류일춘도 자주 고평에 참여했다. 고평의 결과는 당사자뿐만 아니라 문중 부형들에게도 초미의 관심사였다.[17] 결과가 나오면 부형들이 모여서 잘된 부분과 부족한 부분을 품평하고 상을 주기도 하고 경우에 따라 질책이 따르기도 했다. 류의목은 가끔 기대 이하의 결과로 질책을 받기도 했지만 대체로 우수한 성적을 받은 것으로 보인다. 으레 문중을 일으킬 재목이라는 칭찬이 따랐고 류의목은 이러한 기대에 부응해야 하는 입장이었다. 류의목의 10대는 이처럼 과거 공부가 생활의 중심이었던 시기다.

2. 시대 변화의 인식

19세기 초의 조선은 국내외적으로 커다란 변화가 있었던 시기였지만 특히 영남인에게는 가히 도전과 충격의 시기였다. 이러한 충격은 10대 소년 류의목의 눈에도 그대로 반영되어 일기로 기록되었다. 당시 풍산 류씨 문중에서 우려의 시선으로 바라보고 있던 것은 남인의 몰락과 서얼층의 부상이었다. 특히 번암樊巖 채제공蔡濟恭(1720~1799)의 죽음은 남인의 몰락을 상징하는 사건으로 인식되었는데, 그들은 영남의 운수가 다한 것으로 받아들이고 있었다.

> 경산 할아버지가 와서 할아버지에게 "번암 채제공의 상사가 났다고 합니다. 과연 그렇다면 남쪽의 선비들은 이미 희망이 없습니다"라고 했다. 진사 할아버지는 "어젯밤에 상주 사람에게 물었더니, 상주 사람들은 '이곳은 모두 채제공의 자제라고 생각한다'고 했습니다"라고 했다. 할아버지는 "의미심장한 말이다. 분명 심상치가 않다. 그렇다면 영남의 운수가 쇠할 것이로다"라고 했다.[18]

영남 남인은 무신란 이후 크게 위축되어 중앙의 요직에는 거의 진출하지 못했는데, 그나마 정조의 비호 아래 부분적으로 중앙 정계에 참여할 수 있었던 데는 채제공의 역할이 컸다는 것은 주지의 사실이다. 앞에서 언급한 바, 류의목에게 족숙이 되는 류이좌와 류상조가 등용될 수 있었던 것도 정조의 탕평정국 운영의 일환으로서 영남 사림의 발탁이라는 관점에서 설명되는 부분이고 여기에도 채제공의 역할이 있었다고 본다.[19] 지방의 사족이 국가적 차원의 정국 흐름을 파악하는 데는 한계가 있었겠지만 채제공의 죽음과 함께 그들의 운수가 다해 가고 있음을 직감했던 것이다.

더욱이 풍산 류씨 문중과 채제공은 남이 아니었다. 류이좌의 어머니 연안 이씨延安 李氏의 조부가 채제공에게는 외조부가 되어 연안 이씨와 채제공은 서로 내외종 간이었다. 당초 류이좌가 채제공을 배알하고 가르침을 받았고 벼슬길에 나아간 후에도 긴밀한 지원을 받았으며 채제공의 사후에 그의 문집 발간을 류이좌가 주관한 것도 이러한 관계가 있었기 때문이다.[20] 일기에는 『번암집』 간행 작업에 문중 차원에서 정성을 기울이는 모습이 그대로 드러나 있다. 『번암집』은 류이좌, 류상조를 비롯한 하회 사람들의 주도하에 안동 봉정사鳳停寺에서 간행되었다.[21]

반대로 서인들의 채제공 청산 작업은 지역에서도 잔인하고 철저하게 이루어지고 있었다. 대표적인 사례가 도산서원 시사단試士壇의 비석과 비각을 파괴한 일이었다. 시사단은 정조 임금이 1792년(정조 16) 규장각 각신 이만수를 도산서원에 보내 제사를 지내게 하고 별시를 치러 영남 인재를 선발하게 한 사실을 기념하기 위해 단을 모으고 비와 비각을 세운 것으로, 당시 영의정이었던 채제공이 비문을 썼다. 비석을 파괴했다는 것은 곧 채제공에 대한 응징인 동시에 영남 남인을 향한 경고라고 볼 수 있다. 그 이전에 이미 봉화의 도연서원道淵書院[22]에서도 채제공에 대한 제향을 금지하는 일이 있었지만, 이번에 비석을 파괴한 일은 세상의 변화를 상징적으로 보여 주는 사건이었다. 일기에는 예안으로 출타했던 종형이 조부 류일춘에게 고하는 바를 옮겨놓았는데, 그 내용을 보면 가히 충격적이다.

예안의 시사단을 부수어 철거한 일을 소자가 이번 걸음에 목격했습니다. 당초에 예안 수령이 아전을 보내어 시사단의 비각과 비석을 헐고 파괴하게 했는데, 아전이 돌아가 아룀에 수령이 "어떻게 했느냐?"라고 물으니, 아전이 "도끼날로 그 비석을 절단하고 그 기둥을 베어 길가에 넘어뜨렸습니다"라고 했습니다. 수령은 아전이 허투루 명을 받들었다고 하며 매질해서 다시 내보냈습니다. 아전이 그 비석을 부수고 조각조각을 내었으며, 또 비각으로 세웠던 기와와 돌을 곳곳마다 도끼로 남김없이 가루로 만들고는 크게 웃고 갔습니다.[23]

종형이 할아버지에게 고하는 내용을 옆에서 듣고 옮긴 것인데, 10대 소년이 이런 문제에 관심을 가지고 일기에 남겼다는 사실이 놀랍다. 재지사족으로서 풍산 류씨 문중의 성쇠가 그 권력 기반이 되는 중앙의 남인 세력의 부침과 불가분의 관계에 있다는 현실을 깨달아 가고 있었던 것이다. 조부 류일춘은 벼슬은 없었지만 집안의 문장門長이었을 뿐만 아니라 고을에서도 명망가로서 주요 현안에 대한 정보가 집중되고 있었으므로 이는 류의목이 한 사람의 향촌의 사족으로 성장함에 있어서 살아 있는 교재가 되었다.

노론 세력의 부상과 더불어 불거진 것이 이른바 서얼층의 허통, 즉 통청通淸 문제였다. 과거 응시와 관직 진출 등 국가적 차원의 문제에서는 이미 승인된 서얼허통이 봉제사 및 재산 상속 등 문중 내의 문제에서는 여전히 미해결 상태로 있었는데, 이러한 현상은 특히 영남에서 심했던 것으로 보인다.[24] 이러한 실제 사례를『하와일록』은 보여 주고 있다. 류의목의 집안에서도 서출인 류해柳海가 침랑공의 신위를 모시고 제사를 지내겠다는 편지를 할아버지 류일춘에게 보냈다. 항렬로 치면 숙항이지만 서출이었기 때문에 문장인 류일춘의 동의가 필요했던 것으로 보인다. 이에 대해 류일춘은 개탄해 마지않았다고 기록했다.[25] 서얼층의 요구는 또 다른 형태로 나타나기도 했다. 이른바 서자변통庶 字變通으로 서손들의 호칭에서 '서'자를 떼고 족보에 올려달라는 것이었다. 풍산 류씨 세보를 보면 서손들도 일부 올라 있기는 한데 전부 수록되지는 않은 것으로 보인다. 그 후손들은 '서'자를 떼고 적자와 같은 대우를 하는 이른바 허통을 원했던 것이다.

> 호계虎溪와 산양山陽 사람이 와서 '서庶'자의 변통을 애걸했다. 할아버지가 "그대들은 어떻게 해 주기를 원하는가?"라고 하니, "정경부인 이씨 아래에 '세 아들과 두 딸이 있고 또 두 아들이 있다'라고 써 주십시오"라고 대답했다.[26]

서애 류성룡과 정경부인 전주 이씨 사이에는 본래 위褘(요절), 여袽, 단襢, 진袗과 두 딸을 두었고, 측실에서 초初, 첩襜 두 아들과 딸 하나를 두었는데,[27] 이들의 주장은 측실에서 난 두 아들을 족보에 올려달라는 말이었다. 서손들의 간절한 요구는 해를 넘겨 계속되었고, 이에 대해 류일춘은 종중의 동의가 필요하다는 입장이었다.[28] 그러나 풍산 류씨 세보를 보면 이들의 희망은 끝내 이루어지지 않은 것으로 보인다. 일반적으로 영남에서 서얼 계층의 부상은 서얼허통에 대해 상대적으로 유연한 입장이었던 노론 세력의 확산과 관련이 있다고 보는데, 이러한 현상은 류의목의 주변에서도 나타나고 있었다. 앞서 허통을 요구했던 류해가 서인이 되었기 때문이다. 그리고 이들 주변에서 채제공을 비난하는 목소리가 나오고 있었기 때문에 영남 사족의 입장에서는 현실적 위협으로 느껴졌을 것이다.

문중의 서출인 류해가 도리어 서인西人이 되었다고 하니 우습다. 서간西澗 사림의 통문을 보았는데 추하고 패악한 말을 하지 않음이 없었다. 채제공을 헐뜯어 '역적 채제공'이라고까지 하였다. 세도가 한 번에 이러한 지경까지 이르렀는가! 다만 절로 긴 한숨이 나올 뿐이다.[29]

이를 보면 같은 영남인이라 해도 모두 채제공을 섬겼던 것은 아님을 알 수 있다. 서얼층의 입장은 달랐다. 그들은 중앙관직에도 통청이 되었으니 양반의 명단이라고 할 수 있는 향안鄕案에도 수록될 수 있도록 해달라는 상소를 올렸으나 채제공이 적서嫡庶 간의 충돌을 우려하여 이에 반대한 것이다.[30] 영남의 사족들이 서얼허통에 소극적이었던 것은 중앙 정계에서 밀려나면서 종통이라고 하는 가문 내 질서와 혈연적 정통성에 집착했기 때문으로 보인다. 서얼허통이 이루어지고 향안에까지 들어오면 자신들이 향유해 오던 주도적 권한이 침해될 수 있는 점을 우려한 것이다. 그러나 노론 세력이 확대되고 서얼 계층이 노론과 손을 잡는 상황이 전개되자 류의목은 위기감을 느낄 수밖에 없었다.

3. 서학의 확산과 이단의식

서학西學이란 서양 문물과 천주교를 아울러 지칭하는 개념으로 17세기부터 조선에 들어오기 시작하여 18세기 후반이 되면 자생적인 천주교 모임이 생겨나고 세례를 받는 사람이 나타날 정도로 성장했다. 처음 서학을 받아들인 이들은 사족들이었는데, 그것은 천주교 측의 동방 진출을 위한 전략이 보유론補儒論적 입장, 과학기술의 전수, 한역서학서漢譯西學書의 보급 등 주로 사족층의 공략에 초점이 맞추어져 있었기 때문이다.[31] 따라서 서학에 관심을 가진 사람도 먼저 사족층에서 출현했는데, 특히 기호 남인 가운데 서학을 수용하는 이들이 많았다. 『하와일록』에도 이러한 사정이 확인되고 있다. 서족庶族으로 조부뻘 되는 사람이 호서 지방의 과거시험장에서 돌아와 류일춘에게 고한 내용이다.

> "지난해부터 서학西學이 날로 심해져서 장차 국가의 큰 근심이 되었습니다. 대행왕께서 일절 금하고 억제하며 그들로 하여금 그만두게 하였는데, 이번 과거 때 사인士人이라 하는 자들 가운데 많은 사람이 그 문자를 따다 쓰면서 편안히 여기고 이상하게 여기지 않았습니다. 주상이 크게 노하여 그 무리를 모조리 잡아서 죄와 법률로 따졌는데, 세 당파 가운데 남인南人이 더욱 심했습니다."[32]

그가 말하는 남인이란 물론 기호 남인들이다. 서양의 문화를 쉽게 접할 수 있는 곳에 거주하면서도 권력에서 소외된 이들이 새로운 세계에 눈을 뜨는 것은 어쩌면 자연스러운 일이었을 것이다. 서학은 이들에게 새로운 세계를 열어 주었지만 동시에 이로 인하여 철저한 탄압을 받고 권력으로부터 멀어져 갔다. 이것이 1801년(순조 1)의 이른바 신유박해辛酉迫害였다.

한편 영남 남인들은 그동안 천주교와 무관한 추로지향이라 하여 정조의 절대적 지원을 받아왔다. 1792년 규장각 각신 이만수李晚秀를 경주 옥산서원과 예안의 도산서원에 보내 치제致祭한 일이나 도산별시陶山別試를 시행한 일이나 사도세자 추존 영남만인소嶺南萬人疏를 어람하고 소두 일행을 직접 면담한 일 등이 모두 이러한 배경 위에서 나온 일련의 정치적 행위로 보는 것이다.[33] 앞에서 언급한 정조의『영남인물고』편찬 지시도 같은 맥락에서 영남의 세족들을 좀 더 적극적으로 등용하겠다는 의지의 표현이었다. 동시에 영남 유림 스스로 서학을 비판하고 자신들의 학문적 정통성을 드러내기 위한 노력도 이루어졌는데, 예를 들면 당시 류의목이 교유했던 남한조南漢朝 같은 경우는 서학에 대한 기호 남인 학자들의 자세를 비판하는「안순암천학혹문변의安順庵天學或問辨疑」와「이성호(익)천주실의발변의李星湖(瀷)天主實義跋辨疑」두 편의 글을 남겼고 스승 정종로鄭宗魯도 남한조의「행장」에서 이를 언급할 정도로 서학은 지역사회를 위협하는 현실적 과제로 인식되고 있었다. 또한 남한조의 제자 류건휴柳健休(1768~1834)[34]는 이를 더욱 강화된 논조로 비판한『이학집변異學集辨』을 저술하기도 했다. 일부에서는 이러한 시도를 정치적 소외감을 학문적 정통성에 대한 자임을 통해 해소하려는 일종의 보상적 심리의 표현으로 보기도 한다.[35]

그러나 이것은 기득권층의 이야기이고 18세기 말이 되면 천주교 서적이 한글로 번역되면서 양반 지식층뿐만 아니라 일반 민중과 부녀자 계층으로, 지역적으로는 기호 지역을 벗어나 경상도와 전라도 등 전국으로 확산되기에 이른다.[36] 사족이 중심이 되어 한역서학서를 텍스트로 삼았던 때와는 완전히 다른 상황이 전개된 것이다. 따라서 지역사회에서도 변화가 감지되고 있었는데, 류의목의 일기에는 다음과 같이 서술되어 있다.

> "지난번 부여扶餘에 있을 때 통인에게 물었더니, 서학 책은 언문 두 권으로 이루어져 있다고 했습니다. 그 학문을 왜 하는지 물었더니, '죽은 뒤에 영화롭고 행복하기 때문이다. 지금 이 근처에 남자와 부인을 따질 것 없이 모두 그 책에 잠심하고 있으며 상놈들이 더욱 독실하다'라고 했습니다. 대저 이와 같기 때문에 그 해로움이 무궁하고 강상을 더럽히고 어지럽게 하니, 거의 금수에 가깝습니다."[37]

천주교가 기층 민중들에게 파고들었다는 사실이 사족들로서는 더욱 위협적으로 느껴졌을 것이다. 그동안 영남 남인 가운데서는 이런 사례가 일절 없었는데 동래부東萊府에서 서학 활동가들의 움직임이 감지되고 이를 단속한다는 소문이 돌기 시작하자 풍산 류씨 문중에서도 긴장할 수밖에 없었다.[38] 1801년(순조 1) 이른바 신유박해로 순교한 현계흠玄啓欽이 1797년(정조 21) 동생 현계탁玄啓鐸이 살고 있는 경상도 동래東萊에 갔다가 영국 배를 보게 되었고 그것을 황사영黃嗣永에게 알려주었다는 사실이 황사영을 추국하는 과정에서 드러난 것이다.[39] 교회사 연구 분야에서는 당시 이미 동래에 천주교가 들어왔을 것이며 현계흠이 동래에 간 것도 이와 무관하지 않을 것으로 보고 있다. 추로지향으로 일컬어 왔던 영남에 대한 왕실의 인식도 급변하고 있음을 하회 사람들도 느끼고 있었다.

그러나 『하와일록』에 나타난 류의목의 서학에 대한 인식은 풍문에 의존한 것으로 추상적 수준을 벗어나지 못하고 있었다. 그의 지적 범주가 주자학에 머물러 있었다는 이야기도 된다. 류의목의 눈에 비친 서학은 한 마디로 사람을 현혹하는 환술幻術이었다. 그들은 밭을 갈지 않고도 밥을 먹을 수 있으며, 베를 짜지 않고도 옷을 입을 수 있다고 주장한다고 했다. 인륜을 알지 못하여 형제간에 혼인을 하며 심지어 생긴 모양은 뱀과 같다고도 했다.[40] 서학에 대해 그 이상의 객관적인 지식을 제공해 줄 통로도 없었고 주변에는 실제 신자도 없었기 때문이다. 류의목은 아직 스스로 판단을 할 식견을 갖추지 못했고 따라서 직접적인 언급도 남기지 않았다. 이러한 서학 인식은 그의 학문 형성에도 영향을 미친 것으로 보인다. 그의 문집을 분석해 보면, 그가 지역과 학맥을 가리지 않고 상당히 자유로운 독서를 했음에도 불구하고 서학은 말할 것도 없고 불교나 양명학 등 이른바 이단학에 대한 언급이 전혀 없고 오로지 주자학에 대해서만 언급하고 있음을 알 수 있다. 영남의 남인들에게 서학에 대한 호기심이 적었던 것은 전통적인 종법적 질서에 익숙한 삶을 살았기 때문이 아닐까 생각된다. 기호 남인들처럼 외부로부터의 새로운 사조에 직접 노출되는 환경에 있지도 않았고 향촌의 지배층으로서 새로운 사조에 관심을 둘 필요를 느끼지도 못했던 것이다. 따라서 외부의 새로운 사조에 대한 공포 또는 거부감은 철저히 주자학 중심의 학문 경향으로 나타났다.

4. 문벌 유지를 위한 노력

조선시대 지역사회에서 행세를 하려면 문벌이라는 기반이 필수였다. 이를 위해서는 우선 과거급제를 통해 벼슬자리가 배출되어야 하지만 그 외에도 국가적 공적 사안에 지속적으로 참여함으로써 향촌에서의 문중의 위상을 유지할 필요가 있었다. 류의목의 집안에서도 조부 류일춘을 중심으로 지역과 국가의 사업에 대해 늘 귀를 열어두고 있었다. 그 중에 하나가 『영남인물고』의 사례다.

정조대에 오면 임금의 명에 의해 영남의 명신들의 언행과 사적을 모아 이른바 『영남인물고』를 정리했는데, 이 작업을 주관한 사람은 채제공의 아들 채홍원蔡弘遠이었다. 이에 따라 문중별로 흩어져 있는 명신들의 사적 자료를 제출하라는 명이 내려왔고, 류의목의 집안에서도 이에 대응하기 위해 종가에서 큰 모임을 가졌다. 이때가 정조 22년(1798) 8월 20일이었고 일기에는 『명신록』으로 기록되어 있다.[41] 당시 남인이 처한 정치적 수세 국면에서 마침 영남에 우호적인 채홍원이 주관하는 사업이라는 점에서, 『인물고』에 집안사람의 이름을 올리는 것은 문중으로서는 절호의 기회였다. 문중에서는 이후로도 이 일의 추이에 주목하고 있었는데 들리는 소문은 문중에서 추천한 인물 가운데 상당수가 누락되었다는 실망스러운 내용들이었다. 문중에서는 큰 충격을 받았고 족숙 류이좌를 비롯하여 중앙에서 벼슬을 하고 있던 인물들이 총동원되어 부당함을 호소하고 바로잡기 위해 노력했으나 뜻대로 되지 않았다. 『영남인물고』가 완성된 것은 그해 11월이었는데, 풍산 류씨 문중에서 추천한 인사들 가운데 회당悔堂 류세철柳世哲(1627~1681)을 비롯하여 십수 명이 누락된 것으로 밝혀졌다.[42] 류세철은 겸암 류운룡의 증손자로 현종 7년(1666) 자의대비의 복상 문제가 제기되었을 때 노론의 영수 송시열의 기년설을 반박하여 영남 유림들이 「의례소議禮疏」를 올릴 때 소두를 맡았을 정도로 지역사회에서는 비중이 컸던 인물이기 때문에 문중으로서는 충격이 아닐 수 없었다.

그러나 이와 반대로 경사도 있었다. 경상도관찰사가 지역의 명망 있는 인사들을 조정에 천거하는 도천道薦의 명단에 조부 류일춘이 포함된 것이다. 당시 안동에서는 류일춘과 김정근金正根 두 명만이 추천되었는데,[43] 여기에 들어갔다는 것은 풍산 류씨 문중으로서는 중앙정부의 관심의 대상이 되면서 지역사회에서도 문벌의 위상을 확고히 인정받았다는 점을 의미한다. 이 소문은 이내 인근 고을에 전해져 축하가 답지했다. 류의목은 이러한 경험을 통해 지역에서 피천被薦이 갖는 사회적 의미와 중요성을 충분히 인식했을 것이다. 동시에 천거는 수령이 하는 것이므로 수령의 천거를 받으려면 수령과의 원만한 관계도 신경써야 하고 이를 위해서는 먼저 학문을 연마하여 유림사회에서 두각을 나타내야 한다는 사실도 알게 되었을 것이다. 비록 10대 소년이 감당할 일은 아니지만 장차 사족으로 살아감에 있어서 필수적으로 갖추어야 할 요건들로 깊은 인상을 남겼다.

흔히 좌수로 불리는 유향소의 책임자 자리의 향배는 언제나 관심의 대상이었고 문중 간에도 설왕설래가 있을 수밖에 없었다. 유향소는 지방의 품관들에게 수령을 보좌하면서 풍기를 단속하는 임무를 주어 조선 후기까지 존속하면서 지역사회에서 큰 영향력을 행사했던 일종의 민간자치 기구다. 류의목도 이에 대해 민감하게 인식하고 자세히 기술하고 있다.

유향소의 하인이 와서 보고서[ᄎᆞ目]를 올렸는데, 할아버지가 다음과 같이 답을 보냈다. "신임 좌수는 염치를 모르고, 공론公論을 살피지 않고서 명을 들은 즉시 행하였으니 혹시나 남에게 뒤질까 두려워해서다. 그를 어찌 향임으로 삼을 수 있겠는가? 하물며 좌수에 특별히 제수된 것은 400년 동안의 향규鄕規에도 없는 것이니 이 뜻을 관가에 고하는 것이 마땅하다."[44]

유향소와 좌수는 본래 수령을 보좌하여 선정을 베풀도록 하는 데 목적이 있었지만, 시대에 따라 수령을 견제하기도 하고 수령에게 복속되어 지배를 받는 관계가 되기도 했다. 그러나 좌수는 엄연히 지역의 여론이나 유림사회의 공론을 대변하는 자리로서 그에 걸맞은 처신이 요구되는데도 불구하고 수령의 명을 따르는 데 급급했다는 것이 류일춘의 말이다. 류의목은 조부의 비판을 옮겨 적음으로써 지역사회를 이끌어 가는 지도층으로서 갖추어야 할 자세와 처신에 대한 생각을 드러낸 것이다. 류의목은 조부와 대부분의 일상을 공유하였고, 따라서 류의목에 대한 교육은 유교 경전뿐 아니라 자신을 둘러싼 관계망 속에서 이미 이루어지고 있었다. 이 점은 그가 사족으로 성장함에 있어 중요한 자양분이 되었다.

이상으로 류의목의 시각으로 정리한 10대의 경험을 『하와일록』을 통해 살펴보았거니와 피상적으로 보면 부형들의 지휘와 정보를 그저 수동적으로 받아들이는 삶을 살았던 것처럼 보일 수도 있다. 그러나 이점은 사적 영역이 빈약하다는 일기의 특성에서 생겨나는 착시일 뿐이고 내면에서는 한 사람의 유자로서의 자아가 형성되고 있었다. 17세가 되던 해 2월에 다음과 같은 일기를 남겼다.

아침에 창에 기대 홀로 앉았는데 아버지를 여읜 슬픔으로 절로 처연해졌다. 이어서 군자가 힘쓸 바는 반드시 '낙천樂天'이 중요한 것이라는 말이 떠올랐다. 가세가 청빈하더라도 대처함에 태연한 것이 즐거움이며, 기쁜 경사가 거듭되는 것을 보고 기쁜 것이 또한 즐거움이며, 천만 가지 일에 있어서까지 대처함에 중도中道를 얻는 것이 즐거움이 아닌 것이 없다. (…) 거상居喪 이후로 마음은 슬펐으나 그 즐거움은 일찍이 떨어진 적이 없었다. 상중에 있을 때 자식의 정으로써 어찌 즐거울 일이 있겠는가마는 즐거워하는 바는 하늘이었을 뿐이다. (…) 혹 이러한 생각을 남에게 말하면 문득 비난하고 웃으며 "상주가 어찌 즐거움이 있겠는가?"라고 하니 이것은 결코 즐거운 바가 어떠한 것인지 모르는 것일 뿐이다. 근심을 당하면 근심됨을 즐기고 기쁨을 당하면 또한 그 기쁨을 즐기니 이 뜻을 요즘 사람으로 아는 경우가 적다.[45]

10대 소년의 나이를 감안하면 노성하다고 할 수 있는 경지를 보여준다. 15세에 부친 류선조를 여의고 조부의 지도 아래 오랜 시간 유교 경전을 공부하고 문중, 향내, 국내에서 벌어지는 다양한 세상사를 체험하면서 실제 삶 속에서 스스로를 단련한 결과 인생의 희노애락을 그저 담담하게 바라볼 수 있는 '낙천樂天'의 철학이 형성되고 있었던 것이다.[46] 그가 20대 이후에 한 사람의 사족으로서 자리매김을 할 수 있었던 것은 이러한 철학적 바탕이 있었기 때문이다.

20대 이후 은거자의 삶과 학문 연구

1. 시詩·서書를 통한 교유

류의목은 20대까지는 과거시험 공부에 전념했던 것으로 보인다. 그가 온전히 자신의 삶을 스스로 판단하기 시작하는 시기는 후견인 역할을 하던 조부가 사망한 1810년, 즉 26세 무렵부터가 아닐까 생각된다. 아버지는 병으로 일찍 죽고 의지하던 조부마저 작고하자 이제 스스로의 힘으로 일어설 수밖에 없었을 것이다. 따라서 30대 이후 중장년 시기의 삶의 모습이나 그의 인생 전반에 걸치는 정신적 형성의 과정은 일기를 통해서는 알 수가 없고 문집 자료에 의존할 수밖에 없다.

류의목의 문집에 수록되어 있는 시를 정리해 보면, 만사輓詞를 포함하여 시를 차운하거나 대상으로 한 인물은 주로 류성룡을 정점으로 하는 족내族內의 인물인 경우가 대부분이고, 학맥으로 연결된 인물은 대산大山 이상정李象靖(1711~1781) 문하에서 발원한 인물인 경우가 많다.[47] 류의목이 정종로에게 수학했고 정종로가 이상정의 문인이므로 류의목의 학문적 정체성이 시에서도 드러난 것이다. 나아가 이상정의 문인인 김굉金㙆, 이정국李楨國, 류태춘柳泰春에게 만사를 썼다는 것은 자신의 학맥을 대산학맥으로 자정한 것으로 이해할 수 있다. 혈연과 학연을 벗어난 경우는 주로 향내鄕內의 친구나 지인들로 한정되는 경향이 있는데, 이에 해당하는 인물들은 강주영姜胄永, 김종규金宗奎, 박태번朴泰蕃 등 인적 사항이 확인되지 않는 경우가 많다. 급제 출사하지 못했고 중년 이후에는 하회 남쪽에 남애서숙南厓書塾을 짓고 은거했던 까닭에 인적 교유의 범위가 혈연, 학연, 지연 이상을 벗어나지 못했던 것이다. 그에게서 나타나는 처사적 인생관은 이처럼 친숙한 인물들과의 교유 관계 위에서 형성되었던 것으로 보인다.

그의 시 가운데, 「실의에 빠져 선조의 정자에 이르니 감회가 일어나 [落魄到先亭有懷]」[48]라는 제목의 시는 과거시험 준비를 서서히 정리하고 은거를 결심할 무렵에 지은 것으로 보인다. 과거 공부의 고단함과 진정한 학문, 즉 도학道學으로부터 점점 멀어진다는 절망감을 읽을 수 있다. 보통 알려진 유학자들이 지은 시는 과거와 출사를 조롱하는 도학자 풍이 일반적인 데 비해, 이 시는 출사에 매달릴 수밖에 없는 재지 사족의 심경을 고스란히 드러내고 있다는 점이 특징이다.

이 마음 본시 세상에서 구하고자 함이 없었는데	此心於世本無求
부모는 늙고 집안은 가난하여 마음대로 안 됐지	親老家貧不自由
연이어 태어난 아이들로 인해 뜻은 빼앗기고	一例兒曹惟奪志
이십여 년 과거시험장 돌아다니며 골몰했네	卄年場屋浪埋頭
진정한 학문하겠다는 계획 이룰 날 언제일까	經營雅計成何日
시들고 노쇠한 모습에서 이미 늦었음을 깨닫네	凋謝衰容覺已秋
산속으로 들어가 옛날의 단서라도 찾고 싶어	欲向山庄尋舊緒
인간세상 명예로 가는 길은 멀고도 멀구나	人間名路儘悠悠

30대에 접어들면서 류의목은 서서히 과거 공부를 정리하고 도학으로 전향하고자 하는 뜻을 굳힌 것으로 보인다. 이 무렵에 경주의 최남복崔南復에게 보낸 편지에는 과거시험에 대한 미련을 버리고 도학으로 전환하고자 하는 심경이 드러나 있다. 편지에서 류의목은 7번에 걸쳐

향시鄕試와 경시京試에 도전했지만 뜻을 이루지 못했으니 앞으로는 가학家學 연원을 밝히는 공부에 매진하겠다는 결심을 밝히고 있다.[49] 또한 번잡한 촌락을 벗어나 조용한 곳에 새로운 거처를 마련하여 심성 수양에 힘쓰고자 한다는 계획도 밝혔는데, 이것이 추후 남애서숙 건립으로 구체화된다.

스승 정종로에게도 이러한 뜻을 완곡하게 전달했다. 류의목과 정종로 간에는 많은 시와 편지가 오고간 것으로 짐작되며, 실제 정종로의 문집에는 류의목에게 보낸 여러 편의 시와 편지가 수록되어 있지만 정작 류의목의 문집에는 정종로에게 올린 시 한 수와 편지 한 통이 있을 뿐이다. 류의목의 뜻을 전달받은 정종로는 일단 만류하는 입장을 취했다.

"살펴건대, 과거를 그만두고자 하는 뜻이 시구詩句에 나타나니, 참으로 그대의 뜻이 본래 높고 진정한 공부에 맛을 얻음이 또한 깊다는 것을 알겠네. 무리를 따라 똑같이 바쁘게 지내려 하지 않는 것은 바로 초연히 속세를 벗어나려는 것이며 성학聖學의 참된 공부는 이렇게 해야 집중적으로 해나갈 수 있을 것일세. 하지만 노인을 봉양하고 있는 처지에 문득 과거시험을 그만둔다는 것이 쉽지 않을 것이네. 더구나 여러 부형과 어른들이 모두 여전히 시험공부에 종사하여 합격했으면 하신즉, 반드시 이유 없이 그만둠을 허락하지 않을 터이니 또 어찌 자신의 견해를 굳이 고집할 수 있겠는가? (…) 그러니 우선 머리를 숙이고 과거에 응시하여 한편으로 자애로우신 어머니의 바람에 부응하고, 한편으로는 집안 어른들의 가르침을 따르는 것이 당면한 도리일세."[50]

당시 퇴계학맥을 대표하는 위치에 있던 정종로이지만 과거 합격이 갖는 사회적 의미를 누구보다 잘 아는 입장에서 만류하는 것은 지극히 당연한 것이었다. 그러나 류의목은 자신의 한계를 알았고 마음은 이미 떠나 있었다. 그는 34세가 되던 해 하회 남쪽 삼봉三峯 아래에 은거처를 짓기 시작했는데 38세 되던 해에 완공되어 스승 정종로는 남애서숙이라는 이름을 붙여 주었다.[51] 이 무렵부터 그는 본격적으로 도학에 몰두했던 것으로 보인다.

과거시험에서 마음이 멀어짐과 함께 지역의 학자들과의 학문적 교류를 확대해 나가려는 노력도 엿보인다. 당시 상주 두릉리에는 대산 이상정의 학맥을 대표하는 손재損齋 남한조南漢朝(1744~1809)가 살고 있었는데, 류의목은 지극한 어조로 문하에서 가르침을 받고 싶다는 편지를 보냈다.[52] 이에 대해 남한조는 의례상 사양하면서도 류의목의 「대학변의大學辨疑」에 대한 자신의 견해를 제시하고 있다.[53] 앞에서 언급한 것처럼 대산 문하에서 남한조는 서학 문제에 대해 강경한 입장을 견지했던 대표적 인물인데, 두 사람 사이에는 서학에 대한 언급은 보이지 않고 전통적인 성리학 쟁점에 대해 의견을 나누었을 뿐이다. 남한조와도 여러 차례 편지가 오고간 것으로 보이나 문집에는 한 통의 편지만이 수록되어 있을 뿐이다.

이처럼 여생을 도학에 매진하기로 정했지만 이것이 외부 세계의 일에 관심을 끊었음을 의미하지는 않는다. 사족으로서의 위상을 유지하려면 중앙 정계와의 연결고리가 필요하다는 사실을 잘 알고 있었기 때문이다. 대표적인 사례가 『번암집』 간행과 관련된 류의목의 역할이다. 『번암집』이 족숙 류이좌의 주관하에 안동 봉정사에서 간행되는 과정은 일기에서 이미 언급되었는데, 류의목도 이 작업에 참여했음이 채제공의 아들 채홍원 및 그와 일파인 한치응韓致應에게 보낸 편지에서 드러난다. 그는 "돌아가신 상국 선생의 문집은 다행히 많은 사람들의 적극적인 협조에 힘입어 큰일은 마무리되었고 주상께서 예람하시도록 올렸으니 실로 큰 경사로서 그 기쁨을 이길 수 없습니다"[54]라고 하여 『번암집』발간 작업의 진척 상황을 알렸다. 판각까지 마쳤으나 오탈자를 수정하는 문제를 남겨두고 있으며, 채홍원은 이 문제를 류의목에게 부탁한 것으로 보이고 류의목은 족숙 류이좌와 의논하여 처리하겠다는 입장을 제시했다.[55] 『번암집』이 1824년(순조 24)에 발간되기까지 류의목은 주도적 역할을 했다기보다는 류이좌를 지원하는 역할을 한 것으로 보이고, 이를 통해 문집 간행이 갖는 정치적 함의를 배웠을 것이다.

또한 그는 세자익위사익위를 지낸 족조 류심춘柳尋春에게 보낸 편지에서, 류심춘이 세자 경연석상에서 올린 말이 지나치게 알맹이 없이 범범함을 지적하고 오당吾黨을 위해 시급한 영남의 현실과 소외되어 있는 남인南人의 실정을 좀 더 적극적으로 진언했어야 했다고 주장한다.[56] 비록 그가 출사에 실패하고 은거를 선택했지만 외부 세계에 대한 관심을 끊지는 않았으며, 사족으로서의 존립 기반과 관계되는 현실의 문제인 중앙 정계의 동향을 민감하게 의식했음을 보여준다.

류의목의 편지는 대부분『하와일록』집필 시기 이후에 작성된 것으로 척족戚族에게 보내거나 사우師友에게 보낸 편지들이다. 이 시기에 보낸 편지에서는 대체로 거듭된 과거 실패에 따른 회의와 초야에 은거하여 진정한 도학에 매진하고자 하는 심리적 변화 과정이 드러나 있다. 그러나 한편으로 각종 문자文字를 청하거나 상제례를 행함에 있어서 행례行禮 절차에 대해 논의를 통해 지역사회에서 가문을 유지하는 데 필요한 역할은 별개로서 충실히 수행했음을 확인할 수 있다. 그리고 이 모든 활동의 바탕을 이루는 유학자로서의 학문적 소양을 연마하기 위해 끊임없이 노력했음도 알 수 있다. 그는 사우師友들과 학문적 내용을 가지고 토론을 게을리 하지 않았으며, 지역사회의 명망 있는 인사들과 교유 관계를 확보하기 위해 노력했다.『대학』이나『중용』처럼 특별히 관심 있는 분야에서는 상당한 자신감을 가지고 선배 학자들의 학설을 나름대로 비평했는데, 대체로 인용하는 학설의 범주는 이황, 이상정李象靖, 김락행金樂行 등 퇴계학파 위주로 이루어져 있는데, 김장생金長生, 한원진韓元震 등 서인학자들의 학설에 대해서도 평론을 하고 있었다. 특히 한원진의 학설에 대해서는 대체로 비판적 입장이었지만, 뒤에 언급할「대학변의大學辨疑」·「중용관견中庸管見」에서 알 수 있듯이 상당히 세밀하게 검토했음을 짐작할 수 있다.

2. 성리설에 대한 탐구

류의목은 14, 15세 무렵부터 성리서에 잠심했으며 정주학의 격언을 수집하여 학문의 지침으로 삼았다는 기록이 있고[57] 일기에도 개인 문집을 읽다가 부형으로부터 과거 공부를 소홀히 한다는 질책을 듣는 것으로 볼 때, 그는 어려서부터 기계적으로 암기하는 학습보다는 다른 학자들의 주장이나 학설에 대한 호기심을 가졌던 것으로 보인다. 22세(병인년) 무렵 본격적으로『대학』과『중용』을 공부하기 시작했다. 물론 그 전에도『대학』,『중용』을 읽었지만 과거 공부가 아닌 도학으로서의 공부는 이 무렵 시작된 것으로 보인다.[58] 그 결과물이 류의목의

대표적인 학술적 저술이라고 할 수 있는 「대학변의」와 「중용관견」이
다. 이 두 저술은 주희의 『대학집주』와 『중용집주』를 읽으면서 의문 나
는 구절을 제시하고 관련 학자들의 견해를 소개하거나 자신의 견해를
덧붙인 것으로 여기서 언급된 성리학적 논의의 주제와 내용, 인용한
전거의 종류 및 저자 등을 분석하면 류의목의 학문적 역량과 수준, 경
향 등을 파악할 수 있다. 먼저 「대학변의」에서 다룬 내용과 인용한 인
물 및 전거를 정리해 보면 〈표1〉과 같다.

〈표1〉 「대학변의」에서 다룬 내용과 인용 인물 및 전거

소제목	내용	인용 인물 및 전거
(총괄)	『大學』의 大旨	李滉
莫不與之	智의 해석	雲峯胡氏, 朱子, 韓元震
竊附己意	己意의 내용	韓元震, 朱子, 程子
淳熙己酉	二月의 표기	鄭宗魯
大學孔氏	구두점 위치	柳雲龍
子程子曰	『大學』의 저자	程子, 朱子, 權近
明德	明德의 해석	金聖鐸, 孟子
虛靈二字	虛靈의 해석	韓元震, 金長生, 權拙修齋, 陳北溪, 李滉
皆當止於	止字의 해석	韓元震, 『大全講義』
事理天理	事理와 天理의 구분	李珥
知止	知止의 해석	權近, 李滉, 『聖學十圖』
定靜安在	定, 靜, 安字의 해석	李滉, 權栗

소제목	내용	인용 인물 및 전거
皆有以明	新安陳氏의 明德說 비판	新安陳氏
意者心之	雲峰胡氏의 意字 해석 비판	雲峰胡氏
格物註物	格物에 대한 懸吐 문제	金熙奮, 張興孝, 李玄逸, 李象靖, 權相一, 李滉, 金樂行
致知之不	格物, 致知의 관계	柳範休, 金熙奮
一切皆以	修身의 의미상 위치	新安陳氏, 權栗
結文	『大學』 結文의 성격	朱子, 李珥
今不盡釋	經文과 傳文의 독법	金熙奮, 朱子, 「康誥」, 「太甲」, 「帝典」
苟日新	苟日新의 해석	韓元震, 『朱子大全』, 『儀禮通解』
作新民	作新民의 해석	「盤銘」, 「康誥」
至善兼釋	知止, 能得의 범위	新安陳氏, 臨川吳氏
文王詩君	君先於臣의 해석	金在約(海底人)
治之有緒	小註 내용의 해석	仁山金氏
知本	本末과 始終의 관계	『大學或問』
表裏精粗	表裏精粗에 모두 理가 있음	『退溪集』, 雙峯饒氏
毋自欺	毋自欺와 自慊의 선후	金熙奮, 『九思堂集』
審其幾焉	幾의 해석	周敦頤, 新安陳氏
慎其獨	獨의 해석	姜奎煥, 『退溪集』, 雙峯饒氏
誠於中	誠의 해석	雙峯饒氏, 三山陳氏, 新安陳氏, 『大山集』
正心修身	傳七章의 해석	李滉, 李象靖, 金樂行, 金熙奮, 韓元震, 雲峰胡氏, 鄭碩達, 權栗
胡氏謂或	敎惰의 적용 대상	『退溪集』, 朱子, 韓元震
民不倍	倍의 해석	李栽, 李大遊
絜矩	絜矩之道의 해석	『大學諺解』, 『大學釋疑』, 趙德鄰, 李槃, 李栽, 『朱子大全』, 金聖鐸, 權栗, 權相一, 趙顯命, 北溪陳氏, 雲峰胡氏

104

이를 보면 자구 해석 문제가 주를 이루지만 학계의 쟁점에 대해서도 나름대로 의견을 제시하고 있음을 알 수 있다. 또한 그는 당대의 이름 있는 유학자들의 문집을 광범위하게 탐독했던 것으로 보인다. 영남을 중심으로 퇴계학파의 인물들이 많은 비중을 차지하고 있지만 권근權近과 같이 조선 초기의 인물이나 이이李珥나 한원진처럼 기호학자들의 학설도 참고함으로써 지방의 유학자치고 독서의 폭이 좁았다고 할 수는 없다. 호병문胡炳文, 요로饒魯, 진순陳淳, 진력陳櫟 등 중국 학자들의 학설도 검토했는데, 다만 『대학장구大學章句』의 주석注釋에 인용된 내용을 검토하는 데 그치고 직접 원전에서 확인하는 경우는 드물었다.

노선생老先生 혹은 이선생李先生이라고 하여 이황의 견해를 폭넓게 인용하는 경향을 보였다. 그러나 반드시 이황의 견해를 따르지 않고 자신의 판단에 따라 비교적 자유로운 학문 자세를 보여 주었다. 특히 남당南塘 한원진(1682~1751)의 설을 자주 인용하면서 동의하거나 비판하기도 했는데, 일방적으로 비판적 입장을 취하지는 않았다는 점이 눈에 띈다. 한원진은 이이-송시열宋時烈-권상하權尙夏로 이어지는 노론의 정통 학맥을 계승하여 기발리승일도설氣發理乘一途說의 입장을 고수했던 인물이며, 류의목이 주로 참고했던 한원진의 저술은 『경의기문록經義記聞錄』이었다.[59]

대체로 자신의 이론을 제시한다기보다는 선유들의 학설을 열거하고 그 가운데서 타당하다고 여겨지는 견해를 선택하는 식이다. 예컨대 어떤 주제에 대해서 중국과 조선의 여러 학자의 견해를 소개하고 나서, "이 설이 매우 합당하니 마땅히 이 설을 따라야 한다"라 하여 선택적으로 수용했는데, 예컨대 이런 식이다.

"(세주細註에 나오는) '일유지一有之'라는 말에 대해, 이선생(이황)은 네 가지 가운데 하나라고 풀었고, 대산(이상정)은 한 번 혹은 한 개라는 뜻으로 풀었다. 두 가지 설이 병존해도 무방하나 『대학언해』에서 유有를 해석한 바에 의하면 대산설大山說이 더 낫다."[60]

학계의 쟁점에 대해서 자신의 의견을 제시한 경우는, 가령 이황이 「기명언서奇明彦書」에서, 격물格物에 대한 주註에서 '물리지극처이무부도物理之極處\無不到'라고 한 데 대해, '도到'를 '지至'로 해석한 퇴계설을 소개하고 '진盡'으로 보는 후대 학자들의 견해에 의문을 표시했다. 또 격물을 앎의 시작, 치지致知를 앎의 극처라고 하는 신안 진씨新安陳氏의 견해에 대해 의문을 표시하고 격물과 물격物格을 각각 공부工夫와 공효功效로 보는 퇴계설에 의거하여 공부로 말하면 선후로 나누지 못하지만 공효로 말하면 선후를 나누어 말할 수 있다는 견해를 제시했다. 그는 김락행金樂行, 권상일權相一, 장흥효張興孝, 이현일李玄逸, 이상정李象靖 등 영남 명류의 학설을 두루 인용함으로써 폭넓은 독서량을 보여 주었다.

「중용관견」은 「대학변의」와 달리 소제목이 없으므로 단락이 시작되는 지점을 기준으로 마찬가지 방법으로 분석해 보면 〈표 2〉와 같다.

「중용관견」도 「대학변의」와 마찬가지로 자구 해석이 주를 이루고 있으나 『중용』에 대해서는 상당한 자신감을 가졌던 것으로 보이며 깊이 있게 논의하고 있다. 학계에서 오랫동안 논란이 되었던 허령지각虛靈知覺의 문제에 대해서, 류의목은 이·기 가운데 어느 한쪽으로 설명할 수 없고 반드시 이·기가 합쳐졌을 때 가능한 것이며, 그것이 주희와 이

<표 2> 「중용관견」에서 다룬 내용과 인용 인물 및 전거

단락 시작	내용	인용 인물 및 전거
生於形氣	人心道心 논의에 대한 비판	朱子
知覺之知	知와 智의 구별	朱子, 謝上蔡, 『孟子』
虛靈知覺	虛靈知覺의 이기론적 분석	朱子, 李滉, 程子
不偏不倚	不偏不倚의 해석	韓元震, 程子, 『中庸或問』
天命之性	天命에 대한 해석	李槶, 金聖鐸, 朱子, 韓元震, 鄭汝昌
胡雲峰曰	『周易』道의 해석	雲峰胡氏, 子思
戒愼不睹	戒愼恐懼와 動靜	李滉, 趙德鄰, 李萬敷, 權相一, 權栗, 吳致重, 李珥, 李槶, 李象靖, 金聖鐸, 金樂行, 韓元震
喜怒哀樂	七情의 해석	李滉, 金聖鐸, 『禮記』, 『近思錄』
頃往新厓	致中和 章句의 해석	朴孫慶, 李宗洙, 『南野集』, 北溪陳氏, 李槶, 韓元震, 權栗, 雙峯饒氏
十三章下	費隱과 體用의 의미	雲峰胡氏, 李珥, 李滉, 韓元震
道不遠人	爲字의 의미	東陽許氏, 韓元震
朱子曰鬼	章句와 註釋의 관점	朱子, 李珥, 韓元震, 李滉, 雲峰胡氏
不言君臣	士字, 勸字 등의 의미	
所存所發	心, 意의 의미 구분	新安陳氏, 雲峰胡氏
曲能有誠	誠字의 의미와 해석	洪汝河, 柳元之, 朱子, 雲峰胡氏, 『中庸或問』, 韓元震
新安陳氏	明哲保身에 대한 해석	新安陳氏, 朱子
行同倫按	行同倫 구절에 대한 해석	李滉
知天知人	總結 부분의 해석 및 현토	朱子, 枝谷(?)
內外本末	天道와 人道의 차이점	北溪陳氏, 潛室陳氏, 雲峰胡氏, 韓元震

황의 학설에 부합한다고 보았다.[61] 계신공구戒愼恐懼를 정시靜時의 공부로 볼 것인가, 동정動靜을 겸하는 것으로 볼 것인가의 논란에 대해서는, 이황, 조덕린趙德鄰, 이만부李萬敷, 권상일權相一, 권구, 오치중吳致重, 이이, 이만李槾, 이상정, 김성탁金聖鐸, 김락행, 한원진 등 여러 사람의 견해를 소개하고, "선배들의 견해가 이처럼 분분하고 인용하는 바가 또한 나름대로 일리가 있으니 말학후생이 감히 이것은 옳다 이것은 그르다 할 수 없고 다만 여러 가지 학설을 기록해 두었다가 독서할 때 꺼내어 탐구한다면 도움이 되는 바가 있을 것이다"[62]라고 하여 신중한 자세를 취했다.

그는 27장 대재성인장大哉聖人章과 총결總結 부분을 그림으로 도식화하기도 했는데, 이는 그가『중용』을 가지고 얼마나 오랫동안 고심했는지를 보여 준다.[63] 그림은 27장의 대주大註와 소주小註의 내용을 그대로 옮기는 형식을 취했는데, 존덕성尊德性과 도문학道問學을 총괄하여 역행力行으로 규정한 점이 눈에 띈다. 또한 총결을 천도天道와 인도人道로 구분하여 도식화하고 이를 내외본말內外本末의 4개 범주로 구분한 한원진을 비판하고 겉으로 보면 천도와 인도는 다르지만 내면적으로는 하나임을 설명했다.

류의목은 교유의 폭은 영남을 중심으로 지역적으로 한정된 모습을 보였지만 독서는 주로 문집 자료를 바탕으로 학파와 지역을 떠나서 비교적 광범위하게 다양한 학자들의 견해를 검토했던 것으로 보인다. 또한 격물·물격, 허령지각 등 학계에서 논란이 되었던 문제에 대해서도 나름대로 자신의 견해를 제시하기도 했다. 그 내용을 보면 새로운 학설을 제시했다기보다는 대체로 퇴계설을 중심으로 영남학자들의 견

해에 동조하는 입장을 취했지만, 반드시 그렇지는 않고 비교적 자유로
운 입장에서 자신의 견해를 제시하고 있다. 이것은 그가 재야의 학자
로서 일방의 견해에 구속되지 않아도 되는 자유로운 입장이었기 때문
이 아닌가 생각된다.

가학의 계승과 구수시

류의목의 정신세계에 있어서 교유나 독서를 통한 학습 외에 가학家
學의 영향을 빼놓을 수 없다. 그를 누구보다 아끼고 이해했던 족숙 류
이좌는 그를 위한 제문에서, "공의 학문은 별반 특이한 것이 아니라 일
용 간에 부모에게 효도하고 형제간에 우애하며 몸을 닦고 가정을 다스
리는 것이었다. 순조롭고 명백한 데 마음을 두었고 강론하고 익히며
묻고 밝힘에 힘썼으며 조급하지도 않고 태만하지도 않았고 부지런하
고 정성스럽게 하니 그 의미가 절로 살아났으며 나아감이 있으나 그치
는 것을 보지 못했으니, 이는 실로 우리 선대로부터 집안에 전해 오는
지결旨訣로서 후손들을 계발하고 보우하는 바를 군이 힘써 생각하고
실천했을 뿐이다"[64]라고 했다. 이 말은 류의목의 학문 활동의 정체성
을 가장 적절하게 표현한 말로서 조선시대 사족들의 학문 형성 과정에
서 가학이 갖는 의미에 대해 다시 한 번 생각하게 하는 대목이다.

류의목은 공식적으로는 정종로의 학맥을 계승한 것으로 되어 있지
만 남한조에게도 편지를 보내 그의 문하에서 수업하기를 원했다. 그러
나 류의목과 그들이 주고받은 편지를 보면, 다분히 의례적인 내용이

많고 지속성이 약하다.[65] 정종로 같은 경우는 상주를 중심으로 풍산 류씨와의 뿌리 깊은 인연이 영향을 끼쳤을 것이고 남한조는 명실공히 대산학맥의 계승자로서 지역 유림사회에서 차지하는 위상을 감안하면 그 문하에 이름을 올린다는 것은 소위 지식 권력에 합류한다는 의미가 있었다. 이렇게 볼 때, 지근거리에 있으면서 류의목을 실질적으로 이끌고 지도한 것은 조부 류일춘을 비롯하여 족숙 류이좌와 류상조 등 친족들의 가르침이 아니었을까 생각한다.

그들이 류의목에게 전승한 풍산 류씨 문중의 가학을 간단히 설명하기는 쉽지 않다. 다만 병풍으로 제작되어 누대에 걸쳐 전승되어 온 구수시九首詩가 눈에 띈다. 류성룡의 손자인 졸재拙齋 류원지柳元之(1598~1674)는 「아이들에게 보인다[示兒輩]」는 제목으로 9수의 시를 지어 후손에 남겼는데, 이 시가 풍산 류씨 문중에서는 구수시라는 별칭으로 전승되었다. 구수시는 5언절구 9수로서 각각 「친척 간에는 화목이 중요함[敦睦]」, 「청백과 겸손으로 자신을 지킴[自守]」, 「원만하게 세상사는 방도[涉世]」, 「전원생활의 즐거움[山居]」, 「자신을 돌아보고 반성함[自責]」, 「학문에 때를 놓치지 말 것[勸學]」, 「독서에도 요령이 있음[讀書]」, 「이미 늙었지만 반성하고 진보를 다짐함[自省]」, 「힘껏 노력하여 훌륭한 사람이 될 것을 당부함[再示孫輩]」을 요지로 한다.[66] 이 시는 아이들에게 보인다는 제목 그대로 자손들에게 당부하는 내용이다.

류원지가 이 시에서 언급한 내용은 옛사람들이 언필칭 자손들에게 훈계하던 소리로 일견 평범해 보일 수도 있지만, 조금 깊이 생각해 보면 이른바 가학이라는 것이 어떤 의미를 갖는지를 알 수 있게 하는 것들이다. 한 마디로 가학이란 성리학과 같은 특정한 학문 분야를 의미

하는 것이 아니라 학문하는 자세를 포함하여 사족으로서 품위를 잃지
않고 가문을 유지하면서 인생을 원만하게 살아가는 방도에 대해서 누
대에 걸쳐 형성된 포괄적 지침을 의미한다.

이점에 대해서는 풍산 류씨 문중 내에서 여러 사람에 의해 확인된
바 있다. 류운룡의 증손이자 류원지의 문인인 우헌寓軒 류세명柳世鳴은
이 시에서 '가범家範'의 아름다움과 '심학心學'의 요법을 읽을 수 있다
고 했고, 다시 5대를 지나 류이좌는 '가학'의 진결이 여기에 있다고 평
가했다.[67] 특히 류의목은 이 시에 가학의 정신이 내포되어 있다고 보
고, 일실된 병풍을 복원하고 발문을 지어 좌우명으로 삼았다.

> 지금 구수시를 읽어보니, 모든 시가 겸손하게 비움[謙虛]과 공손하게 물
> 러남[退巽]으로 처음부터 끝까지 의미를 다했으나 말이 언제나 뜻을 다
> 전달하지 못하는 것 같아 더욱더 간절하고 지극하다. 한 구절 한 구절이
> 진실되고 절실하며 한 글자 한 글자가 사람을 이끌어 반성하게 한다. 그
> 런 까닭에 '겸손'과 '졸렬'의 의미로 계승하여 가법家法을 드러내었으니,
> 족히 한 권의 『소학』에 해당할 만하다.[68]

류의목은 류원지가 구수시를 통해 말한 가학의 정신을 한 마디로
'겸졸謙拙,' 즉 '겸손'과 '졸렬'로 정의한 것이다. 이에 대해 족숙 류이
좌는 '겸졸'이야말로 풍산 류씨 문중이 대대로 전수해 온 가학이요 지
결이라 평가하고, 류의목에게는 가학의 정신을 잘 드러내어 지켰다는
의미로 수헌守軒이라는 호를 지어 주었다.[69] '겸졸'이라는 표현이 풍산
류씨 문중의 처세 방식이나 가학의 학풍을 객관적으로 대변하는 용어

인가의 문제는 중요하지 않다. 이러한 정신을 자신들의 가학의 지결로 인식하고 그 성취를 위해 전체 성원들이 일심으로 노력했다는 점에 그 의미가 있다. 그들에게 공부는 전문적인 지식을 쌓기 위한 학습의 과정이 아니라 사족으로서 삶의 전반에 걸친 전인적인 학습의 과정이었던 것이며 가학이란 바로 이러한 학습의 과정이 개인이 아닌 문중 차원에서 세대를 넘어 지속되었음을 의미한다.

물론 성리학이라는 학문이 가학의 형성에 전혀 의미가 없다는 것은 아니다. 가령 '겸졸'이라 하면 그것은 개개인의 자기 수양에 바탕을 두는데, 성리학 자체가 심학으로서 마음 수양을 핵심으로 하는 학문이기 때문에 그들이 가학을 유지하는 데 성리학이 바탕이 된 것은 두 말할 나위가 없다. 다만 가학의 개념은 성리학보다 훨씬 포괄적이라는 것이다. 또한 가학이라는 개념이 작동할 수 있었던 것은 성리학이라는 학문의 성격과 대가족제도에 기반을 둔 조선시대의 사회구조 등 다양한 원인에 근거한다고 해야 할 것이다.

조선시대 사족들에게 학문을 한다는 것은 일차적으로는 과거급제가 당면 목표이기는 하지만, 그들에게 학문은 과거급제만을 위한 것이 아니었다. 그것은 지역사회에서 지배층으로서의 가격家格을 유지하고 그들과 교유하면서 품위 있는 가풍을 유지하기 위한 일차적 수단이기도 했고 가문의 미래를 위한 투자이기도 했다. 무엇보다 중요한 것은 언제 어떤 상황이 닥치더라도 자신의 마음을 다스릴 수 있는 가장 효과적인 치료약이기도 했다. 그것은 그들이 종사했던 학문이 존심양성存心養性, 즉 마음의 평정심을 유지하고 선한 본성을 기르는 성리학이었기 때문이다. 사족에게 학문을 한다는 것은 모든 상황에 대비할 수 있는 가장 기초적인 자본이었다. 『하와일록』에 등장하는 시기뿐만 아니라 심지어 과거급제를 포기한 이후에도 류의목의 일상이 거의 대부분 공부하는 것으로 채워진 것도 바로 이러한 까닭이다. 남인이 몰락하고 노론이 뿌리를 내리면서 서얼 계층이 부상하고 서양으로부터 새로운 사조가 들어오는 변란 속에서도 류의목이 남애서숙을 짓고 그 속에서 풍산 류씨의 가풍을 이어나갈 수 있었던 것도 그가 학문을 했기 때문이다. 그렇기 때문에 자식을 낳으면 무엇보다 학문을 가르치는 것이 중요하고 그것이 없으면 개인이나 문중은 죽은 것이나 다름없었다. 그것이 바로 사족에게 있어서의 가학이었다.

선비의 탄생

선비는 사회적 계급으로 말하면 사족 가문의 지배계층이고 지식 경향으로 말하면 유교적 교양을 쌓은 독서인이다. 그러나 선비의 탄생 과정과 그들의 삶은 사회적 지위나 계층, 학문적 계보만으로 설명하기에는 불충분하다. 과거시험을 통한 공적 지위의 확보, 문중의 위상과 지원, 지역 유림사회와의 소통과 교유, 국내외 사회 변화에 대한 인식과 대응, 자신을 절제하고 원만한 세상살이를 위한 철학 그리고 이 모든 것의 바탕이 되는 학문적 소양 등이 종합적으로 요구된다. 이러한 특성은 유학의 학문적 성격에 크게 관계되는데, 유교경전에 대한 개인적 차원의 학문 탐구나 특정 학맥의 계승뿐만 아니라 가문별로 누대에 걸쳐 형성된 가학의 영향이 컸다는 의미다. 우리가 흔히 말하는 선비는 이런 과정을 거쳐 탄생한 유교 지식인이다.

류의목은 18세기 후반에 태어나 어려서부터 타고난 자질로 주변의 촉망을 한몸에 받았으나 결국 과거급제에 실패하고 남애서숙을 짓고 은거하며 평범한 일생을 마친 영남 사족의 후예다. 그는 비록 과거에는 실패했지만 학문 수양과 주변의 격려 및 교유를 통해서 실의를 극복하고 사족 가문의 후예이자 지역사회의 구성원으로서 역할을 다할수 있었다. 이런 모습은 대다수 지방 사족들이 살아가는 모습이었다. 이러한 평범함은 역설적으로 그에 대한 연구의 의의를 부여한다. 소수의 뛰어난 학자들은 그들의 비범함을 부각시키다 보니 현실과 동떨어진 모습으로 그려지기 쉬운 반면, 특별히 뛰어난 인물이 아닌 대다수를 차지하는 지방 유학자들의 일반적인 정신세계와 그 형성 과정을 류의목을 통해 엿볼 수 있기 때문이다. 다만 류의목이 살았던 시기는 조선 사회가 근대로 이행하는 초입이었기 때문에 그가 느꼈던 사회 변화와 위기감의 정도는 훨씬 심했을 것이다. 이 점에서 일기자료는 현실의 유학자들의 정신세계가 형성되어 온 과정을 이해하는 데 도움을 준다.『하와일록』은 류의목이 일찍 아버지를 여의고 조부 류일춘과 함께 생활하면서 쓴 10대 소년기 7년 동안의 일기다.

『하와일록』은 지금까지 그 어떤 기록보다도 조선시대 사족의 후예들이 문중을 유지하고 향촌 사회에서의 위상을 유지하기 위해 어떤 노력을 기울였는지, 시대의 변화에 대해서는 어떻게 대응했는지를 구체적으로 보여 준다. 현재 남아 있는 일기는 18세까지를 기록하고 있기 때문에 그 후의 삶의 모습은 문집을 통해 보충할 수 있었다. 문집에 남아 있는 시와 편지는 그가 과거를 통한 출세를 포기한 이후에도 사족으로서의 체모와 자신의 신념을 지키기 위해 노력한 흔적들이라 할 수 있다. 그는 시와 편지로 지역의 인사들과 적극적으로 교유했으며 비교적 폭넓은 독서를 통해 다양한 학설을 섭렵했다. 이미 급제 출사한 족숙 류이좌, 류상조 등의 적극적인 지원 아래 향촌에서 문중을 지키고 지배적 지위를 유지하기 위해 노력하는 한편, 정종로의 학맥을 계승하고 남한조 등 당대의 지역 명사들과 교유했으며 유교경전을 늘 가까이 하며 연구를 게을리 하지 않았다. 그의 교유 범위는 지연, 학연, 혈연의 범주를 넘지 못했으며 성리학설에서는 비교적 자유로운 입장이었지만 대체로 퇴계학파의 견해를 지지했고 성리학 이외에 다른 학문에 대한 관심은 희박한 편이었다.

다만 류의목의 일기나 문집을 통해 파악할 수 없는 문제가 있는데 그것은 바로 재산 형성과 관리, 즉 이재理財의 영역이다. 재산 관리는 사족의 삶에 있어서 물질적 바탕을 형성하는 필수적이고 핵심적인 문제였다. 그러나 『하와일록』에 이 문제에 대한 언급이 없는 것은 역시 10대 일기의 한계라 하겠고, 문집은 문학적 저술을 모은 것이라 재산 문제에 대한 언급이 없는 것은 당연하다. 따라서 이 문제는 별도의 과제로 남겨둘 수밖에 없다.

이상과 같이 류의목의 성장 과정을 정리해 볼 때, 조선 후기 흔히 선비라 일컬어지는 인간형의 탄생과 그들의 삶의 과정을 짐작할 수 있다. 물론 류의목의 사례를 가지고 모든 사람에게 일반화할 수는 없을 것이다. 다만 언급한 바와 같이 류의목의 평범함은 대다수의 모습을 반영할 수 있다는 점을 말하는 것이다. 재지사족으로서 그들은 결코 과거시험이나 벼슬살이를 비루하게 여기거나 멀리하지 않았으며 반대로 문벌 유지의 기반인 과거급제를 위해 최선의 노력을 다했으나 대부분이 실패하고 평범한 일생을 보냈다. 현실에 낙담하거나 슬픈 일을 당해도 언제나 분수에 만족하며 사족으로서의 체모를 지키고자 했다. 중앙과 지방의 동향에 귀를 기울였고 노론의 확산과 서얼층의 부상, 서학의 침투 등 사회 변화에 대해서는 민감하게 반응했다. 그럼에도 불구하고 사족으로서의 체모를 잃지 않았던 것은 끊임없이 학문을 연마하고 시를 지어 정서를 순화하고 편지로써 주변과 교유하면서 그들만의 공감대를 유지했기 때문이다. 그들이 공유했던 성리학적 세계관은 비록 그것이 보수적인 지배계급의 철학이라 하더라도 그들에게는 최선의 무기였다. 그것은 출세를 위한 도구였을 뿐만 아니라 그 자체가 자신의 심성을 단련하고 가문을 유지하며 사족으로서 삶을 품위 있게 유지하는 수단이었다.

참고문헌

南漢朝,『損齋集』.

柳元之,『拙齋集』.

柳懿睦,『河窩日錄(국역본)』, 한국국학진흥원, 2015.

柳懿睦,『守軒集』.

柳台佐,『鶴棲集』.

鄭宗魯,『立齋集』.

금장태,「조선 서학의 전개와 과제」,『신학과 철학』20, 서강대신학연구소, 2012.

김명자,「순조 재위기(1800~1834) 하회 풍산 류씨의 현실 대응과 관계망의 변화」,『국학연
　　구』29, 한국국학진흥원, 2016.

_____,「하와일록(1796~1802)을 통해 본 풍산 류씨 겸암파의 관계망」,『대구사학』124,
　　대구사학회, 2016.

김선희,「19세기 영남 남인의 서학 비판과 지식 권력 : 류건휴의『이학집변』을 중심으
　　로」,『한국사상사학』51, 한국사상사학회, 2015.

김성우,「정조대 영남 남인의 중앙 정계 진출과 좌절」,『다산학』21, 다산학술문화재단,
　　2012.

안경식,「소년 류의목은 어떻게 유학자가 되었나?」,『한국국학진흥원 2021년 일기포럼
　　자료집』, 한국국학진흥원, 2021. 9.

이종일,「18·19세기의 庶孽疏通運動에 대하여」,『한국사연구』58, 한국사연구회, 1987.

조광,「조선 후기 서학서의 수용과 보급」,『민족문화연구』44, 고려대민족문화연구원, 2006.

1 김정민, 「『하와일록』 해제」, 『할아버지와 함께한 시간들 : 하와일록』, 김정민 외 옮김, 한국국학진흥원, 2015, 8쪽.

2 가령 정조 22년(1798) 9월 4일 조에 "승지 아저씨가 와서 종일토록 이야기를 나누었고, 내가 쓴 일기를 읽으며 감상했다"거나 정조 24년(1800) 12월 24일 조에 "명동命洞의 백곡白谷 할아버지가 할아버지를 보러 왔다가 조용히 '모든 일을 함에 (…) 무릇 일은 모두 이와 같은 것이다'라고 했다. 할아버지가 '과연 그러하다'라고 하며, 나를 돌아보고 '이 말을 기록해 두라'라고 했다"고 한 부분은 본 일기가 순수한 개인 일기의 성격을 벗어남을 보여 주고 개인 일기라기보다는 가문의 기록이라는 성격을 보여 준다.

3 정조 24년(1800) 3월 5일 조에 "책을 읽고 잘 외지 못하여 할아버지에게 벌을 받았는데 매가 아파 울었다"거나 순조 1년(1801) 9월 17일 조에 "밤에 법산 아저씨가 왔다. 책 앞에 앉지 못하고 칼로 감을 깎으며 웃고 떠들었다. 할아버지가 늘 밤을 틈타 몰래 엿들으며 우리의 독서 여부를 살피고 있었는데, 문밖에 와 나를 불러가지고 다니던 지팡이로 때렸다"는 부분은 철없는 10대 소년의 모습을 여실히 보여 준다.

4 柳懿睦, 『河窩日錄』, 序文.

5 일기에는 기미년(정조 23) 10월 5일에 상을 당한 것으로 되어 있는데, 류의목의 「유사遺事」, 「행장行狀」, 「묘지명墓誌銘」 등에는 13세에 부상父喪을 당한 것으로 기록되어 있다. 그러나 같은 기록에 생년은 정조正廟 을사년乙巳年 11월十一月 4일四日로 되어 있으므로 15세로 보는 것이 합당하다.

6 柳懿睦, 『守軒集』, 권8, 附錄, 「遺事」. 與西厓先生, 首先就學于陶山, 得心學嫡傳.

7 上同. 祖諱一春號月梧軒有林下雅望, 考諱善祚以孝行聞鄕鄰.

8 류규. 호는 임여재臨汝齋, 자는 수부秀夫이며 류성룡의 6세손으로 경사經史, 산율算律, 음양陰陽, 성력星曆에 정통했다. 1791년(정조 15) 좌의정 채제공蔡濟恭의 천거로 의금부도사에 제수되었고 1792년 영남유림과 연명으로 사도세자가 죄가 없음을 아뢰는 만인소萬人疏를 올렸다.

9 이진동李鎭東. 본관은 진성眞城, 호는 욕과재欲寡齋, 자는 일승逸昇으로 무신란戊申亂 때 경상도에서 일어난 의병에 대한 사적을 모아 『무신창의록戊申倡義錄』을 지었고 아울러 신원소伸寃疏를 올리는 데 주도적 역할을 했다.

10 柳懿睦, 『守軒集』, 권8, 「行狀」. 十一歲, 讀向書, 臨齋公試問經義, 語多警發. 寡齋李公鎭東在座, 驚歎曰, 童智猶若此, 異日成就, 其可量乎.

11 김명자, 「하와일록(1796~1802)을 통해 본 풍산 류씨 겸암파의 관계망」, 『대구사학』 124, 대구사학회, 2016, 157쪽.

12 주자의 스승 류자휘劉子翬가 주자에게 준 "木晦於根, 春容燁敷, 人晦於身, 神明內腴"라는 말을 가리킨다.

13 柳懿睦, 『守軒集』, 권8, 「行狀」. 當時名勝如損齋南公漢朝, 主一齋康公敏淳, 咸推與之書疏往來, 以道義相期, 遠近士友知與不知, 皆慕與之交.

14 上同. 其篤於彝倫, 皆此類也. 餘事公車蓋爲親屈, 而得失不以介意, 但隨衆應擧而已.

15 『하와일록』, 순조 2년(1802) 4월 24일.

16 『하와일록』, 순조 1년(1801) 7월 12일.

17 『하와일록』, 정조 22년(1798) 7월 26일. "순제의 상을 나누어 주었다."; 8월 18일. "관의 순제
    에 응시하러 갔던 사람들이 모두 풀이 죽어 돌아왔다."; 순조 1년(1801) 8월 6일. "감영의 순
    제와 관아의 순제에 대해 평가한 것이 왔는데 하회에서는 모두 떨어졌다."

18 『하와일록』, 정조 23년(1799) 2월 1일.

19 김성우, 「정조대 영남 남인의 중앙 정계 진출과 좌절」, 『다산학』 21, 다산학술문화재단,
    2012, 199쪽.

20 柳台佐, 『鶴棲集』, 권20, 附錄, 「行狀」, 「家狀」.

21 『번암집』 간행 과정과 정치적 역학관계에 대해서는 김명자, 「순조 재위기(1800~1834) 하회
    풍산 류씨의 현실 대응과 관계망의 변화」, 『국학연구』 29, 한국국학진흥원, 2016. 89~98쪽
    참조.

22 도연서원道淵書院. 경상북도 봉화군 춘양면 서동리에 있던 서원으로 한강寒岡 정구鄭逑, 미
    수眉叟 허목許穆, 번암樊巖 채제공의 제사를 모시던 곳이다. 1693년(숙종 19) 건립되었다가
    1858년(고종 5)에 훼철되었다.

23 『하와일록』, 순조 2년(1802) 1월 16일.

24 이종일, 「18·19세기의 庶孼疏通運動에 대하여」, 『한국사연구』 58, 한국사연구회, 1987, 71쪽.

25 『하와일록』, 순조 1년(1801) 12월 10일. "서출 류해柳海가 할아버지에게 편지를 올려 오는
    초10일에 침랑寢郎의 신위를 받들어 개제改題하고 제사를 지낸다고 하여 할아버지가 혀를
    차며 탓하기를 마지않았다."

26 『하와일록』, 순조 1년(1801) 12월 13일.

27 柳成龍, 『西厓集』, 西厓年譜, 권3, 「行狀」.

28 『하와일록』, 순조 2년(1802) 1월 16일.

29 『하와일록』, 순조 1년(1801) 5월 30일.

30 이종일, 위의 논문, 72쪽.

31 금장태, 「조선 서학의 전개와 과제」, 『신학과 철학』 20, 서강대신학연구소, 2012, 47쪽.

32 『하와일록』, 순조 1년(1801) 3월 2일.

33 김성우, 위의 논문, 195쪽.

34 류건휴柳健休의 본관은 전주, 안동의 수곡[무실] 출신으로 류의목과 일족은 아니다. 그러나
    같은 안동권 내에서 동시대를 살았고 남한조南漢朝에게 교유, 수학했다는 공통점이 있으며,
    다만 당시 병호시비가 치열하던 시기에 병파와 호파로 입장이 달랐을 뿐이다.

35 김선희, 「19세기 영남남인의 서학 비판과 지식 권력 : 류건휴의 『이학집변』을 중심으로」, 『한
    국사상사학』 51, 한국사상사학회, 2015, 480쪽.

36 조광, 「조선 후기 서학서의 수용과 보급」, 『민족문화연구』 44, 고려대민족문화연구원, 2006,
    206쪽.

37 『하와일록』, 순조 1년(1801) 3월 2일.

38 『하와일록』, 순조 1년(1801) 12월 18일.

39 『조선왕조실록』, 순조 1년(1801) 11월 5일, 12월 22일.

40 『하와일록』, 순조 1년(1801) 3월 2일.

41 『하와일록』, 정조 22년(1798) 8월 20일.

42 『하와일록』, 정조 22년(1798) 11월 21일.

43 『하와일록』, 순조 1년(1801) 1월 25일.

44 『하와일록』, 정조 24년(1800) 윤4월 19일.

45 『하와일록』, 순조 1년(1801) 2월 15일.

46 이러한 유자儒者로서의 자아 형성을 '독서를 통한 지知의 내면화'라는 관점에서 설명하기도 한다. 안경식, 「소년 류의목은 어떻게 유학자가 되었나?」, 『한국국학진흥원 2021년 일기포럼 자료집』(한국국학진흥원, 2021. 9), 20쪽.

47 柳懿睦, 『守軒集』, 권1, 詩.

48 上同.

49 柳懿睦, 『守軒集』, 권2, 書, 「與崔進士(南復)」. 計京試鄕賦, 前後七覓擧, 而一不得副職, 由於短綆不可汲深, 頑鋒不可劃滯.

50 鄭宗魯, 『立齋集』, 권21, 書, 「答柳彝好」.

51 柳懿睦, 『守軒集』, 권3, 記, 「南厓書塾記」.

52 柳懿睦, 『守軒集』, 권2, 書, 「上損齋南先生(漢朝)」. 懿睦春初妄以書溷下執事, 誠欲自見其獲私於門下. (…) 迺於去四月二十七日, 自竹林承拜, 三月二十二日, 所辱覆, 意寄勤厚, 誨諭諄切, 若將引以置之於詔牖之列, 益信下執事之容物之量.

53 南漢朝, 『損齋集』, 卷10, 書, 「答柳彝好(懿睦)○戊辰」.

54 柳懿睦, 『守軒集』, 권2, 書, 「答蔡參判(弘遠)」. 先相國先生文集, 幸賴人心驚協鳩役告訖, 承已上徹睿覽, 實爲一運之慶, 豈勝抃喜.

55 上同. 下示覆校諸條, 逐板奉閱, 可謂極細密極靜切 (…) 又稟識於承宣族父, 董得刻手留止鳳寺一旬, 所示諸字幾皆修整, 而但其中或有不能盡如敎意者, 悚息悚息.

56 柳懿睦, 『守軒集』, 권2, 書, 「上江皐族大父」. 今所對之言, 悠悠泛泛, 不自知者見之, 或似姑息以幸目前之無事, 豈大不失吾黨士友之心耶. (…) 今旣不能言, 而更待何日也.

57 柳懿睦, 『守軒集』, 권8, 附錄, 「行狀」. 十四五, 已潛心性理書, 又好蒐輯古今歷代治亂之由及伊洛相傳格言, 幷爲疊障而尊閣之, 因條擧進學之方, 貼壁以自警.

58 柳懿睦, 『守軒集』, 권7, 雜著, 「大學辨疑」 序文. 懿睦年已晩, 而學無成, 每恨孤陋無聞, 不足以開發志意. 丙寅冬, 試取大學書, 早晩開看 (…).

59 柳懿睦, 『守軒集』, 권2, 十六, 「答姜景訥論大學疑義」. 又嘗閱南塘記聞錄, 日去其不當有而反之於無 (…).

60 柳懿睦, 『守軒集』, 권7, 雜著, 「大學辨疑」. 一有之, 李先生訓四者之一, 大山翁訓一番一個之意, 兩說竝存似無妨, 而据諺解釋所有之語, 大山說爲勝.

61 柳懿睦, 『守軒集』, 권7, 雜著, 「中庸管見」. 朱子曰, 虛主理, 靈兼氣. 退溪曰, 靈固氣也, 然緣與理合, 所以能靈. 由此觀之, 靈字固不可偏以氣言, 然以虛對靈而言, 則其分屬理氣者, 不至無稽.

62 柳懿睦, 『守軒集』, 권7, 雜著, 「中庸管見」. 今按前輩所論, 如是繆紛, 而其所以爲說者, 則援引探摭, 亦無非好箇言, 後生末學未敢妄謂此是此非, 而聊記諸說之同異, 每讀之時, 輒披玩細究之, 似不無萬一之效云.

63 柳懿睦, 『守軒集』, 권7, 雜著, 「中庸管見」, 41, 44面.

64 柳懿睦, 『守軒集』, 권8, 「祭文」, 7面.

65 류의목의 문집에는 정종로에게 차운한 시 3편(만사 포함), 서 1통이 수록되어 있고 남한조에게는 서 1통이 있고, 정종로의 문집에는 류의목에게 보낸 시 4수, 서 2통이 있으며, 남한조

120

의 문집에는 무진년에 보낸 서 1통이 있을 뿐이다.

66 柳元之,『拙齋集』, 卷2, 詩,「示兒輩」.

67 上同. 後識. 使後之人, 得而玩之, 如獲拱璧, 于以考其家範之懿, 心學之要焉. ; 柳台佐,『鶴棲集』, 권1, 詩,「敬次先祖拙齋先生九首詩韻(幷小識)」. 寓軒公又跋其後, 百世之下, 可以見家學之眞訣, 勉戒之至意也.

68 柳懿睦,『守軒集』, 권3, 跋,「重修先祖悔堂先生小屛手書拙齋先生詩後跋」. 今讀九首詩, 每篇以謙虛退巽終始致意, 其言常若不足其意, 愈益懇至. 句句眞切, 字字提省, 所以承謙繼拙, 發揮家法, 足當一部小學.

69 上同. 柳台佐跋文. 其題跋中, 首言謙拙二字爲世守之繩墨. 此二字者, 果是吾家傳習之學, 而彛好之於吾家旨訣, 已能深得其大本, 眷眷奉守, 以世其學. (…) 且名彛好之室, 曰守軒, 彛好其勉矣夫.

121

3장

사랑채와 자제의
사회화 프로젝트

: 류의목의 『하와일록』을 중심으로

김명자

왜 사랑채에 주목하는가?

조선은 유교를 통치이념으로 하였다. 유교 이데올로기는 국가, 향촌, 마을, '가家'가 상호작용하는 가운데 실현되었다. 집은 부부와 자녀 등 구성원들의 생활공간이다. 유교는 예禮를 중시하였으며, 이러한 가치는 생활공간에도 그대로 반영되었다. 국가에서는 초기부터 유교 이념에 따른 양반 집의 공간 구조를 강조하였다. 크게는 죽은 조상을 위한 의례 공간과 살아 있는 후손의 일상공간을 갖추도록 하였다. 의례 공간은 사당으로 구체화되었고, 일상공간은 '남녀유별'을 실천하는 안채와 사랑채로 구성되었다.

16세기 중반부터 양반 집의 공간 구조에 변화가 두드러졌다. 유교적 생활원리가 사회 저변으로 확대되는 것과 맥락을 같이한다. 양반은 집에 가묘家廟를 지었고, 일상공간은 안채와 사랑채로 구분하였으며, 거기에 형식적 예제를 실천하였다. 여성은 안채를 중심으로 자녀의 출산 및 어린 자녀의 양육, 음식 장만, 의복 제작 등을 담당하였으며, 남성은 사랑채를 중심으로 일상생활을 비롯하여 자제 교육, 가정경영, 손님 접대 등의 역할을 담당하였다. 남녀는 각자의 공간을 중심으로 서로의 역할을 침범하지 않는 가운데 '부부유별'을 실천하려고 하였다. 이처럼 조선시대의 집은 유교 이념을 실천하는 구체적인 현장이었지만, 이에 대한 역사적 주목은 거의 없었다. 양반의 집과 공간은 주로 건축학의 연구 대상이었으며, 사랑채도 마찬가지다.[1] 역사건축학에서 사랑채가 확대되는 시기와 사랑채의 기능에 대해 연구한 것은 주목할 만하다. 사랑채가 확대되는 시기는 『주자가례』의 확산 시기와 일치한다는 사실이 밝혀졌으며,[2] 사랑채의 기능과 관련하여 생활공간, 접객 공간, 의례 공간이라는 사실도 확인되었다.[3]

이 글에서는 사랑채가 만들어지는 과정과 사랑채의 역할을 알아본 이후 『하와일록河窩日錄』이라는 일기 자료를 통해 남성이 자신의 공간인 사랑채를 중심으로 자제를 어떻게 사회화시키며, 그것이 갖는 의미가 무엇인지 확인하고자 한다.

사랑채는 어떠한 역할을 하였을까?

1. 생활과 접빈

유교에서는 남녀유별을 강조하였다. 이는 일상의 다양한 영역에 영향을 끼쳤는데, 남녀가 다른 생활 공간을 사용하도록 하였다. 남녀의 공간 구별은 대체로 중국 고대의 경전 가운데 하나인 『예기禮記』에 기초한다.

예禮는 부부 사이의 도리를 삼가하는 데서 시작된다. 그러므로 집을 지을 때는 안과 밖의 구분이 있게 한다. 남자는 밖에 거처하고 여자는 안에 거처한다. 안채는 깊숙하게 하고 안과 밖의 사이에는 문을 두어서 혼시閣寺가 사람의 출입을 감시하게 한다. 남자는 안에 들어가지 않으며, 여자는 밖에 나오지 않는다.

『예기』에서는 남자는 밖에 거처하고 여자는 안에 거처하라고 하였다. 조선에서는 초기 태종 때부터 남녀의 유교적 생활 원리를 강조하였다.[4] 그러나 주거공간에서 안채와 사랑채의 분리는 15세기 이후에야 확인된다. 『연산군일기』에 "그 상언上言을 살펴보면 의심이 없을 수 없습니다. 무릇 재상宰相이나 조관朝官의 집은 안채와 사랑채가 동떨어진 것이 많아서 노비의 하는 짓을 모두 알지는 못하옵니다"라는 내용이 기술되어 있다. 안채와 사랑채가 별도의 공간임을 알 수 있다.

16세기 이후 본격적으로 공간 사용에서 남녀의 분별을 강조한 사례를 확인할 수 있다. 우계牛溪 성혼成渾(1535~1598)도 그 가운데 한 명이다.

선생은 집 안에 거처할 적에 매일 아침 사당에 배알한 뒤에 물러 나와서 반드시 바깥사랑채에 거처하여, 일이 있지 않으면 안채에 들어가지 않았다. 내외가 엄격하여 규문閨門이 정돈되고 엄숙하였으므로 부인과 의상衣裳을 접하고 앉지 않았으며 앉는 자리를 항상 멀리 떨어지게 하였다. 선생은 일찍이 아들에게 당부하기를, "자부姉夫나 매부妹夫가 집에 있지 않으면 밤중에 방에 들어가 자姉나 매妹와 말해서는 안 된다" 하였다.[5]

성혼은 사랑채를 중심으로 일상생활을 영위하였고, 『예기』에 기초한 남녀의 생활 원리를 일상에서 강조하였으며, 이를 기록으로 남겼다. 1678년(숙종 4) 숙종은 미수 허목이 판중추부사를 사직하고 귀향하자 연천漣川에 은거당恩居堂이라는 집을 마련해 주었는데, 안채, 사랑채, 별묘의 세 채로 구성하였다.6 16~17세기에 사랑채는 안채와 명확하게 구별되었고, 양반의 생활 문화 속에 자리 잡았음을 알 수 있다.

> 밥을 먹은 뒤에 고을 수령이 우리 집에 왔다. 설월당雪月堂에 올라 관아에서 가져온 술을 한두 잔 마셨다. 또 사랑채에 들어가 문장을 말하고 시를 이야기하였으며, 간간이 학문을 논하였다. 그러고는 마을의 막걸리를 가져오게 하였다. 이실而實, 요형耀亨, 광철光鉄이 모두 곁에 있었다. 수령은 소탈하고 자상하며, 관료의 틀을 벗어난 참 선비였다. 날이 저물어서야 아사亞使가 왔다. 등불을 밝히고 서로 회포를 풀었다. 자개子開, 이도以道, 이실而實 모두 왔고, 효일孝一은 취해 선뜻 마시려 하지 않았다. 자개도 술을 가져왔다. 모두가 돌아간 뒤에 자개와 함께 잤다.
>
> —『계암일록』 1623년 10월 29일—

> 밥을 먹은 뒤에 한양 손님 이경선李慶先이 들렀다. 아이들에게 사랑채에서 접대하게 하였는데, 이미 술을 마시고 또 밥을 먹었다. 이경선의 할아버지 이름은 응진應進으로, 나의 선친先親과 동문 수학한 친구다. 이경선이 봉화奉化로 난을 피했는데, 도산서원 사당에 알묘하러 왔다가 서원 주변에 역질이 있어서 하지 못하였다. 내가 병을 무릅쓰고 잠시 만났다.
>
> —『계암일록』 1637년 4월 4일—

하회 류운룡의 사랑채(양진당)

류성룡의 충효당

위의 두 사례는 예안현 오천烏川에 거주하는 계암溪巖 김령金坽 (1577~1641)의 일기인『계암일록溪巖日錄』에 나오는 내용이다. 김령은 고을 수령이 방문하자 오천의 친족과 함께 사랑채에서 수령을 접대하는 가운데 시를 짓고 학문을 논하며 술을 마시기도 하였다. 한양에서 손님이 방문하자 김령은 아이들에게 사랑채로 손님을 모시고 접대하도록 하였다. 사랑채를 접대의 공간으로 이용한 것이다.

사랑채는 남성의 공간이지만, 현실적인 이유로 여성이 사용했다는 기록도 확인할 수 있다. 18세기 대구 옻골 출신의 백불암百弗庵 최흥원 崔興遠(1705~1786)은 부인과 사별한 이후 재혼하지 않았으며, 연로하신 어머니를 극진히 모셨다. 그는 자신이 거주하는 사랑채에 어머니를 모시고 보살폈다고 한다. 조선 사회가 형식과 유교적인 이념의 실현을 중시하였지만, 현실적인 정서를 더욱 소중한 가치로 여겼음을 확인할 수 있다.7

시간이 지날수록 사랑채의 규모가 커지거나 화려해졌다. 이는 조정에서 논란이 되기도 하였다. 1735년(영조 11), 윤순尹淳은 영조에게 다음과 같이 아뢰었다.

근래에 한양이나 지방의 살림집이 사치스러운 정도가 갈수록 더욱 바로잡기 어려운 폐단이 되었습니다. 선대 왕대에는 법령에 살림집에 대한 규제가 있어서 지나치게 사치할 수 없었습니다. 옛날에 비록 사치로 이름난 자도 그가 남긴 집을 살펴보면 집과 방이 몹시 협소합니다. 옛날에는 안방에 구들을 설치하였지만 사랑채에는 구들이 없었습니다. 다만 청간廳間이 있어서 지금 등매석登每席이라고 말하는 것은 애초에 냉기가 서린 청에 깔기 위해 만들어 낸 것입니다. 중고中古에 점점 사치한 풍습이 생겨서 사랑에 구들을 놓기 시작하였지만 1칸에 불과하였습니다. 그런 데 지금은 비록 검소하거나 가난한 집이라도 반드시 모두 서너 칸에 온 돌을 둡니다. (…) 지금 한양과 지방의 가택을 사치스럽게 하지 말라는 명을 각별히 신칙한다면 좋을 듯합니다."[8]

시간이 지날수록 양반의 집과 사랑채의 규모가 커지고 사치가 심해 지며, 특히 사랑채에 온돌을 설치하는 것이 유행하였다. 온돌을 사용 하려면 나무가 필요한데, 이는 산림의 황폐와도 연관된다. 조정에서는 사랑채에 온돌을 설치하는 것을 문제 삼았고, 그 대책을 마련하고자 하였다. 그러나 조정의 대책과는 달리 여러 가지 현실적인 이유로 사 랑채의 공간은 더욱 분화되었다. 생활과 손님 접대를 위한 침방을 비 롯하여 책방, 누마루, 부속 정자 등을 조성하였을 뿐만 아니라 정원과 나무 등을 가꾸기도 하였다.

연암 박지원, 다산 정약용을 비롯하여 양반들이 정원과 나무 가꾸는 것을 즐겨한 사례를 다수 확인할 수 있다. 이들은 정원 가꾸는 것을 단 순한 볼거리를 넘어 심성을 기르는 주요한 수단으로 인식하였다.

연못과 누대, 화단과 정원 그리고 이름난 꽃과 아름다운 나무는 사람의 심성을 기르게 한다. 따라서 그것을 완물상지玩物喪志라고 하면 옳지 않 다. 나는 젊었을 때 그것에 뜻을 두었고 나이가 들어 더 심해졌으나, 아직 까지 제대로 누리지 못한 것은 재물이 없어서다.

위의 글은 소남小楠 심노숭沈魯崇(1762~1837)의 『자저실기自著實記』에 나오는 내용으로, 그는 꽃과 나무를 기르며 정원을 가꾸는 데 심취하였는데 이는 심성을 기르는 데 좋다고 하였다.[9] 잘 가꾼 정원은 지인들의 관심과 방문으로 이어진다.

맑고 밝은 시절에 꽃 핀 마을 보고파서	淸明時節欲花村
장군의 빼어난 정원에 모여서 감상하네	會賞將軍絶勝園
달뜨는 정자 환한데 대나무는 물에 있고	月榭敞明臨水竹
구름 위 높은 집 속세 시끄러움 멀어졌다	雲關迢遞隔塵喧
그림자 창에 지고 물고기 연못에서 노니	窓間影動魚游沼
앉은자리 봄이 익고 술은 잔에 가득하다	座上春融酒滿樽
늙은 내 억지로 읊어 성대한 작품 좇으니	老我强吟追盛作
명자名字를 가지고서 미문에 곁하기 부끄럽다	愧將名字傍楣門
정자는 산기슭에 있어 그윽하고도 깊으니	亭在山阿窈復深
정자 앞 긴 대나무 곱게 수풀을 이루었다	亭前脩竹玉成林
맑은 연못의 작은 섬은 서로 얽힌 형세이고	淸池小島相縈勢
여린 버들 예쁜 복숭아 절로 그늘 접했구나	嫩柳夭桃自接陰
술잔이 사람을 향하니 깊은 뜻을 감당하고	樽酒向人堪荷意
노을이 눈에 들어오면 더욱 사랑스럽구나	烟霞入眼更關心
어느 해 또다시 이름난 정원의 손님 되어	何年重作名園客
남쪽 연못 열다섯 노래에 두루 화답할까	徧和南塘十五吟[10]

위의 시는 퇴계 이황이 안동의 가야곡촌佳野谷村에 거주하는 전주 류씨 함벽당涵碧堂을 방문한 이후 지은 것이다. 함벽당에는 잘 가꾼 정원과 연못이 있었으며 주변 경관이 뛰어났다. 이황은 함벽당을 방문한 이후 느낀 소회를 시로 표현하였으며, 다시 방문하길 원하는 마음을 드러냈다. 이황 외에도 안동 지역 인사들의 방문이 이어졌다. 안동의 사찬읍지 『영가지』에는 안동부사 권응정權應挺과 그의 아우 권응인權應仁, 용궁현감을 역임한 주촌周村 출신의 김팔원金八元(1524~1589), 안동 송파촌松坡村에 거주했던 송암松巖 권호문權好文(1532~1587) 등이 함벽당을 방문한 이후 그 소회를 담은 시가 실려 있다. 이들은 한결같이 함벽당의 아름다움을 노래하였다. 아름다운 사랑채는 접빈과 교유에 기여하였다.

2. 의례 공간

16세기 이후 유교적 질서의 저변 확대와 더불어 양반의 집은 대체로 안채, 사랑채, 사당의 공간으로 구성되었다. 집은 『주자가례』에 따른 의례를 실행하는 공간이기도 하다. 『주자가례』에는 의례를 실행하는 공간으로 사당祠堂, 정침正寢, 청사廳事 등을 언급하였다. 제례는 사당뿐만 아니라 정침에서도 행할 수 있고, 정조正朝, 사시四時 등 큰 규모의 제례는 청사에서도 지낼 수 있다고 하였다. 청사에는 관례, 혼례의 일부 절차, 상례 시 조문 등도 행할 수 있다고 하였다.

정침正寢에서 부친의 기제사를 지냈다.

－『경당일기』 1616년 4월 29일－

신주를 꺼내어 정침에서 제사를 지냈다. 생질 득得, 이들 숙俶, 조카 행行,
태화太和, 대생大生 등이 제사에 참여하였다. 숙부와 조카들을 청해서 제
삿밥을 대접하였다.

－『조성당일기』 1612년 6월 26일－

정침을 중건하여 제사를 받드는 장소로 삼고자 해 공사를 이제 막 시작
하였다.

－『우복집』 권12, 「答 鄭慶輔 辛酉」－

금계金溪 청사廳事에서 반혼返魂하였다.

－『경당일기』 1622년 12월 30일－

위의 사례는 17세기 초반 안동 출신의 경당 장흥효張興孝(1564~1633)
의 『경당일기敬堂日記』와 조성당操省堂 김택룡金澤龍(1547~1627)의 『조
성당일기操省堂日記』 및 우복愚伏 정경세鄭經世(1563~1633)의 『우복집愚
伏集』에 나오는 내용이다. 기제사의 장소로 '정침'을 언급하였고, 청사
에서 상례를 행하였다. 『주자가례』의 실천과 맥락을 같이한다.

『주자가례』에는 '질병이 있으면 정침으로 옮겨 거처한다'라고 하
였다. 정침에서 생을 마무리한다는 의미다. 17세기 이후의 문집에는
정침에서 죽음을 맞이한 내용을 다수 확인할 수 있다. 이현일李玄逸의
문집인 『갈암집葛庵集』에는 "을해년 10월 5일 정침에서 고종하니, 향
년 71세였다"라는 내용이 나오고, 김창협金昌協의 『농암집農巖集』에는
"무자년 4월 11일에 삼주三洲의 정침에서 별세하였다"는 내용이 있다.

이 역시『주자가례』를 실천하고자 한 의식의 반영이라고 할 수 있다.

물론,『조성당일기』와『경당일기』를 보면 청사에서 기제사를 지내기도 하였다.

> 날이 밝을 무렵 청사廳事에서 장인의 기제사를 올렸다.
>
> -『조성당일기』1612년 2월 16일-

> 지방을 써서 아들 김숙의 집 청사에서 조부모의 제사를 지냈다.
>
> -『조성당일기』1612년 2월 19일-

> 외조모 기제사를 청사에서 지냈다.
>
> -『조성당일기』1617년 4월 24일-

> 청사에서 제사를 지냈다.
>
> -『경당일기』1617년 4월 29일-

> 청사에서 할머니의 제사를 지냈다.
>
> -『경당일기』1617년 5월 4일-

김택룡은 장인과 외조모의 제사를 청사에서 지냈다. 아들과 딸이 돌아가면서 제사를 주관하는 윤회봉사의 경우 사당에서 지낼 수 없는 경우도 있다. 이는 조선의 실정을 반영한 것이다.

한편 정경세는 "『주자가례』의 조문하는 예를 보면 '호상護喪이 빈

객을 전송하면서 청사에 도착하면 차茶와 탕湯을 대접하고 물러간다'
라고 하였다. 오늘날 사람들은 이미 차를 쓰지 않으니, 술로 손님을 접
대하는 것은 크게 해가 되는 데에는 이르지 않는다"라고 하였다. 그는
『주자가례』에는 조문객이 청사에 이르면 차와 탕을 대접한다고 하였
지만 우리는 차를 쓰지 않기 때문에 술로 대접하는 것도 무방하다고
하였다.

　이처럼 조선시대 양반들의 일기와 문집에서 '정침'과 '청사'라는 용
어의 사용이 빈번한데, 그들은 정침과 청사를 어떤 공간으로 이해하였
을까? 이황은 "정침에 빈소를 설치하는 것은 그 혼령이 평상시 거처하
였던 곳에 편안하게 하기 위해서다"라고 하였는데, 이로 미루어 이황
은 정침을 평소 거주하는 공간으로 인식하였음을 알 수 있다. 이러한
논의는 이후에도 계속되었다. 제자 권제경權濟敬(1737~1814)은 대산大山
이상정李象靖(1711~1781)에게 초종에 대하여 다음과 같이 질문하였다.

　"병이 위중할 경우 거처를 정침으로 옮기는 것은 바른 상태로 죽으려는
　의미입니까? 그렇다면 정침이라는 곳은 가장家長이 평소 거처하는 곳이
　아닙니까?"

　대산 이상정은 제자 권제경의 질문에 다음과 같이 대답하였다.

　"정침은 비록 가장家長이 평소 거처하는 곳이지만 편의에 따라 별실에 거
　처하는 경우가 있습니다. 병이 위중하여 곧 죽으려 할 때 반드시 정침으
　로 옮기는 것은 바르게 죽음을 맞이하는 뜻입니다."

이황의 경우에는 '혼령이 평소 거처하는 곳'을 정침이라고 하였고, 가장의 공간이라고 정의하지 않았다. 이상정은 가장의 거처를 정침이라고 하였다. 이상정의 사례를 볼 때 정침은 사랑채에 속하는 공간이라고 할 수 있다. 황종해黃宗海(1579~1642)는 예학에 밝은 한강寒岡 정구鄭逑(1543~1620)에게 청사에 대해 다음과 같이 질문하였다.

> "옛사람은 사당을 세울 때 네 개의 감실龕室을 만들어 소소한 제사는 그 장소에서 지내고 큰제사는 신에게 청하고서 당堂이나 청사로 나와서 지낸다고 하였습니다. 이른바 당이란 사당 안을 가리키고, 청사란 정침의 중앙을 가리키는 것입니까?"

정구는 황종해의 '당'과 '청사'에 대한 질문에 다음과 같이 대답하였다.

> "당은 곧 정당正堂으로 옛날의 정침이고, 청은 곧 청사이네. 사당에 위패를 안치해 두고 정침이나 혹은 청사로 나가겠다고 청하고서 나가는 것은 각 가문의 형편에 따라 그렇게 하더라도 다 그다지 문제 되지 않을 것 같네."

한편, 간재艮齋 이덕홍李德弘(1541~1596)은 『가례주해』에서 "청사는 현재 대문 안의 작은 청과 같은 것으로 지금의 사랑斜廊이다"라고 하였다. 조선에서는 『주자가례』에 언급된 '정침', '당', '청사'라는 용어를 사용하였지만, 이 용어들을 조선의 가옥에 그대로 적용할 수 없었기 때문에 위와 같은 문답이 오갔던 것이다.

조선에서는 의례를 행하는 공간으로 청사라는 명칭을 사용하였고, 특히 사랑채에서 의례를 행하는 공간을 청사로 언급한 사례가 다수다. 실제로 종택에서는 불천위와 같은 큰 제사를 지내기 위해 사랑채의 마루를 제청祭廳으로 이용하거나, 사랑채에 별도의 제청을 마련하기도 하였다. 역사건축학자 윤일이는 안채에서 제례를 행하기도 했기 때문에 안채를 정침으로 언급한 사례도 있다고 하였다. 이로 미루어 보아 정침은 안채나 사랑채에 있는 공간으로 언급하였을 가능성이 있지만, 후기로 갈수록 청사는 사랑채에 속하는 경우가 많았다.

더욱이 17세기 후반 이후 4대가 지나도 신주를 옮기지 않는 불천위가 늘어나고, 친족의 범위가 확대됨에 따라 문중 범위의 불천위 제사를 비롯한 의례의 규모도 커졌다. 이는 사랑채에서 제례를 행하는 것에 대한 논의를 불러일으켰다. 갈암葛庵 이현일李玄逸(1627~1704)이 대표적이다. 그의 문집에는 사랑채에서 제례를 행하는 것에 대하여 집안 및 주변의 학자들과 의견을 주고받은 편지 6통이 실려 있다.

저희 집안은 증조고曾祖考 이하의 분묘가 모두 가까운 지역에 있기 때문에 절일節日 때마다 성묘를 하는데, 유독 고조고비高祖考妣의 분영墳塋은 먼 곳에 있어서 매년 가을과 겨울 사이에 택일하여 성묘를 하고 단오, 한식, 추석 때는 가묘家廟에서 제사를 지냅니다. 만약 다른 위位까지 같이 지내게 되면 하루에 두 번 제사를 드리게 되는 잘못이 있게 되니, 지방紙榜으로 고조고비 두 위만 마련하여 청사廳事에서 제사 지내는 것이 어떻겠습니까? 저희 집안은 선산에 여러 대를 계속하여 장사를 지냈기 때문에 성묘할 때면 아침부터 저녁까지 걸려 행사가 지리하게 됩니다. 그러다 보니 집사執事가 근력이 미치지 못할 뿐만 아니라 공경하는 뜻이 점점 처음과 같지 않게 됩니다. 퇴계 선생께서 말씀하시기를, "묘역을 쓸고 둘러본 뒤에는 지방을 써서 재사齋舍에서 함께 제사를 지내고 재사가 없다면 단壇을 만들어 행사하는 것이 편의에 맞는다" 하셨으니, 이대로 행하는 것이 어떻겠습니까?[11]

이현일은 사당에서 절사를 지내기 곤란한 경우 사랑채에서 제사 지내는 방식을 제안하였다. 이러한 논의는 18세기에도 확인할 수 있다. 영남의 대학자 대산 이상정 역시 사랑채에서 의례를 행하는 것에 대한 의견을 제시하였다.

『가례』를 살펴보면, 청사에서 곡을 하고 마침내 영좌靈座에 나아간다고 하였습니다. 이는 옛날에 정침에 빈소를 정하고 하루 전에 청사로 옮겼기 때문에 문을 들어올 때는 먼저 청사에서 곡을 하고 이어 정침에 들어와 영좌 앞에서 곡을 하는 것입니까? 그렇다면 사당에 반곡하는 예는 아닙니다. 그리고 지금 사람들이 대체로 청사에 빈소를 정한다면 여기에 반곡하고 또 별도로 중당中堂에서 곡을 할 수 있습니까?[12]

위의 편지 내용을 보면, 당시 사랑채에 빈소를 차리는 경향이 있는데, 이상정은 이에 대해 의문을 제기하였다. 『주자가례』에서는 제례 및 상례의 경우 안채에서, 관례는 사랑채에서 실행하도록 하였지만, 17세기 후반부터 사랑채의 일부 공간에 빈소와 상청喪廳을 설치하거나 감실을 만들기도 하였다.

각수刻手가 고용인 두 명을 얻어 판각한 책판冊板 39쪽을 운반하고, 또 교정본을 인출하여 책을 만들어서 왔다. 백 년 동안 겨를이 없었던 일이 오늘에 이르러 비로소 책자의 면모를 보게 되니, 사문斯文의 경사가 이보다 더한 것이 있겠는가? 사는 집이 좁아 책판을 보관할 곳이 없어서 외당外堂(사랑채) 감실 문 아래에 우선 보관하여 두었다. 선조의 영령께서 과연 아실 것인가? 못난 자손이 이날을 맞아 감회와 희열이 교차하면서 부모님이 기다려 주지 않는 풍수지탄이 더욱 사무칠 뿐이다.[13]

안동의 고성 이씨 대계大溪 이주정李周禎(1750~1818)의 문집을 그의 증손자가 목판본으로 간행하였는데, '외당外堂'의 감실 문 아래에 문집 책판을 보관하였다. 외당은 사랑채를 가리키는 것으로, 사랑채에 감실을 마련한 것이다.

이처럼 17세기 이후 『주자가례』를 실천하는 가운데 조선의 실정에 맞는 의례를 행하였고 그에 따라 공간 사용에 변화가 나타났다. 특히 사랑채에서 의례를 행하는 비중이 높아졌는데, 이는 사랑채 건물의 크기와 기능의 확대에 영향을 끼쳤다.

3. 교육과 장서의 보관

조선시대 교육이 이루어지는 장소로 향교와 서원이 대표적으로 언급되고, 사찰, 정사亭舍 등에서도 공부하였다. 실제로 교육과 공부가 가장 빈번하게 이루어지던 장소는 사랑채라고 할 수 있다.

사랑채 옆으로 서실書室 2칸이 있으면 좋겠다. 초가집으로 아이들이 글 읽는 장소로 쓴다. 쓸데없는 사람의 출입을 금하고 친척이나 이웃집 아이들도 공부하는 아이 아니면 출입하지 못하게 한다.

위의 내용은 이유태李惟泰(1607~1684)의 『초려집草廬集』에 실려 있는 것으로, 그는 집을 지을 때 사랑채에 공부하는 공간도 만들고자 하였다. 실제로 성주 한개마을 교리댁은 별도의 서재를 마련하여 공부에 전념할 수 있도록 하였고, 봉화 유곡 안동 권씨의 청암정은 아름다운 연못의 전면에 서재를 마련하였다.[14]

조선시대 자제 교육의 설계자 및 관리자는 할아버지, 아버지, 큰아버지, 작은아버지 등 직계 가족을 비롯한 친인척이다. 이들의 거주 공간인 사랑채가 교육의 장소로 활용되는 것은 당연하다. 사랑채의 어른은 사랑채를 중심으로 자제들을 직접 가르치거나 집안 및 주변의 훌륭한 스승에게 의뢰하여 자제들을 가르치도록 하였다.

퇴계 이황의 손자 교육은 유명한데, 그는 손자 안도安道가 5살 때 『천자문』을 직접 가르쳤고, 8살 때 『소학』, 『효경』 등의 유교 경전을 가르쳤다. 한양에서 벼슬살이로 손자와 떨어져 지낼 적에는 편지를 써서 공부를 독려하였고, 손자가 사찰에서 공부할 때도 편지로 공부에 전념하길 강조하였다.

요즘 너는 하릴없이 세월만 보내고 있으니, 학업이 진보되지 못함이 전보다 배나 더할까 걱정스런 마음이 놓이질 않는다. 한양에 사는 김취려金就礪는 너도 전에 만난 적이 있을 것이다. 오늘 한 선비와 같이 가르침을 받기 위해 한양에서 이곳까지 찾아왔는데 물리치지 못해서 지금 서재에

머물고 있다. 다른 사람들은 이처럼 뜻을 굳건히 가지고 있는데, 너는 부
끄럽지도 않느냐?

이황은 제자인 김취려金就礪와 손자를 비교하면서 본인의 기대에 미
치지 못하는 손자를 채근하였다.[15] 할아버지의 끊임없는 지도와 관리
덕분인지 이안도는 소과에 합격하였다.

대구 옻골에 사는 백불암 최흥원의 경우, 본인이 아들 최주진崔周鎭
을 사랑채에서 공부시켰을 뿐만 아니라 인근의 동화사桐華寺, 부인사夫
仁寺 등의 사찰에 아들의 공부 모임을 만들어 효율적으로 공부할 수 있
는 환경을 조성하기도 하였다.

집안의 성쇠는 오직 네가 학업을 하느냐 하지 않느냐에 달려 있으며, 학
업을 하느냐 하지 않느냐는 오직 네가 근면하느냐 근면하지 않느냐에 달
려 있고, 근면하고 근면하지 않는 것은 오직 네가 너의 입지立志가 어떠냐
에 달려 있을 따름이다.[16]

위의 편지는 최흥원이 공부하러 나간 아들에게 보낸 것이다. 아들의
공부가 집안의 성쇠와 관련되어 있다고 하면서 뜻을 확고하게 세워 근
면하게 공부하길 강조하였다. 최흥원 본인은 입신양명보다는 옻골 최
씨의 위상을 확립하는 데 집중하였지만, 아들에게는 열심히 공부하여
집안의 위상을 높여 주길 기대하였다.[17]

최흥원은 아들에게 조선적曹善迪(1697~1756), 이상정, 소산小山 이광
정李光靖(1714~1789), 성호星湖 이익李瀷(1681~1763), 눌은訥隱 이광정李光

庭(1674~1756) 등 훌륭한 학자들에게 배울 수 있는 기회를 만들어 주었다. 아들을 학자들에게 공부하게 한 이후에도 공부를 열심히 하고 있는지, 어떠한 내용을 공부하는지 아들에게 편지를 써서 주기적으로 확인하기도 하였다.

최흥원은 아들뿐만 아니라 조카 항진恒鎭, 사진思鎭, 상진尙鎭, 족제 흥벽興壁, 손자 식湜도 18세기 영남의 대표적인 학자 가운데 한 명인 이상정의 문하에서 배우도록 주선하였다.[18] 이처럼 최흥원은 아들을 비롯한 자제의 교육과 관리에 정성을 쏟았고 최선을 다하였다.

특정 가문에서 훌륭한 학자와 과거 합격자가 배출될 수 있는 지적 토대 가운데 또 하나 중요한 것은 집에 소장하고 있는 책이라고 할 수 있다. 17세기 후반 사상계를 대표하는 학자이자 도서의 입수 및 확보에 관심이 많던 박세당朴世堂은 소장한 책을 경사자집으로 분류하여 1688~1689년에『가장서적家藏書籍』을 작성하였는데, 거기에는 196종 685책의 장서가 언급되어 있다.『가장서적』에는 책 이름과 책의 수량을 기본적으로 표기하였고, 동일본의 건수, 결락 책의 수량, 중국본 여부, 대출자 성명, 타 보관처의 소개 등을 적었다.[19] 한국국학진흥원의 국학자료 목록집을 보면, 안동 하회의 풍산 류씨 충효당에서 기탁하여 공개된 책은 3,816책, 의성 김씨 천전파 대종택은 2,043책, 풍산 류씨 화경당은 1,837책이다. 그가 수집하여 소장했던 책의 규모는 이토록 방대하다.

책은 대체로 사랑채의 장서각이나 서실에 보관하였다. 사랑채에 책만 보관하는 장서고를 짓는 경우와 책의 보관과 독서를 겸하는 서재를 갖춘 경우도 있다. 의성 김씨 천전파 대종택에서는 사랑채의 회랑 부분에 책방을 구성하였다. 사랑방에 근접하여 수시로 책을 꺼내 볼 수 있도록 하거나 자녀의 생활공간과 공부 공간을 겸하여 서재를 만든 경우도 있다.[20]

소장 도서는 가족 구성원의 독서 목록이 될 뿐만 아니라 교유의 주요한 수단이기도 하였다.

> 상만尙萬이 하상河上[하회]에서 돌아왔는데, 『서애집西厓集』9권과 『징비록懲毖錄』1권을 빌려 왔다.
>
> ―『역중일기曆中日記』 1741년 6월 초9일―

> 상만을 하상에 보내면서 『예의보유禮儀補遺』3책을 매형[류성복]에게 빌려 주었다.
>
> ―『역중일기』 1743년 1월 12일―

> 하상 심부름꾼이 돌아가는 길에 류희연[류성복]에게 『근사록近思錄』4책을 보냈는데, 묻고 배우기를 바란다는 뜻으로 마지막 권의 표지 안쪽에 써서 주었다.
>
> ―『역중일기』 1748년 1월 2일―

> 청하 어른이 나에게 "『제산집霽山集』과 『구사당집九思堂集』이 외처外處에서 새로 왔으니 모름지기 읽어보아라"고 하여 나는 조심스럽게 받았다. (…) 『제산집』을 보았다. 여러 벗이 모두 보러 왔다.
>
> ―『하와일록』 1802년 5월 2일―

최흥원은 사돈 집안인 하회의 류씨와 책을 빌려 주고 받았다. 이들은 유교 경전뿐만 아니라 문집에도 관심을 보였다. 최흥원은 하회에서 『서애집』을 빌려 보았다. 『하와일록』에는 『제산집』과 『구사당집』을 구비하자 벗들이 보러 온 내용이 있다. 영남 지역에서는 후손이나 문인들이 문집을 간행한 경우 그것을 주변에 나누어 주었다. 이들은 문집에 나오는 내용이나 정보를 공유하였다.

최흥원은 1752년(영조 28) 수령에게 『반계수록』을 빌려 베꼈다. 최흥원이 필사본 『반계수록』을 소장하게 되자, 주변에서는 그의 필사본에 관심을 보였다. 1764년 8월 22일 하동부사가 최흥원에게 『반계수록』 13책을 빌려서 베끼고 싶다고 청하였고, 최흥원은 1765년 5월 4일 하양 수령에게도 『반계수록』을 빌려주었다. 이처럼 『반계수록』은 18세기 조야의 지식인들이 관심을 가진 책이었는데, 영조대 『반계수록』을 간행할 당시 최흥원이 이 책의 교정을 보게 된 것은 그의 학문적 명망과 더불어 일찍부터 『반계수록』에 관심과 애정을 가지고 있었기 때문이다.[21]

양반들은 중앙과 향촌의 사건과 정보를 공유할 뿐만 아니라 책과 독서 정보도 활발하게 공유하였다. 책은 유교 경전뿐만 아니라 문집도 포함된다. 이들은 책의 내용과 정보를 공유하는 가운데 집단 지성을 형성하였다. 또한 이러한 책의 소장과 공유는 관계망의 형성과 확장에 유용한 수단이다.

사랑채를 둘러싼 자제의 사회화 과정은 어떠하였을까?

1. 『하와일록』과 류의목의 가계

사랑채는 남성의 일상공간이자 접빈과 교유가 이루어지는 곳이다. 그 밖에도 제례와 상례 등의 의례를 행하고 교육과 장서를 보관하는 장소로 이용한다. 이 장에서는 류의목이 쓴 『하와일록』을 통해 사랑채의 주인인 남성이 자제를 어떻게 교육하고 사회화시켜 나갔는지 알아보고, 그것이 갖는 사회적 의미도 함께 살펴보겠다.

『하와일록』은 류의목柳懿睦(1785~1833)이 12세인 1796년(정조 20)부터 18세인 1802년(순조 2) 12월까지 쓴 생활 일기다. '하와河窩'는 '하회河回의 집'이라는 의미로, 이 일기는 전체 91면으로 구성되어 있다. 현재 풍산 류씨 화경당에서 안동의 한국국학진흥원에 기탁하여 보관 중이다. 류의목이 10대에 쓴 일기이기 때문에 기존에 공개된 생활 일기들과는 차별성을 보인다. 관례와 혼례를 치르는 과정, 주변 어른들을 대하는 방법, 어른들로부터 다양한 정보를 알게 된 사실을 비롯하여 교육의 대상으로서 교육받은 내용과 자기가 공부한 내용이 상세하게 기록되어 있다.

일기의 저자 류의목은 풍산 류씨로, 하회 출신이다. 『풍산류씨세보』(1985)에 따르면, 풍산 류씨는 7세 류종혜 때부터 하회에 거주하기 시작하였으며, 12세 입암立巖 류중영柳仲郢(1515~1573) 및 그의 아들 겸암謙菴 류운룡柳雲龍(1539~1601)과 서애西厓 류성룡柳成龍(1542~1607) 대에 이르러 사회적인 위상이 절정에 이르렀다. 하회의 류씨는 크게 겸암파와 서애파로 분파되었으며, 겸암파는 찰방공파, 낭천공파, 교관공

겸암파와 서애파의 분파와 세거지

류운룡 (겸암파)	柳袾(察訪公派)	安東 河回
	柳裿柳裿(狼川公派)	安東 河回
	柳褥(敎官公派)	安東 河回·佳丘·義城 沙村
류성룡 (서애파)	柳袽(察訪公派)	安東 河回
	柳褍(生物派)	尙州[義城] 生物[生松]
	柳袗(愚川派)	尙州 愚川
	柳初)(柳川派)	醴泉 柳川·聞慶 存道 등
	柳襘(謙謹齋派)	醴泉·軍威 등

류중영
柳仲郢

파로 다시 분파되었다. 이 가운데 하회마을에는 겸암 찰방공파, 낭천
공파, 교관공파 일부와 서애 찰방공파가 세거하였다.

풍산 류씨 겸암 찰방공파 18세이자 류의목의 4대조인 류성신柳聖臣
은 류운룡의 주손이다. 류성신은 영泳, 준浚, 양瀁, 정濎, 담澹과 사위 이
춘보李春普를 두었다. 류의목의 할아버지 류일춘柳一春(1724~1810)은 류
양의 2남 2녀 가운데 맏아들이다. 류양은 류성신의 둘째아들이어서 하
회에 거주하였지만 겸암파의 종택인 양진당에 거주하지는 않았을 것
이다.

하와일록 표지

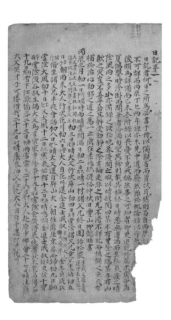

하와일록 내지

풍산 류씨 겸암 찰방공파의 가계도

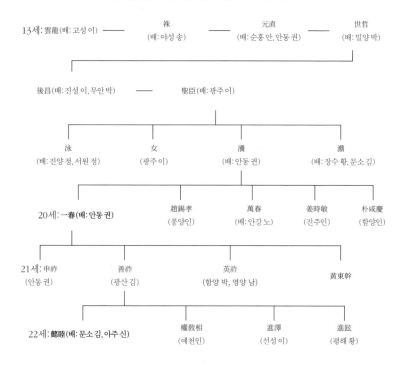

13세: 雲龍(배: 고성 이) ——— 株(배: 야성 송) ——— 元直(배: 순흥 안, 안동 권) ——— 世哲(배: 밀양 박)

後昌(배: 진성 이, 무안 박) ——— 聖臣(배: 광주 이)

泳(배: 진양 정, 서원 정) / 女(광주 이) / 濱(배: 안동 권) / 瀟(배: 장수 황, 문소 김)

20세: 一春(배: 안동 권) / 趙錫孝(풍양인) / 萬春(배: 안강 노) / 姜時敏(진주인) / 朴咸慶(함양인)

21세: 申祚(안동 권) / 善祚(광산 김) / 英祚(함양 박, 영양 남) / 黃東幹

22세: 懿睦(배: 문소 김, 아주 신) / 權敎相(예천인) / 進澤(선성 이) / 進鉉(평해 황)

한편 류일춘은 신조申祚(1745~1784), 선조善祚(1757~1799), 영조英祚 (1763~1822) 세 아들과 사위 황동간黃東幹을 두었다. 일기를 작성할 당 시 큰아버지는 사망하였다. 큰아버지에게는 아들 상목相睦(1768~1818) 과 성목成睦(1780~1837) 및 사위 이정약李鼎若이 있었다.

할아버지께서 큰집으로 돌아오셨다.

—1798년 5월 28일—

곧바로 동실東室로 돌아가 잠을 자려고 하는데 막내 아버지가 "네가 며칠 밤 고생했으니 병이 생길까 두렵다. 집에 돌아가 편히 자는 것이 좋겠다"라고 하여, 종숙從叔과 함께 돌아왔다.

-1801년 1월 28일-

즉시 큰집으로 돌아왔다.

-1802년 8월 21일-

위의 사실로 미루어 할아버지는 큰집의 주인으로 판단된다. 그렇지만 일기에는 류의목이 할아버지, 아버지와 함께 사랑채에 머물거나 아버지가 사망한 이후에는 할아버지와 함께 사랑채에 머문 내용이 대부분이다. 큰집이 류의목의 집과 가까워 류의목이 할아버지의 사랑채에서 일상을 큰 불편 없이 할 수 있는 상황이거나 할아버지가 사별한 며느리와 함께 지내는 것이 불편하여 적어도 일기를 작성할 당시에는 할아버지가 류의목 집에 머물렀을 가능성도 짐작해 볼 수 있다. 막내 아버지 류영조는 따로 거주하였다.

할아버지께서 막내 아버지의 집으로 옮겨 거처하였다.

-1798년 2월 3일-

아버지가 복사卜辭에서 말한 '해자亥子 방향이 소생할 수 있는 곳이다'라는 등의 말 때문에 막내 아버지의 집으로 옮겨 거처하였다.

-1799년 1월 25일-

류영조는 류일춘 집 근처로 분가하였으며, 류일춘의 심부름을 도맡아하였다. 조선 후기의 일기에는 직계가족이 혼인하면 인근에 독립적인 거처를 마련하여 분가하지만, 경제와 일상은 공유하는 사례가 보이는데,[22] 류일춘과 류영조도 그러한 경우로 판단된다.

류일춘은 경학經學, 음양陰陽, 예학禮學 등에 두루 밝았으며, 이상정, 이진동李鎭東, 류규柳湃 등 당시 영남의 대표적인 학자들과 교유하였다.[23] 일기 작성 당시 문장門長이었기 때문에 하회마을은 류일춘을 중심으로 움직였다. 일기에는 주변 지인들이 집안 문제, 마을 문제, 향촌 문제 등을 류일춘에게 의논하는 내용이 다수 나온다.

> 부府의 아전 7명이 와서 할아버지에게 좌수座首 망기望記를 올렸다. 할아버지가 "향소에 재임되는 것은 진실로 뜻밖이다. 임년壬年과 계년癸年에는 근력이 쇠약하지 않아서 그 직채를 감당할 수 있었으나, 금년에는 결코 할 수 없다"라고 하였다.
>
> −1799년 4월 4일−

> 할아버지께서 마곡서원에서 체임遞任되어 돌아왔고 이도정李都正이 선출되어 대신하였다고 한다.
>
> −1799년 9월 4일−

류일춘은 향소의 좌수로 거론되기도 하였고, 서원의 원임을 맡기도 하였다. 류일춘은 학문과 덕망을 갖춘 인물로 마을과 향촌의 여론을 주도하는 위치에 있었기 때문에 지역에서 영향력 있는 인물이었다.

하회 출신의 유명 인사 가운데 서애 찰방공파의 류상조柳相祚(1763~1838)
와 류이좌柳台佐(1736~1837)는 중앙에서 고관을 역임한 인물이다. 이들
은 한양과 하회를 잇는 중요한 연결고리로 풍산 류씨의 위상을 높이는
데 기여하였다. 이들은 평소 류일춘 및 류선조와 어울렸고, 관직으로
나갈 때나 고향으로 돌아올 때 류일춘의 집을 방문하여 인사하였으며,
한양의 소식을 전해 주기도 하였다.

주서注書 아저씨가 병문안을 왔다. 자리에 앉아 조용히 한양에서 있었던
일을 이야기하였다. "근래 조정의 권력이 오로지 주상에게 나오니 경재卿
宰로 일을 맡은 신하들이 감히 자기 생각대로 못합니다"라고 하였다. 또
"지난번 한양에 있을 때 임금께서 초계문신抄啟文臣들을 불러 '내가 들으
니 너희들이 역로驛路를 왕래할 때 소민들에게 함부로 포학하게 대하였
다고 하니 이 이후로 조심하여 이와 같이 하지 마라'라고 꾸짖었습니다"
라고 하였다. 또 "근래에 우금牛禁이 지엄하여 임금께 올리는 밥상에도
소고기를 들이지 않습니다"라고 하였다.

-1798년 1월 3일-

주서 아저씨가 임금의 명을 받아 출발할 때 아버지를 보러 왔다. 아버지
가 "이제 아마도 다시 볼 날이 없겠구나"라고 하니, 주서 아저씨는 "형은
어찌 그런 말씀을 하십니까? 오직 잘 조리하시길 바랍니다. 조심히 조섭
하시고 잘못함이 없으면 내가 마땅히 오래지 않아 돌아와 뵐 것입니다"
라고 하였다.

-1799년 9월 23일-

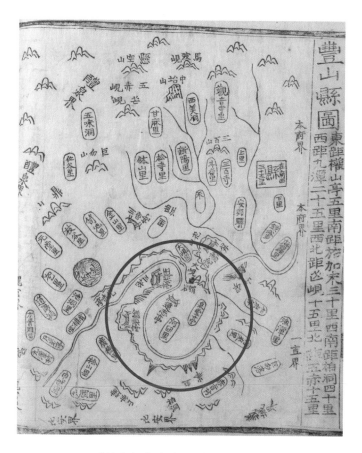

『영가지』에 나오는 풍산현 하회마을

　주서 아저씨는 류이좌를 일컫는다. 그는 당시 문장이었던 류일춘을 방문하여 중앙의 정보를 알려주거나 풍산 류씨와 관련된 문제를 의논하기도 하였다.

　류일춘의 위상과 관계망은 후손들에게 계승되는데, 과거 합격이나 관직 역임은 가계의 위상 강화에 매우 중요하다. 류일춘은 류의목이 공부에 재능이 있고 착실하였기 때문에 기대가 컸다. 류의목에 대한 기대는 할아버지뿐만 아니라 주변 어른들도 마찬가지였다. 류의목은 할아버지에게 공부를 배우고, 사랑채를 방문하는 인사들과의 만남을 통해 교유 방법을 익혔으며, 중앙 및 향촌을 비롯한 외부 세계에 대한 정보도 얻었다. 류의목의 공부와 일상은 개인의 의지인 동시에 사랑채의 주인 류일춘에 의한 '자제의 사회화 프로젝트'의 일환이기도 하다. 이제부터는 그 프로젝트의 내용을 확인해 보겠다.

1. 공부와 과거 준비

조선시대 사랑채는 생활, 접빈과 교유, 의례 활동, 교육과 장서 보관 장소 등으로 사용되었음을 확인하였다. 가족 가운데 사랑채에 거주하는 것은 남성이다. 7~8세 이후의 남자 아이는 안채에서 사랑채로 거처를 옮기면서 사회화 과정을 익힌다. 생애주기에 따른 공간 사용의 변화 과정이 뚜렷하다.

류의목의 아버지는 1799년에 사망하였기 때문에 사랑채의 어른이었던 할아버지가 류의목이 성인으로 성장하는 데 필요한 모든 것을 담당하였다. 따라서 할아버지의 가치관과 공부 방식이 류의목에게 그대로 적용되었다고 볼 수 있다. 류의목은 일찍부터 주변의 기대를 한몸에 받았다.

> 후곡後谷 아저씨가 와서 할아버지를 배알하고, 나를 돌아보고 말하기를 "이 아이는 본래 기질이 허약합니다. 설을 쇤 뒤에 초례醮禮를 치를 때 마땅히 육즙肉汁으로 보양을 한 다음 병이 들지 않도록 하는 것이 좋겠습니

다. 나는 늘 이 아이를 가문의 희망이라고 여기기 때문에 염려 또한 가볍
지 않습니다"라고 하였다.

-1801년 12월 20일-

후곡 아저씨가 류의목을 '가문의 희망'이라고 여긴 것은 공부에 재
능을 보였기 때문일 것이다. 일기에는 류의목이 공부한 내용과 과정
이 상세하게 기록되어 있다. 12세인 1796년부터 공부를 한 기록이 있
다. 13세인 1797년에는 『시경』과 『서경』을 읽었다. 1800년에는 13일,
1801년에는 85일, 1802년에는 67일 동안 공부한 교재와 내용을 자세
하게 기록하였다.

류의목이 10대에 기록한 일기여서 공부와 관련된 내용이 많은 분량
을 차지한다. 일기에 보이는 몇몇 사례를 통해 손자 교육을 담당하는
할아버지의 교육 방식을 확인할 수 있다.

책을 읽었는데 잘 외우지 못하여 할아버지에게 벌을 받았는데, 매가 아
파 울었다.

-1800년 3월 5일-

할아버지가 "『맹자』를 다 읽은 후에 다시 첫 권부터 한 번 더 읽어 내려가
고, 다시 『논어』, 『중용』, 『대학』으로 뜻을 헤아려보는 것이 옳다"라고 가
르쳐 주었다.

-1800년 12월 11일-

밤에 법산法山 아저씨가 왔다. 책석冊席에 가지 않고 칼을 빼어 감을 깎으며 웃고 떠들었다. 할아버지가 늘 밤을 틈타 몰래 엿들으며 우리의 독서 여부를 살피고 있었는데, 문밖에 와 나를 불러 가지고 다니던 지팡이로 때렸다. 아울러 법산 아저씨에게까지 미쳤는데 책망이 매우 엄준하였다.

-1801년 9월 17일-

할아버지와 손자 사이는 아버지와 아들에 비해 다정하고 너그러운 편인데, 할아버지는 류의목에게 매우 엄격하였다. 할아버지의 기대에 미치지 못할 때는 체벌을 하기도 했고, 공부하는 방식도 꼼꼼하게 지도하였다. 류의목의 공부는 할아버지가 관리하였지만, 막내 아버지를 비롯하여 사랑채를 방문하는 친인척 및 할아버지의 지인들도 류의목의 공부에 관여하였다.

막내 아버지가 몰래 "우리 형이 있었다면 네가 어찌 이와 같겠느냐. 지금 형이 비록 없지만, 너는 여전히 계시는 것처럼 여겨야 한다. 반드시 부지런하고도 끊임없이 노력해서 선형先兄이 너에게 바란 뜻을 저버림이 없도록 하라. 그런 뒤에 효자라고 말할 수 있을 것이다"라고 일러 주었다.

-1799년 3월 5일-

경산慶山 할아버지와 함께 앉아 있었는데 나에게 "무슨 책을 읽는가?"라고 하였다. "『후집後集』입니다"라고 하니, "『후집』의 문법은 매우 공교하고 정채精采로워 평범하지 않으니 자세히 살펴야 한다"라고 하였다.

-1800년 1월 10일-

156

진사進士 할아버지가 와서 내가 "자장子長의 「답임안서答任安書」에서 '정계어선定計於鮮'의 '선鮮'자는 무슨 뜻입니까?"라고 물으니, "'소少'자와 같다"라고 하였다.

−1800년 3월 20일−

도정都正 할아버지가 보러 왔다. 이어 "너는 무슨 책을 읽고 있느냐?" 하고 물었다. 내가 "『시경』의 「송頌」입니다"라고 대답하자, 도정 할아버지는, "학문의 도는 어려운 것이 없다. 그 본심을 지키고, 그 깊은 뜻을 즐기며, 넉넉히 보며 체득하고, 푹 젖어 살핀다면 책의 은미한 뜻은 많은 말이 필요없이 알게 될 것이다. 내가 젊었을 때 이런 방법으로 책을 읽었다. 비록 곁에 있는 사람이 시끄럽게 떠들어대도 마치 들리지 않는 듯하였다. 사람들이 간혹 '네가 글을 하냐!' 하고 비웃더라도, 들리지 않는 듯하였다. 이 때문에 나는 지금까지 효과를 볼 수 있었다. 네가 독서를 싫어한다고 들었기 때문에 말하는 것이다. 그러나 또한 내 마음이 정해졌느냐, 정해지지 않았느냐의 여부에 달려 있을 뿐이다"라고 하였다.

−1801년 12월 19일−

작은아버지를 비롯하여 조부의 지인들은 사랑채를 방문했을 때 류의목을 불러 무엇을 공부하고 있는지, 공부하는 자세는 어떠해야 하는지, 독서하는 책에 대해 제대로 해석하는지 등을 묻기도 하고 알려주기도 하였다. 류의목 역시 어른들이 방문하면 평소 궁금한 내용을 물어보기도 하였다.

할아버지가 류의목의 공부를 집중적으로 관리하였지만, 사랑채를 드나들던 류일춘의 지인들도 류의목에게 성심껏 가르침을 주었다. 조선시대 자제의 교육 방식은 오늘날처럼 특정한 스승이 정해져 있었던 것이 아니기 때문에 매우 개방적이었다. 양반의 공부는 대체로 성리학의 범주에 한정되었기 때문에 선배들이 공부한 내용과 공부 방법 및 학습 태도 등을 전수해 줄 수 있었다. 류의목은 집을 방문하거나 서원이나 정사 등에서 만나는 여러 스승에게서 다양한 학문적 견해와 학습 태도 등을 익혔다. 한 사람의 성장 과정에 여러 사람의 관심과 지도가 있었던 것이다.

물론 조선시대에는 본인이 어느 학파에 속하며, 누구에게 학문을 배웠는지 등의 학문적 계통은 특정인의 학문적 정체성을 설명하는 데 중요한 요소다. 류의목의 문집인 『수헌집』에 따르면, 류의목은 류이좌와 정종로鄭宗魯(1738~1816)에게 수학하였다고 한다. 류이좌는 앞에 언급한 것처럼 서애 찰방공파로 정조 때 초계문신을 지냈으며, 정종로는 상주 출신으로 우복 정경세의 후손이다. 두 명 모두 퇴계학파 내에서 비중 있는 인물이다.

주서 아저씨(류이좌)가 조용히 와서 말씀하셨다.

－1799년 9월 7일－

승지 아저씨(류상조)가 와서 종일토록 이야기를 나누었으며, 내가 쓴 일기를 보았다.

－1798년 9월 4일－

승지 아저씨가 붓 1자루와 먹 1정錠을 주어서, 나는 공손히 받았다.

-1800년 7월 2일-

승지(류상조)와 수찬(류이좌) 두 아저씨를 가서 뵈었다.

-1802년 7월 4일-

류이좌와 류상조가 류일춘을 방문하였을 때 류의목에게도 말을 건네거나 류의목이 쓴 일기를 보여 달라고도 했으며, 류의목에게 붓과 먹을 주는 등 애정을 드러냈다. 류의목 역시 류상조와 류이좌를 찾아 뵙기도 하였다. 이들은 류의목에 대한 기대가 각별하였다.

(도정 할아버지가) 또 말하기를 "옛날 선배들이 '사람이 학문을 함에 힘을 들이지 않을 곳이 없다'라고 했는데, 이 말은 참으로 그러하다. 지금 너는 위로 홀어머니와 몹시 연로한 조부가 계시니, 마땅히 정성과 공경을 다해야 하고, 봉양의 예절을 다해야 한다. 이 또한 학문이다. 미루어 나가 온갖 일에 이르기까지도 어느 곳인들 힘을 쓸 곳이 아니겠느냐! 반드시 힘쓰고 힘써라"라고 하였다.

-1801년 12월 19일-

『좌전左傳』을 빌리려고 하니, 수찬 아저씨가 말씀하시기를, "(…) 과문科文에는 백배의 공을 들여야 한다. 범연히 해서는 안 된다. 대산 선생(이상정)은 우리 마을 이학理學의 종장宗匠으로 후진들을 가르치셨는데, 과문을 급선무로 여기지 않은 적이 없으셨다. 모름지기 이를 체득하여 열심히 하여라. 듣자 하니 내년 2월에 경과慶科가 있다고 하니 부디 착실하게 하여 기다려라"라고 하셨다.

-1802년 11월 30일-

과거는 문호門戶를 유지하는 물건이다. 만약 과거가 아니면 어떻게 양반이라 하겠는가? 지금 우리 집안으로 말하건대, 여러 대 동안 모두 과거 학업을 하지 않았던 것은 대개 옛날과 거리가 멀지 않아 유택遺澤이 사라지지 않았기 때문이다. 지금은 세대가 더 내려옴에 벼슬이 점차 멀어졌으니, 과거 학업에 힘을 다하지 않을 수 없다.

-1802년 4월 24일-

이씨 어른이 나를 보고 "상인喪人은 앉아 보아라. 내 네게 할 말이 있다. 너희 집은 겸암과 서애 형제로부터 분파하여 자손의 번성은 차이가 없지만, 아우 집안은 과환科宦이 저와 같이 성대한데 형 집안은 이에 미치지 못한다. 너는 마땅히 심력을 다해 힘써 저 아우 집안과 서로 비슷하기를 구하면 또한 부모를 기쁘게 하는 길이다. 그 광채가 마땅히 어떠하겠는가!"라고 하였다.

-1800년 3월 23일-

류의목의 주변 어른들은 류의목에게 공부를 열심히 해야 하는 나름의 이유를 설명하였다. 첫째, 정성과 공경하는 마음으로 생활하는 것을 강조하였다. 둘째, 열심히 공부하여 부모에게 효도하길 요구하였다. 셋째, 과거에 합격하여 가문의 위상을 유지하라고 요구하였다.

특히 과거 합격에 대한 요구는 류의목에게 무거운 짐이었을 것이다. 하회의 풍산 류씨는 12세 류중영과 13세 류운룡·류성룡 대에 사회적 지위가 격상되었고, 조선 후기까지 명망을 유지하였다. 그러나 겸암파와 서애파의 과거급제와 관직 역임자의 수에는 차이가 있었다. 16세기에는 서애파에서 소과와 대과 합격자가 각각 1명씩 나왔고, 17세기에는 겸암파에서 소과 6명과 대과 1명, 서애파에서 소과 3명이 배출되었다. 그런데 18세기에 이르러 겸암파에서는 소과만 3명 배출한 반면 서애파는 소과 5명과 대과 2명이 배출되었다. 1800년 겸암파에서는 소과 합격자가 배출된 지 20여 년 이상 지났는데, 서애파는 1786년에 류상춘과 류심춘이, 1795년에 류석조와 류철조가 사마시에 합격하였고, 1794년에 류이좌와 류상조가 동방 급제하여 당시 안동권에서 최고의 과거 합격자를 배출하였다. 영남 남인의 중앙정계 진출이 제한적일 때도 류이좌와 류상조는 고관을 역임하였다.

이는 관계망에도 커다란 영향을 끼쳤다. 류이좌와 류상조의 경우 감사 혹은 수령이 이들을 만나러 오거나 영의정이었던 채제공을 비롯하여 중앙의 인물과도 교유가 있었다. 과환科宦은 새로운 관계망을 맺는 계기가 되며, 이는 대를 이어 전승된다. 겸암파에서는 어릴 적부터 총명하고 성실했던 류의목이 겸암파의 위상을 높여 줄 것이라 기대하고 집중적으로 공부시켰다. 그가 집안을 대표하여 일기를 쓴 것도 이와 무관하지 않을 것이다.

사랑채의 남성은 교육의 주체가 되어 후손에게 유학자로서의 덕목 강조와 더불어 과거 합격을 위해 꼼꼼하게 지도·관리하였다. 이는 사랑채 남성의 역할 가운데 하나이자 가문의 위상을 높이는 방법이기도 하였다.

2. 의례 실행 및 교유 방법 익히기

양반은 의례 실행을 통해 가격家格과 가풍家風을 보여 주기도 한다. 류의목이 일기를 작성한 시기는 12~18세고, 작성 기간도 짧아 의례 실행에 대한 내용이 풍부하지는 않다. 아버지, 큰아버지, 종할아버지, 고조할아버지, 5대조와 6대조 할머니, 종7대조 할아버지, 졸재拙齋 류원지柳元之(1598~1674) 등의 기제사에 참석하였고, 큰어머니 및 종할머니의 상사喪事에 함께하였다. 그밖에 정월과 동지의 시사時祀 및 묘사에도 참여하기도 하였다.

이 가운데 장소가 언급된 것은 두 번이다. 첫 번째는 1797년(정조 21) 1월 1일 협실夾室에서 시사를 거행한 것이고, 두 번째는 큰어머니의 상례를 '외청外廳'에서 치른 것이다. 협실과 외청은 큰집 건물의 일부다.

술시戌時에 큰어머니가 별세하여 — 외청外廳에서 별세하였다. — 통곡이 끝이 없었다. 밤에 부고를 써 원근에 알렸고, 또 막내 아버지에게 편지를 썼다. 밤기운이 무척 추웠다. 부형들이 나에게 등잔과 붓과 벼루를 가지고 내당에 들어오게 하였다. 앉아서 날이 밝기를 기다렸다.

-1801년 1월 25일-

빈전殯奠을 잠시 멈추었는데 부형들이 밤을 보내기 매우 어려웠기 때문이다. 나에게 동쪽 협실夾室에 불을 지피라고 명령하였고 이어 문을 발랐다. 낮에 막내 아버지가 돌아와 시신 앞에서 곡하였다.

-1801년 1월 26일-

위의 내용을 보면, 큰어머니는 1801년(순조 1) 1월 25일 '외청'에서 죽음을 맞이하였다. 외청은 사랑채를 가리키고 내당은 안채다. 상례는 외청에서 치렀다. 그때 날씨가 추워 류의목에게 '동쪽 협실'에 불을 지피라고 하였는데, 동쪽 협실은 사랑채에 딸린 방으로 판단된다. 류의목은 사랑채에서 행한 시사와 상례에 참석하였다.

다음은 류의목이 교유 방법을 익힌 과정을 살펴보겠다. 평소 류의목은 사랑채에 거주하는 할아버지 및 아버지를 비롯한 집안의 어른들이 손님을 접대하는 모습을 지켜보는 가운데 접빈 방법이나 타인과 소통하는 방식을 익혔을 것이다. 할아버지 및 아버지의 손님과 자리를 같이한다는 것은 선대부터 이어온 관계망을 계승하는 과정이기도 하다.

앞에서도 언급하였듯이 류일춘은 『하와일록』을 작성할 당시 73~79세로 향촌에서 명망이 있었다. 일기에는 류일춘을 방문한 인물 수백 명이 등장한다. 이 가운데 류일춘의 집을 2회 이상 방문한 인물의 지역과 인명은 〈표 1〉과 같다.

10회 이상 류일춘의 집을 방문한 성씨는 풍산 구담의 순천 김씨, 오미의 풍산 김씨, 지곡의 안동 권씨, 신양의 진성 이씨, 의성 초전의 광산 김씨, 해저의 의성 김씨, 의곡의 진주 강씨다. 지역별로는 안동 풍산의 오미·구담·지곡·신양·안심, 안동의 임하·법흥, 예천, 의성, 예안, 문경, 풍기, 경주 양동, 영양, 상주, 성주, 칠곡, 선산, 거창 등이다.

이 가운데 구담의 순천김씨는 동리東籬 김윤안金允安(1562~1620)의 후손이다. 그는 문과 급제하여 대구 부사를 역임했으며, 류성룡의 문하에 출입하였다. 순천김씨는 겸암파의 류세형柳世馨(1622~1679)을 사위로 맞이한 이후 중첩적인 혼인이 이어졌다. 19세기 말까지 풍산류씨

〈표 1〉 류일춘의 집을 2회 이상 방문한 인물의 지역과 인명

방문 횟수	지명		본관	인물
10회 이상	안동	풍산 구담九潭	순천	金錫喆, 金世珌, 金世奎, 金世敏 등
		풍산 오미五美	풍산	金相行, 金宗鐸, 金宗述, 金相燮 등
		풍산 지곡枝谷[가일]	안동	權彪, 權競, 權玹, 權克, 權琮, 權彪 등
		풍산 신양新陽	전의	李鎭東, 李汝鴻, 李汝龜, 李汝韓, 李如元 등
		해저海底[바래미] *현재 봉화군	의성	金熙命, 金熙天, 金熙奮, 金熙郁, 金熙昇, 金濰洛, 金熙澤 등
	의성	초전草田	광산	金良鍵 등
		의곡蟻谷	진주	姜志道, 姜以道 등
	예천	금곡金谷	함양	朴漢佐, 朴漢朝, 朴漢昌 등
		용궁 무이武夷	여강	李章瑀, 李天燮 등
10회 이하 ~ 5회 이상	안동	풍천 안심安心[광덕]	진성	李龜蓮, 李英壽, 李應淳, 李英壽, 李熙淳 등
	예안	계상溪上	진성	李遠模, 李如愚 등
5회 이하 ~ 2회 이상	경주	양동良洞	여강	李鼎任, 李在政 등
	봉화	용담龍潭	안동	金在七, 金在六, 金在恭 등
		명호鳴湖	안동	金良鎭 등
	상주	장천長川	풍양	趙穗, 趙述儒, 趙嶷然 등
	선산		안강	盧宗玉 등
	성주		초계	鄭熻 등
	의성	사촌沙村	광산	金致誠 등
		산운山雲	영천	李家發, 李宜煥 등
		생물生物	풍산	柳昇祚 등
	안동	천전川前	의성	金始銓, 金道行 등
	영주		창녕	成述魯
	영천	도동道洞	풍산	柳志鼎, 柳泰起 등
	예안	오천烏川[외내]	광산	金瀅, 金宗儒 등

와 72회 혼인하였다.

오미동의 풍산김씨는 일찍부터 류성룡에게 학문을 전수받았다. 류운룡의 셋째 류심柳襑(1572~1632)의 첫째 사위는 풍산김씨 김염조金念祖인데, 그의 부친은 예조 판서를 역임한 김수현金壽賢이고, 생부는 현감을 역임한 김대현金大賢이다. 이후 두 성씨는 75회의 중첩 혼인을 하였다. 풍산김씨는 풍산류씨와 더불어 서애계의 대표적인 성씨로 향촌 사족사회의 여러 문제에 공동으로 대응하였다.

지곡의 병곡屛谷 권구權榘(1672~1749)는 18세기 영남의 명유로, 류운룡의 6대손 류양柳瀁을 사위로 맞이하였다. 권구의 어머니는 류성룡의 손자 류원지柳元之(1598~1674)의 딸이다. 어머니와 사위가 하회에서 왔으니, 두 집안은 더욱 각별할 수밖에 없었다. 더욱이 류일춘은 권구의 문하에 출입하여 학문을 익혔다.

류선조는 의성 초전의 광산김씨 김규金烇의 딸과 혼인하였다. 김규는 임진왜란 당시 의병으로 유명한 근시재近始齋 김해金垓의 후손으로, 외조부는 함안박씨이다. 류선조의 아우 영조는 함양박씨와 혼인하였다. 류일춘의 막내 누이 또한 함양박씨 박함경朴咸慶과 혼인하였다. 두 성씨는 59회에 걸쳐 혼인이 이루어졌다.

해저는 강원도 관찰사를 역임한 김성구金聲久(1641~1707)가 이주해 온 이후 의성김씨의 세거지가 되었다. 김성구의 조부는 이황의 문인인 김우굉金宇宏(1524~1590)으로, 병조 참의·승지를 역임하였다. 의성김씨는 안동의 명문가로, 당시 류일춘과 교유했던 김희명金熙命·김희락金熙洛·김희승金熙昇은 소과에 합격했고, 김희택金熙澤은 문과에 급제하였다. 이들은 18세기 영남의 대표적인 학자 대산 이상정의 문인이기

겸암정사

도 하다. 류의목은 1802년에 해저로 장가를 들었다. 류일춘의 여동생
은 의성 의곡의 진주강씨 강시민姜時敏과 혼인하여 두 집안 사이에 왕
래가 있었다.

　조선후기 안동의 양반은 관직 진출이 다소 제한적이었고, 교유의 범
위도 영남에 한정되었다. 류일춘이 교유한 성씨는 대체로 퇴계학파에
속하며 그 가운데 서애계의 비율이 상대적으로 높다. 이들의 세거지는
안동의 서부지역을 중심으로 하여 영남의 남북으로 이어져 있으며, 학
연·혈연·지연을 통해 결속을 높였다.[24]

　류일춘과 류의목의 동선은 상당히 겹치기 때문에, 류의목은 류일춘
을 방문하는 인사들과 자연스럽게 인사를 하거나 교유하게 되었다.

한 마을의 여러 부형이 집에서 종일토록 정겹게 이야기를 나누었다. 이구천李龜天·이구연李龜蓮 친척 어른 형제분, 임하臨河 할아버지, 풍산 할아버지, 주서 아저씨, 인동仁同 아저씨, 진사 아저씨, 주곡 형, 문경 형, 막내 아버지가 모였다.

-1796년 1월 2일-

할아버지를 따라 겸암정사에서 공부하였다. 원장 이진동李鎭東, 친척 할아버지, 영천 성成 사인士人, 구담 할아버지, 그리고 아버지가 함께 하였다.

-1796년 2월 6일-

첫 번째 사례는 일기가 시작되는 1796년 1월 2일에 마을 어른들의 모임에 류의목도 함께한 것이다. 두 번째 사례는 1564년(명종 19)에 류운룡이 하회마을 건너 부용대의 서쪽에 건립한 겸암정사에 갈 때 류의목도 따라가 할아버지의 지인들과 자연스럽게 어울리게 된 경우다.

할아버지의 주요 생활공간은 사랑채와 겸암정사다. 할아버지는 수시로 겸암정사에 갔다. 거기서 지인들과 어울리거나 류의목을 비롯한 여러 젊은이에게 공부를 가르쳤다. 류의목은 할아버지가 겸암정사에 갈 때 따라가거나, 할아버지가 겸암정사에 머물 때 방문하여 할아버지를 뵙기도 하고, 그곳을 방문한 지인들과도 어울렸다.

할아버지는 류운룡을 제향하는 화천서원花川書院과 류성룡을 배향한 병산서원屛山書院에도 가끔 출입하였지만, 이는 공적 활동에 해당하기 때문에 류의목이 함께하지는 않았다. 특히 류일춘 가족의 병산서원 출입 목적은 일기에 분명하게 기록한 경우가 많다.

〈표 2〉 류일춘 3대의 병산서원 방문 목적

순번	일자	방문 목적
1	1798.9.15.	백암白巖 김제金濟와 농암籠巖 김주金澍에게 시호를 내리는 일
2	1798.12.12. / 12.17.	『명신록』 작성 시 면내面內에 빠진 인물에 대해 상의하여 연명 상소하려고 함.
3	1798.1.7.	강회(류의목 참석)
4	1800.2.14.	사액 청하는 일
5	1800. 윤4.29.	안동부의 『소학』 강의 실시에 오지 않은 것에 대하여 향교 담당 자 문책 건
6	1801.5.14.	순제 제출
7	1801.7.4.~9.	순제 결과 채점
8	1802.1.5.	향례 참석 요청, 도연서원에 채제공 부향附享 건
9	1802.1.7.	통청通淸한 서족을 원안院案에 올리는 일

　　실제 병산서원의 출입은 이보다 훨씬 많았지만 구체적인 방문 목적
이 드러나는 경우는 〈표 2〉와 같다. 대체로 향촌의 여러 문제를 의논하
거나 특별한 사안에 입장을 표명해야 하는 경우, 서원에서 실시하는
순제 때문이다. 병산서원에 출입하는 인물은 당연히 양반이지만, 병산
서원에서 여러 차례 작성한 회문과 고목 등에서 '면내面內의 사족'이
란 표현을 사용한 것으로 미루어 보아 병산서원은 주로 하회마을이 속
한 풍산현의 양반이 출입하였을 것이다.
　　조선 후기 안동의 양반은 관직 진출이 매우 제한적이었고, 교유
의 범위도 영남 일대에 한정되어 있었다. 이들은 혼인을 통해 관계망

을 공고히 하거나 좀 더 나은 관계망을 구축하고자 하였다. 이를테면, 1802년 1월 류의목의 혼담이 오갔는데, 신부는 해저海底의 의성 김씨였다. 하동 아저씨가 할아버지에게 김 감사金監司(김성구) 종가에서 혼담이 나왔는데, "이 혼사는 매우 좋으니, 딴 마음을 먹지 말기를 바란다"고 하였다는 기록이 있다. 안동 지역에서는 중앙의 관직을 역임한 양반도 중앙의 명문 가문보다는 지역의 명문 양반 집안과 혼인하려고 하였다.25

류의목은 1802년(순조 2) 3월 12일에 관례를 치렀다. 이후 3월 16일에는 혼담이 오갔던 해저 의성 김씨의 딸과 혼례를 치렀다.

> 식후에 관례를 행하였다. 신양의 이씨 친척 할아버지, 지곡 권표權彪 친척 아저씨 및 한 마을의 노소가 모두 모였다. (…) 도정 할아버지는 "머리에 이미 관을 썼으니 학문으로 채운다면 어찌 좋지 않겠는가?"라고 하였다. (…) 문중에 두루 인사하려는데, 진사 할아버지가 "빈소殯所에는 곡하지 말고 절만 하는 것이 옳다"라고 하였고, 후곡 아저씨는 "반드시 관冠을 바로 쓰는 데 힘써야 한다. 전傳에 '그 관이 바르지 못하면 실망하여 가버린다' 하였으니 가장 엄숙히 명심해야 한다"라고 하였다. 도정 할아버지는 "많은 사람이 앉은 자리에서 안부 인사를 할 때는 반드시 눈을 들어 좌우를 돌아보아야 한다. 혹 인사할 때 빠트릴 수 있기 때문이다"라고 하였고, 대죽大竹 할아버지는 "너에게 별도로 훈계할 것이 없다. 그러나 관을 쓴 사람은 모든 책임이 돌아가니 충분히 명심하여라"라고 하였다.
>
> −1802년 3월 12일−

관례를 치를 때 마을의 노소가 와서 함께하였으며, 어른들은 류의목에게 관을 쓰는 의미와 관을 쓴 자의 책임에 대하여 강조하였다. 관례를 치른 이후 곧바로 혼례를 치렀는데, 이후 류의목은 사회에서 일정한 역할을 수행하는 위치에 있게 되었다. 류의목의 접빈과 교유가 사회적 의미를 갖게 되었다는 의미다. 같은 해 4월부터 관의 순제에 참여하였고,[26] 문경 형이 사위를 맞이할 때 류의목은 손님 접대를 맡기도 하였다.[27]

> 화천서원에 입재入齋하였다. 김용필金龍弼 어른이 시도기時到記 작성의 책임을 맡았다. 저녁에 좌우로 병풍을 쳤다. 내가 두 재석齋席 원장 김종선金從善을 모시고 집사執事 분정分定을 써서 벽에 걸었다. 나는 봉향奉香을 맡았고, 김익신金益臣은 봉로奉爐를 맡았다. 재직齋直을 시켜 밖에 소리치도록 하여 각각 들어와 맡은 일을 보도록 하였다. 밤에 손을 씻고 나는 조사曹司로 장상長上의 명을 받들어 행하였다.
>
> -1802년 9월 7일-

1802년(순조 2) 류의목은 화천서원에 입재하여 원장을 모신 가운데 집사 분정을 써서 벽에 걸었다. 관례 이전에는 사랑채를 방문하는 인물이 대체로 할아버지의 지인이었지만, 관례 이후에는 류의목을 방문하는 사례도 있다. 관례 이후에도 여전히 할아버지와 함께 생활하였지만, 류의목은 사랑채 생활을 통해 익힌 접빈과 교유 방식을 기반으로 독자적인 교유를 시작하게 되었다.

4. 외부 정보의 수합과 대응 방법 익히기

류의목이 성인이 된다는 것은 향촌 양반에 편입되는 것과 같은 의미다. 향촌 양반은 일족, 마을, 향촌, 중앙정치 등과 관련된 현안에 안목을 갖고 입장을 제시하며 일정한 역할을 수행한다. 류의목은 사랑채로 거처를 옮긴 이후 어른들로부터 외부 세계에 대한 정보를 접하고 거기에 대응하는 모습을 지켜보는 가운데 양반의 역할을 익혔을 것이다. 이는 개인의 정치사회적 안목의 확립인 동시에 영남 남인의 정치사회적 입장의 계승이기도 하다.

류의목이 일기를 작성할 당시 외부 세계와의 갈등을 경험하고 대응하는 모습을 지켜본 것 가운데 주목할 것은 크게 세 가지다. 첫째, 문중 내의 서족庶族과의 갈등이다. 서족의 위상이 강화되면서 자신들의 주장을 강화하는 가운데 드러난 갈등과 대응이다. 둘째, 중앙정치와 관련하여 영남 남인의 입장을 고수하거나 문중의 입장을 대변하는 것이었다. 셋째, 향촌 문제에 대한 인식과 대응이다. 당시 향촌사회의 가장 큰 문제는 신향 및 노론과의 갈등이었다.

1800년(정조 24) 2월 서족 류득柳得은 종가에서 후사를 세우지 못하고 있는 틈을 타서 적자가 되기 위해 거짓으로 정문呈文하고 신주를 옮겨 봉안하려고 하였다. 이 사건에 대해 안동부에서는 류일춘과 류득을 불러 대질시키고자 하였다. 류일춘 대신 막내 아버지가 안동부에 갔는데, 결국 안동부에서는 문중에서 알아서 결정하라고 하였다.[28] 류득의 동생 류해柳海는 류일춘에게 편지를 보내어 신주를 고쳐 제사를 지내겠다고 하였다.[29] 그밖에도 류득 형제는 하회의 류씨들을 공격하는 언행을 일삼았다.

막내 아버지가 지곡에서 돌아와 말하기를, "오늘 매우 큰 욕을 당했습니다. 지난번에 안가安哥의 서자가 나를 '류석사柳碩士'라고 부르고, 나 또한 그 사람을 '안서방安書房'이라고 불렀는데, 이 일에 대해 안서방이 미운 마음을 품은 지가 오래되었습니다. 이때 이르러 내가 온다는 말을 듣고, 그 부류 11명이 내 앞에서 '류서방柳書房 왔는가. 너는 나를 안서방으로 부르니, 내 어찌 너를 '류서방'이라 부르지 않겠는가'라고 큰소리로 외치며, 욕설과 패담 등 못하는 말이 없었습니다. 촌노村奴 한 놈을 잡아 나를 대신해 매질했습니다. 그 사나운 습속을 보니 실로 서로 다투기 어려워 결국 묵묵히 참고 돌아왔습니다"라고 하였다.

-1800년 2월 12일-

막내 아버지 류영조는 두 형이 사망하여 연로한 아버지를 대신하여 문중 내외의 일을 도왔다. 그는 류일춘 대신 여러 사건과 모임에 참석하는 일이 잦았는데, 명문가의 양반이 서족한테 능욕당하는 것이 엄연한 현실이 되었다. 이러한 수모 속에도 류일춘은 일이 커지는 것을 막기 위해 그대로 덮고 넘어가자고 하였다.[30] 또 1801년에는 류해가 노론이 되어 채제공을 '역공逆恭(역적 채제공)'이라고 헐뜯었다.

문중의 서출인 류해가 도리어 서인이 되었다고 하니 우습다. 서간西澗 사림의 통문을 보았는데 추하고 패악한 말을 하지 않음이 없었다. 채제공을 헐뜯어 '역적 채제공'이라고까지 하였다. 세도가 한 번에 이러한 지경에까지 이르렀는가! 다만 절로 긴 한숨이 나올 뿐이다.

-1801년 5월 30일-

172

노론의 등장 이후 서족의 발언은 류씨뿐만 아니라 영남 남인을 무시하는 지경에 이르렀다. 이러한 현실에 류일춘을 비롯한 하회의 류씨들은 별다른 대응 없이, 그저 한탄만 하였다.

영남 남인을 적극적으로 지원해 주던 정조는 영남 지역 인사로 구성된 『명신록』을 편찬하도록 하였다. 번암 채제공(1720~1799)과 류이좌도 여기에 관여하였다.[31] 조정에서 책 간행을 위한 자료를 풍산 류씨에게 요청하자 문중에서는 문적文籍을 마련하여 올렸다.[32] 풍산 류씨가 올린 문적 가운데 빠진 것이 많다는 소식을 접하고 류이좌는 힘써 간쟁하였다.[33] 그럼에도 불구하고 간행된 『명신록』에는 풍산 류씨 16명을 비롯하여 류운룡의 증손 류세철柳世哲(1627~1681)의 사적이 빠져 있었다.

풍산 류씨는 이 문제를 논의하기 위해 병산서원에서 회문回文을 돌리려고 하였다. 류일춘은 이 일은 채제공에게 맡겨진 일이므로 문제제기를 하지 말자고 하였다. 일족들은 류일춘의 의견을 따랐다.[34] 같은 해 12월 17일, 병산서원에서 면내의 사론士論으로 문적에 빠진 것에 대해 연명 상소해야 한다는 주장이 다시 제기되었다. 류일춘은 이번에도 강력하게 반대하였다. 영남 남인은 정치사회적 위상을 지켜나가기 위해 채제공의 협조가 절실하게 필요한데, 그와 갈등을 초래하는 것은 가장 믿음직한 우군을 잃어버리는 것과 마찬가지라고 판단하였기 때문이다. 류일춘은 채제공이 주관하는 일에 적어도 표면적으로는 동조하는 가운데 관계를 지속하고자 하였다.

1792년(정조 16) 정조의 후원으로 도산서원 앞에서 도산 별시別試를 치렀는데, 영남의 남인은 이 장소를 기념하여 시사단試士壇을 세웠으며, 채제공이 비문을 써 주었다. 노론 정권이 들어선 이후 관에서는 시사단을 부수도록 하였다.[35] 일기에는 다음과 같이 목격담을 적어 놓았다.

> 당초에 예안 수령이 아전을 보내어 시사단의 비각 및 비석을 헐고 파괴하게 했는데, 아전이 들어가 아룀에 수령이 '어떻게 했느냐?'라고 물으니, 아전이 '도끼로 그 비석을 절단하고 그 기둥을 베어 이미 길가에 넘어뜨렸습니다'라고 했습니다. 수령은 아전이 허투루 명을 받들었다고 하며 매질해서 다시 내보냈습니다. 아전이 그 비석을 부수고 조각조각 내었으며, 또 비각으로 세웠던 기와와 돌을 곳곳마다 도끼로 남김없이 가루로 만들고는 크게 웃고 갔습니다.
>
> -1802년 1월 16일-

예안 수령 김직행金直行은 채제공의 비석을 절단하고 넘어뜨린 아전을 다시 보내어 비문의 흔적을 남기지 말도록 하였다. '채제공의 흔적 지우기'는 순조 즉위 후 정조대에 구축되었던 정치적 자산을 제거하는 과정이기도 하였다. 정조대에 나름대로 정치적 입지를 확보했던 채제공은 노론 정권의 주요한 공격 대상이었으며, 채제공과 정치적 제휴를 맺었던 영남 남인을 고립시키는 것도 그 연장선상에서 이해할 수 있다.

노론의 득세에 힘입어 안동 지역의 신흥 노론은 중앙권력에 편승하여 자신의 정치적 성향을 분명히 하였다. 중앙의 노론 정권은 영남 남인의 정치적 중심지인 안동의 양반 가운데 노론으로 전향한 인물을 적극적으로 지원함으로써 영남 남인의 정치적 기반을 약화시키고자 하였다. 그 과정에서 신흥 노론은 남인에 대한 공격을 서슴지 않았다.

이러한 상황에서 류일춘은 어떻게 대응하였을까? 그는 향촌의 여론을 주도하는 위치에 있었기 때문에 그의 현실 대응 자세는 영남의 여론 형성에 충분히 영향을 끼칠 수 있었다. 류일춘은 향촌사회에서 전개된 일련의 사건에 한편으로는 신중하게 대응하였고, 또 한편으로는 무기력할 만큼 소극적이었다. 그의 개인적인 성향도 반영되었지만 노론의 무차별적인 공격에 강경하게 대응하는 것은 향후 영남 지역사회를 더욱 벼랑으로 몰고 갈 수도 있을 것이라고 판단했을 것이다. 이처럼 순조 즉위 직후 영남 남인은 문중 혹은 향촌 단위에서 대응할 수 있는 역동성을 상실하였다.[36]

이러한 현실은 류의목이 안동에 사는 영남 남인으로 어떻게 처신해야 하는지 직간접적으로 경험하는 기회가 되었다. 류의목은 할아버지 류일춘을 비롯한 주변 어른들의 문중, 향촌, 중앙과 관련된 일련의 사건에 대응하는 방식을 눈여겨보는 가운데 자신의 정치사회적 안목을 키워 나갔을 것이다.

사랑채, 유교 이념의 실천 공간

조선시대 양반의 집은 중층적 성격을 띤다. 죽은 조상의 공간인 사당과 살아 있는 후손들의 공간인 안채와 사랑채로 구성되어 있다. 안채와 사랑채는 남녀유별을 실천하는 생활공간이다. 안채는 폐쇄적이고 사랑채는 개방적이다. 남성들은 사랑채에 머물며 가계를 계승하고 사회적 위상을 높이는 역할을 수행한다. 사랑채는 가家의 사회적인 기능을 담당하는 공간으로 그 의미가 크지만 역사학계에서는 거의 주목하지 않았다.

지금까지 사랑채의 기능과 사랑채의 어른이 어린아이를 사회적인 인간으로 성장시키는 과정과 내용을 살펴보았다. 16세기 이후 양반은 집을 사당, 안채, 사랑채로 구분하여 짓기 시작하였고, 유교적 예제를 실천하였다. 사랑채의 기능은 생활과 접빈, 의례, 교육과 장서를 보관하는 것 등이다. 그 가운데 의례 기능은 시기별로 변화의 양상이 드러났다. 집에서 행하는 관혼상제는 주로 『주자가례』를 구현하는 방식이었다. 17세기 후반 이후 불천위가 늘어나고 친족의 범위가 확대됨에 따라 문중 범위의 불천위 제사를 비롯한 의례의 규모가 커지게 되자 『주자가례』를 그대로 따를 수 없었다. 조선적 변용이 생겨났다. 사랑채에서 제례를 지내거나 사랑채에 감실을 마련하기도 하였다. 사랑채 건물의 크기와 기능이 확대된 이유 가운데 하나이기도 하다.

조선시대의 교육기관으로 향교와 서원 등이 언급되지만 실제로 가장 빈번하게 공부하고 교육이 이루어지는 장소는 사랑채다. 교육의 설계자 및 관리자가 할아버지와 아버지를 비롯하여 집안 내의 어른이기 때문이다. 사랑채에는 장서를 보관하기도 하는데, 이는 독서와 교육에 유용할 뿐만 아니라 교유에서도 나름의 역할을 하였다.

사랑채를 중심으로 전개되는 자제의 사회화 과정에 대해서는 하회 풍산 류씨 겸암파 류의목의 사례를 통해 살펴보았다. 주요 자료는 『하와일록』이다. 이 일기는 류의목이 12세인 1796년(정조 20)부터 18세인 1802년(순조 2) 12월까지 쓴 생활 일기다. 청소년이 성인으로 성장하는 과정을 엿볼 수 있는 것이 특징이다.

저자 류의목은 할아버지 류일춘과 사랑채에 기거하며 할아버지의 보살핌 속에서 성장하였다. 그는 공부에 재능이 있었고 착실하였기 때문에 할아버지와 주변 어른들의 기대를 한 몸에 받았다. 할아버지만 류의목을 지도한 것이 아니라 사랑채를 방문하는 어른들도 류의목에게 삶의 태도를 비롯하여 공부에 필요한 여러 가지 지식을 알려주었다. 개방적이고 열린 교육 방식의 일면을 확인할 수 있었다.

류의목은 사랑채를 방문하는 할아버지 지인들과의 만남을 통해 공부뿐만 아니라 교유 방법도 자연스럽게 익히고, 중앙 및 향촌을 비롯한 외부 세계에 대한 정보도 얻었다. 그는 이러한 과정을 통해 가계의 정체성을 획득하고 영남 남인으로서의 정치적 감각도 키우게 되었다. 류의목의 일상과 활동은 개인의 의지인 동시에 사랑채의 주인 류일춘에 의한 '자제의 사회화 프로젝트'의 일환이기도 하였다.

참고자료

『葛庵集』(李玄逸)

『大山集』(李象靖)

『星湖全集』(李瀷)

『禮記』

『百弗庵蓭集』(崔興源)

『牛溪集』(成渾)

『栗谷全書』(李珥)

『鶴棲集』(柳台佐)

『국역 永嘉誌』, 안동문화원, 2001.

『河窩日錄』(한국학자료센터 영남권역, http://yn.ugyo.net/)

『국역 하와일록』, 한국국학진흥원, 2015.

『豊山柳氏世譜』, 풍산류씨족보간행위원회, 1985.

『국역백불암선생언행록』(경주 최씨 칠계파 종중), 2002.

『曆中日記』(최흥원, https://diary.ugyo.net/)

『敬堂日記』(장흥효, https://diary.ugyo.net/)

『操省堂日記』(김택룡, https://diary.ugyo.net/)

『溪巖日錄』(김령, https://diary.ugyo.net/)

『大溪集刊役時日記』(한국국학진흥원 소장)

『전주 류씨 함벽당 종가』, 한국국학진흥원 국학자료목록집 29, 한국국학진흥원, 2016.

『豐山柳氏 忠孝堂』, 한국국학진흥원 국학자료 목록집 8, 한국국학진흥원, 2009.

『풍산 류씨 하회마을 화경당』, 한국국학진흥원 국학자료 목록집 4, 한국국학진흥원, 2005.

『의성 김씨 천전파 문중』, 한국국학진흥원 국학자료 목록집 5, 한국국학진흥원, 2006.

김기주, 『조선시대 중기 이후 반가의 공간사용과 평면형식에 미친 가례의 영향』, 연세대학교 박사학위논문, 1994.

김명자, 「순조 재위기(1800~1834) 하회 풍산 류씨의 현실 대응과 관계망의 변화」, 『국학연구』 29, 2016.

_____, 「『河窩日錄(1796~1802)』을 통해 본 豐山柳氏 謙巖派의 관계망」, 『大丘史學』 124, 2016.

_____, 「『曆中日記』를 통해 본 18세기 양반가 남성의 가사활동과 그 의미」, 『조선시대사학보』 95, 2020.

김종헌, 「한국전통주거에 있어서 안채와 사랑채의 분화과정에 대한 연구」, 『대한건축학회논문집』 12, 1996.

손계영, 「朴世堂의 장서목록 『家藏書籍』 연구」, 『장서각』 26, 한국학중앙연구원 장서각, 2011.

윤일이, 『한국의 사랑채』, 산지니, 2010.

주

1   김종현,「한국전통주거에 있어서 안채와 사랑채의 분화과정에 대한 연구」,『대한건축학회논문집』12, 1996): 윤일이,『한국의 사랑채-조선시대 상류주택 사랑채의 공간적 특성에 관한 연구-』, 산지니, 2010.

2   김기주,『조선시대 중기 이후 반가의 공간사용과 평면형식에 미친 가례의 영향』, 연세대학교 박사논문, 1994, 139~149쪽: 김종현, 위의 논문 1996, 12쪽.

3   윤일이, 위의 책, 14~264쪽.

4   태종 12년 11월 14일(을미), 태종 14년 1월 4일(기묘), 10월 18일(무자), 태종 15년 1월 15일(갑인), 태종 18년 1월 22일(계유) 등.

5   『牛溪集』, 年譜補遺, 卷1,「德行」.

6   『星湖全集』, 年譜, 卷2,「許磊」.

7   『百弗庵集』, 附錄, 卷3,「年譜」.

8   『승정원일기』, 영조 11년 을묘(1735).

9   정창권,『조선의 살림하는 남자들』, 돌베개, 197~207쪽.

10 『국역 永嘉誌』(안동문화원, 2001). 17~218쪽에 실려 있으며, 번역은『전주 류씨 함벽당 종가』, 한국국학진흥원 소장 국학자료목록집 29, 한국국학진흥원, 2016, 9쪽 인용.

11 『葛庵集』, 卷15, 書,「答鄭皆春昆仲 戊寅」.

12 『大山集』, 卷32, 書,「答權匡伯別紙」.

13 『大溪集刊役時日記』1884년 11월 23일. 이 일기는 한국국학진흥원에 기탁보관 중이다.

14 윤일이, 위의 책, 107쪽.

15 정창권, 위의 책, 169~170쪽.

16 『국역백불암문집』, 卷6 書, [寄兒].

17 김명자,「『曆中日記』를 통해 본 18세기 양반가 남성의 가사활동과 그 의미」,『조선시대사학보』95, 2020, 169쪽.

18 『국역백불암선생언행록』, 卷1,「世系 年譜」.

19 손계영,「朴世堂의 장서목록『家藏書籍』연구」,『장서각』26, 한국학중앙연구원 장서각, 2011.

20 윤일이, 위의 책.

21 『국역백불암선생언행록』, 卷1,「世系, 年譜」.

22 김명자, 위의 논문, 2020, 169쪽.

23 金秉文,『鶴天集』卷3,「行狀」,〈月梧軒豊山柳公行狀〉.

24 김명자,「『河窩日錄(1796~1802)』을 통해 본 豊山柳氏 謙巖派의 관계망」,『大丘史學』124, 2016, 155~158쪽.

25 김명자, 앞의 논문, 2020, 168~171쪽.

26 1802년 4월 17일, 4월 19일, 4월 20일.

27 1802년 4월 19일.

28 1800년 2월 4일, 7일, 10일.

29 1801년 12월 10일.

30 1801년 12월 19일, 21일.

31 1798년 11월 7일: 『鶴棲集』, 卷20, 附錄, 「行狀」.

32 1798년 8월 20일.

33 1798년 11월 7일.

34 1798년 12월 12일.

35 1801년 3월 18일, 1802년 1월 16일.

36 김명자, 「순조 재위기(1800~1834) 하회 풍산 류씨의 현실 대응과 관계망의 변화」, 『국학연구』 29, 2016.

4장

죽음을 통한 젊은 유학자의 성장

이우진

들어가는 말

조선시대 양반가의 청소년은 어떻게 성장하였을까? 좀 더 구체적으로 질문하자면, 조선시대 양반 가문의 청소년은 어떻게 유학자로서 자아 정체성을 확립할 수 있었을까? 이 질문에 대한 답을 찾는 하나의 노력으로, 이 글은 『하와일록河窩日錄』에 주목하고자 한다. 『하와일록』은 조선 후기 안동 하회에서 성장한 류의목柳懿睦(1785~1833)이 12~18세(1796~1802) 동안 자신의 일상을 섬세하게 기록한 일기다. 그는 학덕學德이 높았던 류운룡柳雲龍(1539~1601)의 9대손이자,[1] 당시 하회마을의 문장門長이었던 류일춘柳一春(1724~1810)의 손자였다. 곧 『하와일록』은 조선시대 양반가의 청소년이 어떻게 성장하였는가를 구체적으로 확인해 볼 수 있는 중요한 자료다.

류의목은 22세 되던 해(1806) 자신의 어린 시절 일기인 『하와일록』을 정리하고 난 뒤, 「서문序文」에 이와 같이 적었다.

일기란 무엇인가? 날마다 한 것을 반드시 서책에 기록하였다가 이를 살펴보고 반성하며 바로잡는 바탕으로 삼고자 할 따름이다. (…) 사양하고 받아들이며[辭受] 움직이고 멈추는[動靜] 예법과 언론言論과 시비是非에서는 더욱 상세히 기록하지 않을 수 없으니 거의 다 기록하고자 하였다. 이것은 혹시라도 마음을 다스리고 몸을 바로잡는 도에 있어서 만에 하나라도 도움이 되기를 바라는 생각이었다.[2]

류의목에게 일기는 하루 삶에 대한 성찰과 반성의 기록이었다. 사실 그 점은 전혀 특별하다고 볼 수 없다. 주목할 만한 점은 그가 일기에 자신이 경험한 일상사는 물론이고, 올바른 예법, 언론, 시비 판단의 사례들을 더욱 상세하게 적었다는 것이다. 그 이유는 모두 '건강한 유학자'로 성장하는 데 조금이나마 도움이 되었으면 하는 류의목 자신의 염원 때문이었다. 바로 이 사실에서 우리는 『하와일록』이 '모범적 선비가 되기를 희망하며, 그 목표를 향해 성실히 나아간 청소년 유학자의 성장일기'라는 것을 확인할 수 있다.

류의목은 『하와일록』에 자신이 경험한 독서 과정, 과거 준비, 집안의 대소사, 서원의 이건 문제, 서족庶族과 서학西學 관련 문제, 남인南人의 정치적 위기 등과 같은 수많은 사건·사고들을 기록하였다.[3] 놀랍게도 류의목의 성장일기 중심에는 '죽음'이 자리 잡고 있다. 친인척과 마을 사람들의 죽음은 물론이고, 국부國父인 정조正祖(1752~1800)의 죽음, 영남 남인의 영수였던 채제공蔡濟恭(1720~1799)의 죽음, 거기에 1798~1799년 조선을 강타한 전염병에 따른 수많은 이들의 죽음이 놓여 있었다. 이러한 죽음들도 충격이었겠지만, 청소년 류의목에게 결코 어떤 죽음과도 비교될 수 없는 충격적 죽음은 분명 그가 15세(1799)에 마주한 부친 류선조柳善祚(1757~1799)의 죽음이었을 것이다.

한 청소년이 수많은 이들의 죽음을 목도하고, 거기에 가장 가까운 부친의 죽음을 마주하게 된다면 어떠할까? 많은 연구에서 지적하듯 이, 어린 시절에 겪은 부모의 사망은 너무나도 치명적인 경험으로서 남은 삶 전체를 비틀어 버릴 수 있는 '트라우마Trauma'로 자리하곤 한 다.[4] 부모의 때 이른 사망은 단기적으로 자녀에게 우울증, 불안장애 등 다양한 문제를 유발할 뿐만 아니라, 장기적으로 정신건강에 심각한 후 유증을 동반하는 외상外傷으로 자리하곤 한다.[5]

놀랍게도 류의목에게는 그러한 외상이 발견되지 않았다. 부친을 비 롯한 수많은 이들의 죽음으로 허덕이던 끔찍한 상황에서도 그는 건강 하게 성장하였던 것이다. 물론 류의목이 자신이 겪은 상실의 슬픔을 완 벽히 극복했다고는 말할 수 없을 것이다. 하지만 부친과 사별하고 두 해가 지난 뒤, 류의목은 "하늘의 뜻을 기꺼이 받아들이고 명命이 있음 을 알기에 걱정을 하지 않는다"는 군자君子의 낙천지명樂天知命을 노래 할 만큼 바람직한 유자가 되었다.[6] 또한 과거를 준비하고, 관례를 치르 며, 혼인을 하고, 집안의 상제례喪祭禮에 참여하는 등 자신에게 주어진 역할을 충실하게 수행하였다. 비록 류의목이 과거에 합격하지 못하여 주위의 기대에 부응하지 못했다고는 해도 말이다. 어쩌면 이것은 망학 妄學인 과거 공부보다는 도학道學을 실천하는 처사處士로서 살아가고 자 했던 그의 의지 표명이었을지도 모른다.[7] 이처럼 류의목은 청소년 기에 수많은 상실을 겪었음에도, 사대부로서 뿐만 아니라 가족 공동체 의 구성원으로서 맡겨진 책임을 다하는 인간으로 성장하였던 것이다.

사실 죽음은 개인적 사건일 뿐만 아니라 사회적 사건이기도 하다. 한 사람의 죽음은 그가 생전에 어떠한 역할을 담당했든 간에 자신이 속했던 공동체에 영향을 미치기 때문이다. 상실의 슬픔은 살아남은 구성원들에게 정신적 충격을 줄 뿐만 아니라, 공동체의 운영에서도 떠나 버린 이가 담당했던 사회적 역할에 공백이 발생하게 된다. 곧 살아남은 공동체 구성원은 떠나 버린 이로 인해 이전과는 완전히 다른 삶을 살 수밖에 없다.[8] 그렇다. 한 사람의 죽음은 살아남은 이들에게 '새로운 공동체'를 구성하는 과제가 요청되는 것이다. 이 '새로운 공동체'는 안정적 유지를 위해 떠난 이가 수행했던 사회적 역할을 살아남은 이에게 새롭게 부여해야 한다. 더불어 살아남은 구성원의 정신적 안정을 위해 사별에 의한 상처를 아물게 하는 장치를 마련해 주어야 한다. 류의목이 부친과 사별 후 가족 공동체에서 자기 역할을 충실하게 이행하였다는 사실은, 안동의 풍산 류씨豊山柳氏 겸암파謙巖派 문중이 '새로운 공동체'를 건강하게 구축하였음을 보여 주는 것이다. 이는 곧 그 집안 전체가 이 사별의 아픔을 건강하게 극복하였다는 것으로, 그 점에서 『하와일록』은 죽음으로 인한 문중의 위기와 극복의 이야기라고 할 수도 있다.

이 글은 위와 같은 시각을 바탕으로 '죽음을 통한 젊은 유학자 류의목의 성장'을 그려보고자 한다. 『하와일록』의 전 기록을 따라가면서 류의목이 애도 과업tasks of mourning을 어떤 식으로 수행하고 있는가를 탐색해 볼 것이다. 왜냐하면 류의목이 건강한 유학자로 성장했다는 것은, 그가 부친의 상실喪失에 따른 비탄悲嘆의 상처를 적절한 애도의 과정을 거쳐 온전히 회복되었음을 말해 주기 때문이다. 애도mourning

와 비탄grief은 다르다. 비탄은 상실한 이후 유족이 겪게 되는 사고·감정·행동인 반면, 애도는 유족이 자기가 마주한 상실을 주도적이고 적극적으로 받아들이는 과정이다.⁹ 곧 애도 과정은 소중한 이들을 먼저 보내고 살아 남아 있는 자들에게 상실이 가져다 준 비탄을 넘어서 마음 평정의 회복과 함께 성장으로 이끄는 노정이다. 이 글은 특히 애도 과업을 상례喪禮 절차와 유비적으로 논의하면서,¹⁰ 전통시대의 비탄 극복 과정을 그려보도록 하겠다. 그렇다고 이러한 '애도 상담 치료Grief Counseling Therapy'의 시각에서 그치지는 않으려고 한다. 왜냐하면 이 글의 주된 목적이 '하회마을의 양반가에서 성장한 젊은 유학자'를 그려내는 일이기 때문이다. 따라서 조선의 유자들이 시행했던 상례 절차와 그 의미를 통과의례rite of passage의 입장에서 검토해 보도록 하겠다. 이는 상례가 어떤 개인의 죽음으로 발생한 공동체의 균열을 메워 와해되지 않도록 하는 '죽음에 대한 유가의 문화적 장치'임을 논의하고자 한다.

더불어 '죽음 그 자체보다 삶에 대해서 묻고, 귀신보다는 사람을 섬기기를 높게 여기며, 내세來世의 피안彼岸보다 현세現世의 차안此岸을 중시하는 특징으로 하는 유가의 생사관'¹¹에 대해서도 논의해 보도록 하겠다. 그것은 유가의 상례에 대한 세계관적 기반이 되기 때문이다. 마지막으로, 이 글은 『하와일록』을 추적해 가면서 '죽음이 금기가 된 근대'와 달리 '아이들에게마저 죽음을 격리시키지 않고 열어놓는 전통시대'의 특성을 논의해 보고자 한다. 그리하여 '죽음을 우리의 일상에서 추방시키고 낯설게 만든 근대적 방식보다 죽음과 마주하도록 하는 전통적 방식이, 어쩌면 인간의 건강한 성장에 있어서 보다 유익할 수 있지 않을까?'라는 나름의 질문을 던지고자 한다.

논의의 순서는 다음과 같다. 먼저 '전통적 죽음에 대한 이해'를 검토하고, 다음으로 '유가의 사생관'을 서술한 다음, 마지막으로 '상례와 애도 과업의 유비'에 대해 다루도록 하겠다.

죽음이 죽지 않은 시대 : 상실을 대하는 유가 전통의 방식

부친상으로 '의목懿睦'이라는 정식 이름을 받기 전까지 류의목의 이름은 팽길彭吉이었다.[12] 아버지와 친척 어른들은 '팽길 어린이'라는 의미의 '팽아彭兒'라고 부르곤 하였다.[13] 이 글에서도 류의목이 정식 이름을 받기 전까지의 내용을 기술할 때 '팽아'라는 호칭을 사용하고자 한다. 이 글은 『하와일록』을 '죽음을 통한 류의목의 성장 일기'로 독해하는 데 초점이 맞춰져 있다. 따라서 '팽아'라는 호칭은 건강한 유학자로 성장하는 류의목의 어린 시절의 모습을 좀 더 극적으로 보여줄 수 있을 것이다.

팽아의 12세(1796) 일기는 1월부터 2월 25일까지 두어 달도 채 되지 않은 기록뿐이다. 얼마 되지 않은 내용일지라도, 조선 양반가의 어린이가 일기에 기록할 정도로 중요하다고 여겼던 사건들이 무엇인지를 확인해 볼 수 있는 의미 있는 자료다. 팽아의 일기는 매일의 날씨 상황과 함께 할아버지와 아버지의 동선動線이 주를 이룬다. 거기에 친인척들과 동네 어르신들의 왕래가 몇 차례 기록되어 있다. 예컨대, 할아버지 류의춘이 병산서원屛山書院을 왕래하고 조부를 따라 겸암정사謙巖精

숨에 가서 공부한 사항,[14] 아버지 류선조의 화천서원花川書院 왕래와 안동부 향회鄕會 참석과 같은 여러 이동 사항들,[15] 친척이나 마을 어른들이 여러 사안으로 자신의 집을 방문하였다는 사항이 기록되어 있다.[16] 특징적인 것으로서 막냇동생 류진현柳進鉉의 출생이 기록되어 있다.[17] 이처럼 팽아의 12세 일기는 가족 구성원들의 활동 사항이 주를 이루고 있었다. 이와 같은 양상은 다음 해 13세(1797) 일기에도 유지된다. 할아버지의 병산서원과 겸암정사 왕래 및 옥연서당玉淵書堂 행차,[18] 아버지의 병환과 치료,[19] 친인척과 동네 어른들의 방문에 대한 여러 기록이 주를 이룬다. 이외에 첫째 동생 류진택柳進澤이 학업을 시작한 일,[20] 소가 암송아지를 낳았다는 사건이 기록되어 있었다.[21]

하지만 팽아의 12~13세의 일기에는 이와 같은 내용 이외에 또 하나의 주제가 그 중심을 차지하고 있다. 그것은 바로 죽음과 관련된 기록들이다.

- 가암佳巖 할아버지가 재주가 있는 아들을 잃었다. 애석함을 어찌 감당할 수 있겠는가![22]
- 새벽에 큰아버지의 기제사忌祭祀에 참석했다.[23]
- 명절 차례를 동쪽 협실夾室에서 거행하였다. 서쪽 협실이 낡았기 때문이다. 이미 어제 저녁에 동쪽 협실로 신주神主를 옮겨 모셨다.[24]
- 구담九潭 할아버지가 별세別世하셨다.[25]
- 아버지가 성묘를 하기 위해 안동 풍산읍에 있는 건지동乾池洞에 갔다.[26]
- 초저녁에 외종조할머니 조씨의 부음이 왔다. 통곡하였다.[27]

위와 같이 팽아의 어린 시절 일기에는 사람들의 사망과 같은 죽음을 직접적으로 나타내는 기록이 담겨져 있다. 더불어 고인이 돌아가신 날에 지내는 기제사에 관한 기록, 고인의 위패位牌를 모신 가묘家廟의 협실에 관한 기록, 돌아가신 조상의 묘를 찾아가 손질하고 살피는 성묘에 관한 기록과 같이 죽음을 간접적으로 나타내는 사항들이 기록되어 있다. 이러한 내용들이 12~13세에 불과한 팽아의 일기에 기록되어 있다는 것은, 당시 어린이에게 죽음이 그리 낯설거나 두려운 대상이 아니었음을 방증해 주고 있다.

사실 죽음은 우리에게 있어 그 무엇보다도 중요하고도 친근親近한 대상이다. 왜냐하면 인간은 본질적으로 죽음과 분리될 수 없는 존재이기 때문이다. 에드가 모랭Edgar Morin의 말을 빌리면, 죽음은 인간의 세계, 존재, 정신, 과거, 미래 모두에 자리하는 운명의 동반자다. 어쩌면 인간의 삶에서 죽음을 지나치게 분리시키는 것은 커다란 잘못이며, 죽음과 결별하려고 생각하는 것은 헛된 희망에 불과할지도 모른다.[28]

하지만 현재 우리가 죽음을 대하는 모습은 그렇지 않다. 필립 아리에스Philippe Ariès가 말하였듯이, 우리는 국가적인 인물의 경우를 제외하고는 '죽음을 추방'하고 있는 사회에 살고 있다.[29] 우리는 이른바 죽음이 금지된 시대, 죽음이 추방된 시대에 살고 있는 것이다. '우리가 볼 수 없을 이 죽음을 숨기시오!'라는 말로 표현되는 시대에서 살아가고 있다.[30]

근대에 이르러 죽음은 공개의 대상이 아닌 은폐의 대상이 되어 버렸다. 이러한 원인은 무엇보다도 지그문트 바우만Zygmunt Bauman이 지적하듯이, 근대성이 죽음에 대한 근본적인 입장의 변화를 가져와 '죽음을 사망'시켰기 때문이다. 그에 따르면, 근대성은 죽음을 그 원인인 무수한 질병으로 해체하였다. 필멸성이라는 극복할 수 없는 '큰 죽음'을 인간이 싸울 수 있는 무수히 많은 '작은 죽음'으로 잘게 조각내 버린 것이다. 근대 이후의 인간은 죽음의 원인과 싸우게 되었으며, 죽음의 문제를 병원에서 해결하게 되었다. 바로 근대성은 '죽음의 죽음'을 가져온 것이다. 죽음이 사라졌기에 인간은 불멸을 추구하지 않고, 순간의 행복만을 추구한다. 죽음은 질병이라는 작은 죽음에 허망하게 쓰러진 모습인 것이다.[31] 이제 죽음을 맞이한 시신들은 은밀하게 멀리 보내진다. 병원이라는 그 작은 죽음을 이겨내고자 했던 장소에서 마지막 살균 처리가 된 채 사람들과의 직접적인 만남은 최소한으로만 허용될 뿐이다. 죽음은 숨겨지고 부정되어야 하는 대상이 되어 버린 것이다.

특히 어린이들에게 죽음은 더욱더 거부되어야 할 대상으로 자리하게 되었다. 죽음이 가정에서 멀어지게 됨에 따라 부모들은 자녀들과 죽음에 관한 대화를 나누지 않게 되었다. 하지만 죽음을 금기시하고 죽음을 어린이들과 격리하는 일은 그들의 성장에 있어 심각한 해악을 일으킨다. 이는 오히려 불필요한 공포심만 심어줄 뿐이다.[32] 어린이들에게 죽음을 금기시함으로써 그들이 죽음에 맞설 수 있는 준비를 하지 못하도록 만들어 버렸다. 예컨대, 현대의 많은 부모들은 어린이들에게 죽음의 문제를 금기시하거나 무시함으로써 그들이 죽음에 대한 심각한 오해를 지니도록 하였다. 그 때문일까? 애도 전문가인 얼 그롤먼Earl A. Grollman은 '죽음을 이야기하는 부모의 십계명' 가운데 그 첫 번째 계명을 '죽음이라는 단어를 금기시하지 말라'고 요청하고 있었다.[33]

어린이가 죽음에 대한 접촉이 금기시된다면, 언젠가 자신이 소중하게 여겼던 이가 뜻밖의 죽음을 맞이하게 된 경우 그 죽음을 제대로 수용할 수 없게 된다. 심지어 소중한 이의 죽음에 대한 그 원인이 자기 자신에게 있다고 착각하여 자신을 부정적으로 바라보게 된다.[34] 때문에 어린이에게 죽음에 대한 정보를 솔직하게 제시해야 한다. 더불어 어린이를 죽음과 관련된 의례에 참여시키고 그 의례의 여러 행위에 대해 설명하는 것은 중요한 가치를 지닌다. 그래야만 진정으로 애도할 수 있으며 언젠가 찾아올 소중한 이들의 죽음뿐만 아니라 본인의 죽음마저도 좀 더 수월하게 맞을 수 있는 것이다.[35] 진정 "죽음을 재앙도 파괴도 아니며 가장 건설적이고 긍정적이며 창조적인 문화와 삶의 요소"로 바라볼 수 있게 되는 것이다.[36]

앞서 보았듯이, 팽아의 12~13세 일기에는 가암 할아버지의 아들이 죽었다는 기록, 구담 할아버지와 외종조할머니의 죽음에 대한 기록이 담겨 있다. 『하와일록』에 이러한 내용이 담겨 있다는 것은, 팽아와 함께 그들의 죽음에 관한 모종의 대화를 했음을 말해 준다. 또한 팽아가 기제사에 참여한 여러 기록은, 그가 어린이임에도 불구하고 죽음과 관련된 의례에서 배제되지 않았음을 보여 준다. 짐작하건대 팽아는 그러한 대화와 의례의 참여를 통해 죽음에 대한 인식을 가지게 되었을 것이다. 곧 팽아는 '죽음이 죽지 않은 사회'에서 성장하였으며, 이에 따라 그는 죽음에 대한 나름의 건강한 이해방식을 지닐 수 있었던 것이다. 팽아가 어린 시절 자신의 가장 소중한 부친이 사망했음에도 건전한 유자로 자랄 수 있었던 것은 이와 같이 죽음이 살아 있는 문화적 배경이 커다란 요인으로 작동하였을 것이다.

상실의 이해 : 유가의 생사관生死觀

팽아는 14살 새해 설날부터 걱정이 태산이었다. 아버지의 병세가 더욱 심해졌기 때문이다. 지난해부터 앓았던 병으로 인해 몸져누워 제대로 씻지도 못하고 있었다. 어린 팽아의 근심되는 마음은 이루 말할 수 없었다.[37] 감사하게도 많은 분들이 부친의 병환이 걱정되어 문병을 왔다.[38] 하지만 그들의 정성스런 문안에도 불구하고 두통과 안질眼疾로 이어지는 등 합병증 증세가 나타났다.[39] 막내 작은아버지는 아버지의 약 처방을 위해 동분서주하였다.[40] 그렇게 구해 오신 약을 아버지는 열 첩이나 복용하였으나 그 효과는 미미할 뿐이었다.[41]

부친의 병환과 관계없이 봄은 어느 때와 같이 돌아왔다. 바람이 따뜻해져 마을의 아이들은 풀피리를 불고 있었고 들판의 소들은 파란 봄풀을 밟고 있었다.[42] 가끔씩 이상기후가 나타나기도 했지만,[43] 아무리 부정하고 거부하려고 해도 사계절의 순환이라는 자연의 이치를 거스를 수는 없었다. 봄을 알리는 제비가 온 것이다.[44] 인간도 마찬가지다. 순환하는 자연의 이치와 마찬가지로 생生이 있으면 사死도 있는 법이다. 너무도 슬프지만 순환의 법칙에 따라 이 세계에 온 사람들은 언젠가 이 세계를 떠날 수밖에 없다. 애통하게도 율곡栗谷 종숙모宗叔母가 별세하였고,[45] 참혹하게도 공성功城 할머니가 장녀長女를 잃었다.[46] 마을의 노비인 덕화德花도 강선姜先이도 죽었다.[47] 또 임하臨河 할머니도 돌아가시고,[48] 늑곡勒谷 아저씨도 별세하셨다.[49] 살아남은 이들은 그들과 작별 의례를 수행해야 했다. 예컨대, 종숙모를 상여에 태워 묘지로 보내드리는 일들을 말이다.[50]

아버지의 병환은 더욱더 심해졌다. 음식만 마주하면 구역질을 하고 심지어 피를 토할 지경에까지 이르렀다. 도저히 안 되겠다 싶어 근처의 의원을 모셔 왔다.[51] 그래도 병환이 나아지지 않았다. 이에 아버지가 직접 이름난 의원이 있는 의곡蟻谷까지 다녀왔다. 하지만 피를 토하는 증세는 여전히 나아지지 않았다. 이를 보는 팽아는 가슴은 찢어지는 듯하였다.[52] 보다 못한 막내아버지는 호남에 있는 의원을 초빙하여 자음강화탕滋陰降火湯을 처방받았다.[53] 다행히 이 처방은 효과가 있었다. 아버지의 입맛도 어느 정도 회복되었고 기침도 줄어들었다.[54]

하지만 11월의 어느 날 갑자기 기온이 내려가니 아버지의 건강이 급속히 나빠졌다.[55] 아버지뿐만이 아니었다. 팽아의 온 가족이 아팠다. '북림北林의 오래된 나무를 벤 것이 화근禍根'이라는 사람들의 주장이 사실인지는 모르겠지만 천연두가 마을에 유행하였다.[56] 막냇동생도 천연두에 걸려 고생하였다.[57] 같은 달 어머니가 과로와 영양실조로 병에 걸렸고,[58] 할아버지는 실음失音 증세로 고생하셨다.[59]

겨울과 함께 찾아온 가족의 병환 때문에 마음이 너무도 괴로웠지만, 인생의 봄을 맞이하는 14세 팽아에게는 해야 할 의무가 있었다. 그것은 배움의 길로서 이른바 '유교적 지식의 내면화 과정'이었다. 소년 유학자 팽아는 병산서원에 가서 『소학』을 강독하는 시험을 보아 '통通'을 받아 부장원副壯元에 이르렀다. 여기서 팽아가 강독한 『소학』의 문장은 「가언嘉言」의 '진충숙공왈장陳忠肅公曰章'이었다.[60] 이 문장은 '어릴 때 선비가 배워야 할 것이 무엇인가'에 대한 격언이었다. 구체적으로 성현과 하우下愚가 하는 일을 구분하고 선과 악을 구별하여 무엇을 취하고 버려야 하는지를 배워야 한다는 것이다.[61] 이는 팽아가 확립해야 할 유학적인 시비 판단 기준이었다.

　더불어 팽아는『시경詩經』과「이소離騷」와 같은 시문詩文을 읽고 또한 작시作詩하는 능력이 요청되었다.[62] 또한 자만하지 않고 겸손히 유가 경전을 학습함에 최선을 다해야 하는 태도도 길러야 했다.[63] 이처럼 팽아는 인생의 봄을 맞이하여 유자로서의 자질을 길러야 한다는 요청을 받은 것이다. 여기서 시 교육은 팽아의 문중 선조이자 풍산 류씨가의 대유大儒인 류성룡이 지적하고 있듯이, 유가의 종주인 공자에게서부터 유학자의 자질 양성에 필수적인 부분이다. 공자는 "시에서 고무되고, 시를 배우지 않으면 말을 할 수 없으며, 시는 의지를 일으키고, 정치의 득실을 볼 수 있으며, 화합하여 어울릴 수 있고, 멀리로는 임금을 섬길 수 있으며, 가깝게는 어버이를 섬길 수 있다"고 언급한 바 있다.[64] 하지만 류성룡은 팽아가 공부했던 굴원屈原의 시「이소」에 대해서는 그렇게 높게 평가하지 않았다. 류성룡은 주희朱熹의 말에 근거하여 '굴원의 잘못은 지나친 충忠에 있다'면서 그가 삶을 버리고 강에 뛰어들어 목숨을 버린 일은 너무 지나친 일로 평가하였다.[65]

　흥미롭게도 주희든 류성룡이든 간에 굴원의 '죽음 그 자체'에 대해 언급하지 않는다. 다시 말해, 굴원의 죽음이 옳은가 그른가에 대한 평가만 있을 뿐, '죽음'이 무엇이고 '죽음' 이후에는 어떤 세상이 펼쳐질 것과 같은 문제들은 다루지 않는다. '죽음으로 인한 자아의 소멸' 등과 같은 '죽음에 대한 형이상학적 문제'는 그들의 논의 대상이 아니었다. 주희는 유가의 경전에서 죽음 그 자체에 대한 논의가 없다는 것을 일찍이 시인한 바 있다.

육경六經은 성현聖賢의 행사行事에 대해서는 기록하여 구비하였으나, 삶과 죽음의 경계에 대해서는 기술한 것이 없다. 대개 삶과 죽음을 일상적인 일[常事]로 여겼기 때문이다. 단지 『논어論語』와 『예기禮記』의 「단궁檀弓」에서만 증자가 질병으로 앓아누웠을 때의 일을 상세하게 기록하고 있다. 하지만 그것은 몸을 보전하고 예禮를 삼가는 것을 말하고 학자가 지켜야 할 방법에 대해 말하는 것에 불과할 뿐이다. 여기에서 성현의 학문을 충분히 볼 수 있고, 성현의 학문에서 귀중하게 여기는 것이 곧 여기에 있으니, 이치를 살피지 않고 한갓 앉은 채로 죽어 육신을 떠나는 것과 같은 기이한 것을 일삼는 불가佛家와 같지 않다. 그러나 배우는 이의 입장에서 말하자면, 죽고 사는 일은 역시 큰 문제다. 평소에 분명하게 선을 밝히고 도를 독실하게 믿고 깊이 침잠하여 두텁게 함양하며 힘써 실천함을 끊임없이 해나가지 않는다면, 어찌 또한 이 삶과 죽음의 문제에 이르러 혼란을 겪지 않을 수 있겠는가?[66]

여기서 주희가 중심적으로 논의하는 것은 '죽음 그 자체'보다 '삶을 살아가는 태도'다. 즉, '성현과 같이 삶과 죽음을 대하는 태도'다. 우리가 경험할 수도 이해할 수도 없는 죽음에 집중하기보다는 올바른 삶을 살아가는 것에 최선을 다해야 한다. "태어남이 있으면 반드시 죽음이 있고, 시작이 있으면 반드시 끝이 있는 법이다."[67] 그런데도 "불가와 도가는 인간이 죽음을 면할 수 없는 데도 끝내 죽음을 받아들이지 않는 잘못을 저지르고 있다."[68] 주희가 보기에, 그들은 죽음에 집중하여 삶을 허비하고 있었던 것이다. 다시 말해, 그들은 "건전한 생사관을 확립하려고 하지도 않고 인생을 일종의 사명으로 여기지도 않으며, 다만 사후의 아름다운 세계로 도피하려고만 하는 무책임한 태도"[69]를 보이고 있었던 것이다.

유가의 아버지 공자는 일찍이 "삶에 대해서도 잘 모르는데 어찌 죽음에 대해 알겠느냐"며 귀신을 섬기기보다는 사람을 섬기는 것을 우선으로 하였다.[70] 그는 합리적으로 설명하기 어려운 일이나 인륜을 어지럽히는 괴력난신怪力亂神에 관한 언급을 하지 않았으며,[71] 귀신을 공경하되 멀리하고 사람이 지켜야 할 도리에 힘쓸 것을 강조하였다.[72] 유가 입장에서 볼 때, '사후 세계에 대한 깊은 사색'이나 '죽을 수밖에 없는 운명에 대한 비관', '죽음을 낭만적으로 미화하는 등의 태도'는 모두 비이성적이고 비상식적인 것이었다.[73] 유가는 생사生死의 문제를 운명에 따른 것으로 본다.[74] 그 때문에 요절하느냐 장수하느냐를 고민하기보다는 자신의 사명을 다하는 것이 중요하다고 생각한다.[75] 이처럼 유가는 "죽음 자체나 죽음에 국한된 형이상학의 관점에서가 아니라 세속윤리에 대한 관심과 책임감"에 집중한다.[76] 그것이 '영원히 살 수 있는 길'이라 생각하였다. 인간 현세의 고달픈 비극에서 벗어나 내세의 영원한 초월을 추구하는 다른 가르침들과 달리, 유가는 이 현세 안에서 인간 비극의 극복에 온전히 헌신하는 것이 영원히 사는 길이라 믿었다.[77] '피안彼岸의 내세'가 아닌 '차안此岸의 현실'에서 '인간의 길[人道]'을 나아가는 것이야말로 영원성을 확보할 수 있는 최선의 길이라고 믿었다. 이러한 입장에서 나온 것이 바로 '삼불휴三不朽'다.

노魯나라 선대부先大夫에 장문중臧文仲이란 분이 계셨는데, 그분이 죽은 뒤에도 그 말씀이 세상에 전해지니, 썩지 않는 것이란 아마도 이런 것을 말하는 듯하다. 나는 이렇게 들었다. "최상은 '덕행德行을 세워 세상에 모범을 전하는 것'이며, 그다음은 '공업功業을 세워 세상에 법칙을 전하는 것'이며, 그다음은 '후세에 전할 말을 남겨 교훈을 세상에 전하는 것'이다. 이 3가지는 세월이 아무리 오래 흘러도 소멸되지 않으니, 이것을 영원히 썩지 않는 것이라고 한다"고 말이다.[78]

육신은 이미 죽었다고 하더라도 그가 살아생전 남긴 '덕德, 공功, 언言'이 죽은 뒤의 세상에도 여전히 유의미한 가치를 지닌다면, 그는 죽은 자가 아니다. 이처럼 유가는 영원성을 내세가 아닌 현세의 문제로 파악한다. 곧 신체적 유한성을 넘어서 보편적이고 지속적인 가치, 아니 무한에 가까운 가치를 실현하기 위해 최선을 다해 삶을 살기를 요청하는 것이다. 유가의 입장에서는 '생물학적 죽음'보다 '가치론적 죽음'을 훨씬 더 무겁고도 중요한 것으로 파악한다. 공자의 "아침에 도를 듣는다면 저녁에 죽어도 좋다"[79]는 말이나, "뜻있는 선비와 어진 사람은 살기 위해 인仁을 해치지 아니하며 자기 몸을 죽여서라도 인仁을 완성한다"[80]는 말은 생물학적 차원의 죽음에 연연하기보다는 사회적 차원의 영원성을 확보하는 것에 최선을 다하기를 천명하는 것이다. 유가의 표현을 빌리면, "소인으로 죽기보다는 군자로서 마쳐야 하는 것"[81]이다.

여기서 중요한 점은 이 '가치론적 죽음'이 살아남은 자들의 '기억'에 의해 확보된다는 점이다. 유자들이 '제례祭禮와 사당祠堂, 문집文集과 족보族譜 등을 중시했던 것'은 이와 관련이 있다. 바로 '역사적 기억을 통해 영원성을 확보하고자 하는 노력들'인 것이다. 그것들은 "자칫 개인의 주관적 기억 속에 스러져 버릴 수도 있는 선대의 존재를 영원토록 살아 있게 해 주는 객관적이고 제도적인 형식"이었다.[82] 이러한 기억의 형식에 있어 후손은 대단히 중요한 의미를 지닌다. 가지 노부유키[加地伸行]가 지적하듯이, 유가는 '가문 종교'로서의 성격이 대단히 강하기 때문이다.[83] 가문 종교의 측면에서 볼 때, 유가에서의 인간 존재란 죽음 자체로서 완전히 끝나 버리는 것이 아니다. 물론 인간 개체는 죽은 뒤에 신체의 소멸과 함께 사라지지만, '그 개체성이 자신의 신체적 분신인 자손의 생명을 통하여 유지·계승'된다고 할 수 있다.[84] 이처럼 후손은 혈연이라는 생물학적 연계성을 통해 조상의 영원성을 현실에서 유지·계승하는 존재이자, 더불어 조상을 기억하는 종교적 주체agent이기도 하다.[85]

팽아가 참여한 증조부의 기제사와 할머니의 기제사는,[86] 후손에게 조상과의 혈연적 영속성을 확인하고 조상의 역사적 기억을 심어 주기 위한 가문 종교의 활동이라고 볼 수 있다. 곧 제사는 후손들의 기억을 통해 이미 생명을 다한 조상들을 불멸의 존재로 부활시키는 종교 의례인 것이다. 유자들이 문집을 남기고 후대의 자손들에게 그 책을 읽히도록 하는 것도 이러한 맥락에서 이해될 수 있다. 14세가 된 팽아에게 종선조從先祖 류진柳珍(1582~1635)의 문집을 접하도록 한 것도 그 때문이었을 것이다.[87] 이처럼 유가는 '선조와 후손으로 이루어진 가문'을 혈연적인 영속성을 담보하는 생물학적 연대체일 뿐만 아니라, 역사적 기억을 공유하는 문화적 연대체로서 이해한다. 때문에 후손들은 자기네 조상이 남긴 역사적 흔적들을 '사회적 혹은 공적公的 차원의 기억'으로 자리매김하는 일을 대단히 중요하게 여겼다. 예컨대, 조상이 살아생전의 공덕으로 죽은 뒤 인정받아 임금에게 아름다운 시호諡號를 받는 일들을 후손들은 너무도 영광스럽게 여겼다. 더욱이 사람들에게 잘 알려지지 않은 조상의 공덕이 이제라도 인정받게 된다면 두 말할 나위가 없는 일이었다. 이와 관련한 사건을 팽아는 일기에 다음과 같이 기록하였다.

신성申城에서 회문回文이 왔는데, 쌍절묘雙節廟에 시호를 내리는 일 때문이었다. 백암白巖 선생의 휘諱는 제濟이고, 아우 농암籠巖 선생의 휘諱는 주澍다. 모두 조선 초에 순절했는데, 농암이 옷을 부친 일은 곧바로 세상에 드러나 소문이 났지만, 백암이 바다에 빠져 죽은 일은 묻히고 드러나지 않았다. 지금에 이르러 시랑侍郞 이익운李益運이 그 일을 아뢰니, 임금이 매우 놀라 찬탄하며, 곧바로 가묘家廟에 시호諡號를 충개忠介로 하사하고, 또 친히 제문을 지어 바다 위에서 제사를 지내도록 했다. 대개 세상에 드문 임금의 은전恩典이니, 공론公論은 백세토록 없어지지 않는다는 말을 어찌 믿지 않을 수 있겠는가![88]

고려 말 김주金澍가 중국에 성절사聖節使로 파견되어 돌아오던 중 망국의 소식을 듣고 통곡하면서 부인에게 서신을 보내 '충신불사이군忠臣不事二君의 의리에 따라 자신이 강을 건너면 몸을 둘 곳이 없으니 서신 보낸 날을 나의 기일로 하라'며 중국으로 돌아가 여생을 보냈다는 이야기는 익히 유명하였다. 하지만 그의 형 김제金濟도 충신불사이군의 의리에 따라 바다에 빠져 죽은 일은 묻히고 드러나지 않았다. 사람들 사이에서 이에 대한 기억이 희미해져 가는 상황인데, 지금에 다시 인정받아 가묘에 시호를 하사받았다는 것이다. 여기서 충신으로 시호를 받는다는 것은 혈연적 후손들은 물론이고 혈연적으로 무관계한 후손들에게까지 '역사적 기억'으로 확립되었음을 의미한다. 이제 쌍절묘는 단순히 가묘가 아니라 후손들의 기억을 통해 '불멸의 존재들이 사는 성지聖地'가 된 것이다. 또한 그 불멸의 조상들과 생물학적·문화적 연대를 이루고 있는 후손들도 나름의 불멸성을 확보하게 된 것이다.

따라서 조상의 생애를 공적인 '역사적 기억'으로 인정받도록 하는 일은 가문 전체 구성원의 중대한 관심사일 수밖에 없다. 팽아의 가문도 마찬가지였다. 정조는 조선 초기부터 경상도의 이름난 인물들의 행적을 기록하고 고을별로 분류하여 『영남인물고嶺南人物考』를 편찬할 것을 명하였다.[89] 이에 팽아 가문인 풍산 류씨 문중도 종가에서 이와 관련한 문적文籍을 마련하여 올리고자 큰 모임을 가졌다.[90] 이후 영남의 문적이 모두 검토에 들어갔는데,[91] 한탄스럽게도 풍산 류씨 문중이 올린 문적이 많이 산삭刪削되었기에, 류이좌柳台佐(1763~1837)가 힘써 간쟁하였다.[92] 풍산 류씨는 이 문제에 관해 병산서원에 회문을 돌리고자 했지만 팽아의 할아버지 류일춘은 "임금께서 이 일을 채제공에게 전임시킨 것은 잘 처리하기 때문이다. 지금 유림에서 자체적으로 회의하는 것은 아마도 일의 일치에 맞지 않는다"며 반대하였다.[93] 류일춘은 영남 사족의 정치사회적 위상을 지켜나가려면 채제공이란 정치적 파트너와의 협조가 절실한데, 그와 갈등을 초래하는 것은 옳지 않다고 판단한 것이었다.[94] 이러한 류일춘의 입장에 수긍하는 이도 있었지만, 어떤 이는 "신민臣民이 임금을 섬기는 도리로서는 받아들일 수 있지만, 자손이 선조를 위하는 일로서는 받아들일 수 없다"며 반발하기도 하였다.[95] 이러한 반발은 당연한 것이었다. 가문 종교의 색체가 강한 유가의 가르침을 받은 후손이라면 어느 누구라도 자기 조상의 생애를 공적인 '역사적 기억'으로 인정받는 일을 포기할 수 없었을 것이다.

정리하면, 유가는 죽음은 언제라도 찾아올 자연적인 현상이기에, 죽음과 사후 세계의 문제보다는 지금 현실의 삶을 최선을 다해 살 것을 요청한다. 더불어 생물학적 육신의 존속보다 사회적 가치의 존속을 더 중시한다. 육신은 죽었다 할지라도 고인이 살아생전에 남긴 유의미한 가치들이 여전히 현세에도 영향을 끼친다면 그는 여전히 살아 있다고 보기 때문이다. 이처럼 유가에서 말하는 영원성은 살아 있는 자들의 '기억'과 함께하여, 그 점에서 조상의 신체적 분신이자 문화적 계승자인 후손의 역할이 중요하다. 후손은 자신의 근본이 조상임을 알고,[96] 조상이 살아생전에 남긴 흔적들을 '불멸의 기억'으로 승화시킬 임무가 있다. 그래야 후손들도 이 불멸의 기억이 된 조상들과 함께 영원성을 공유할 수 있기 때문이다. 팽아는 이와 같은 유가의 생사관을 습득하면서 성장하였다. 때문에 그는 부친의 죽음을 맞이했음에도, 도저히 알 수 없는 죽음과 사후 세계의 문제에 지나치게 골몰하거나 죽을 수밖에 없다는 인간의 운명에 대해 비관적이고 염세적인 입장에 머물지 않았다. 그보다는 유학자로서 사회적 책임과 규범을 다하며, 기억의 방식으로 부친에게 영원한 생명력을 부여하는 데 최선을 다하고자 했던 것이다.

상실의 의례 : 상례와 애도 과업

15세(1799) 팽아의 설날 밤에는 눈이 가득 내렸다. 사람들은 모두 풍년의 조짐이라며 기뻐했다.[97] 하지만 이러한 길조吉兆와는 반대로 조선 전국이 돌림병으로 허덕이고 있었다. 『정조실록』에 따르면, 이 해 돌림병에 의한 사망자가 무려 12만 8천여 명이나 되었다.[98] 『영남인물고』와 관련하여 서울로 올라간 영남의 유생들은 단 한 사람도 살아 돌아오지 못했고, 한양에는 상주가 없는 시신들을 사람들이 실어 날라 짚으로 덮어 쌓아둔 것이 산과 같을 정도였다.[99] 영남의 관찰사는 물론이고 평안·함경·황해·전라·강원·충청도의 감사監司 7명이 모두 병으로 죽었으니, 참으로 세상의 변란變亂이 아닐 수 없었다.[100] 이러한 상황에 이르자, 고을 수령은 "소고기가 이 감기를 다스리는 방도이니 마땅히 잡아 쓰라"며 전교를 내리기까지 하였다.[101] 농경제 사회였던 조선은 농업에 도움이 되는 소의 도축을 제한하였으나, 전염병의 치료를 위해 이를 허락한 것이다.

팽아의 주변 인물도 이 돌림병의 감염에서 벗어날 수 없었다. 팽아도 감염되었을 뿐만 아니라 원래 지병이 있던 아버지마저 감염되었다. 마을 사람 어느 누구도 이 돌림병 감기로 앓아눕지 않은 이가 없었다.[102] 할아버지도 앓아누우셨고, 큰 집 작은 집 할 것 없이 모든 식구들이 다 병에 걸렸다.[103] 할아버지의 증세가 심해지자 아버지는 자신의 병을 돌보지 않은 채 몸과 마음을 다해 밤낮으로 보살폈다. 이러한 아버지의 모습을 보는 팽아는 형언할 수 없을 만큼 가슴 아파했다.[104] 기쁘게도 할아버지의 병환이 차도가 있었다.[105] 하지만 그다음 날, 할아버지를 간호하느라 무리해서인지 아버지의 증세가 더 심각해졌다. 온몸을 떨고 통증에 고통스러워할 뿐만 아니라 심지어 헛소리까지 하였다. 팽아의 걱정은 이루 말할 수가 없었다.[106]

다음 달 2월에는 더욱 괴이한 돌림병이 마을에 출현하였다. 걸리기만 하면 곧바로 죽는다는 병이었다. 이 병이 크게 확산되자 치료제로 쓰기 위해 잡은 소가 이루 셀 수 없을 정도였다.[107] 강력한 이 전염병 감기로 인해 안동부에 죽은 자가 모두 400여 명에 이르렀다.[108] 사람들의 소문에 따르면 올해 돌림병의 원인은 호인胡人이었다.[109] 이 낭설에 대해 팽아는 다음과 같이 기록하였다.

> 올해 봄의 감기는 모두 호국胡國에서 왔다고 했다. 이에 앞서 관우가 의주義州 부윤府尹의 꿈에 나타나 "내일 모시某時에 호승胡僧이 강을 건너올 것인데 배를 지키는 사람에게 그가 차고 있는 세 개의 주머니를 반드시 빼앗으라"고 하였다. 부윤이 깨어나 이를 괴이하게 여기고는 뱃사람 4명에게 분부하여 앞서 기다리게 하였더니, 정말 승려 한 사람이 홀연히 왔다. 이에 뱃사람 4명이 그를 잡아 두 개의 주머니를 빼앗고 한 개의 주머니는 미처 빼앗지 못했는데, 그때 갑자기 붉은 기운이 공중에 떠돌며 사라졌다. 뱃사람 4명이 중독되어 즉사하였는데, 곧 감기 주머니였다. 일이 괴상하고 허무맹랑한 것이지만 우선 기록해서 후일의 웃음거리로 삼을 뿐이다.[110]

전염병이 창궐하자 유언비어와 거짓 정보가 함께 확산되고 있었던 것이다. 그 병의 정체를 모르기에 불안감이 확산될 수밖에 없었다. 막연한 공포가 엄습해 왔던 것이다. 근거가 전혀 없음에도 그 병원의 실체를 알 수 없어 사람들은 미신을 따르곤 하였다. 팽아의 가족들도 마찬가지였다. 팽아의 아버지마저 자신의 병의 원인이 무엇인지 알고자 별곡別谷에 사는 점쟁이에게 사람을 보내기까지 했다.[111] 이는 미신을 멀리하고 상식을 따르는 유가의 입장에서 보면 도저히 받아들일 수 없는 행동이었다. 하지만 아버지는 "세상에 어찌 그런 용한 점쟁이가 있을 수 있겠느냐"는 주변의 충고를 무시하고,[112] "북북서 방향에서 살아날 수 있다"는 점쟁이의 말대로 그쪽 방향에 있던 막내 작은아버지의 집으로 옮겨 거처하였다.[113]

미신을 따를 만큼 팽아 아버지의 병환은 심각했다. 머리가 어지러워 칼로 머리를 찢어 고름을 짜낼 정도로 병세가 심각해졌다.[114] 막내 작은아버지가 여러 의원에게 받은 처방에 따라 약을 지어 복용했지만,[115] 효과는커녕 아버지의 증세만 더욱 심해질 뿐이었다.[116] 약도 먹어 보고 용하다는 점쟁이의 말도 따라했다. 하지만 아버지의 병환은 나아질 기미가 보이지 않았다. 팽아의 마음은 실로 찢어졌다.

아버지께서 여러 해 앓고 있는 병으로 인해 날마다 누워서 지내셨다. 여러 달 동안 집을 옮겨 지내보기도 했으나 전혀 효과가 없었다. 오한 증세가 없던 날이 없었고, 혹 얼굴이 돌에 부서진 것 같았으며, 혹 팔다리가 불에 문드러진 것 같았다. 지난겨울에 이의원이 한 말을 더듬어 보면, 음陰이 허해져서 화火가 동動하는 증세라고 했다. 그런데 끝내 인삼과 사삼沙參 등의 약재를 사용하여 양기를 돋우었기 때문에 이렇게 된 것일까! 종일 병시중을 들고 있으니 나도 모르게 소리 없이 눈물이 절로 흘렀다.

언제쯤 평안한 시절을 맞이할 수 있을까! 애를 졸이며 눈물 흘리는 심정을 이루 말할 수가 없다.[117]

팽아의 간절한 마음과 반대로 아버지의 환후는 갈수록 심해졌다.[118] 점쟁이의 말을 따라 작은아버지의 집에 머물렀지만 아무런 효과도 없었다. 이에 아버지는 원래 있던 거처로 돌아왔다.[119] 6월에는 아버지의 병을 치료하고자 무당까지 불러 3번이나 축귀逐鬼를 하였다.[120] 하지만 두 달쯤 흘렀던가. 아버지의 합병증이 심해져서 고통으로 조금도 잠을 이루지 못하였다.[121] 이날 풍산 류씨 삼대는 함께 눈물을 흘렸다.

할아버지가 향임鄕任이 되어 돌아왔는데, 아버지는 할아버지의 손을 잡고 울면서 "아버지 생전에 소자의 목숨이 만약 이어지지 않는다면 불효의 죄가 막심할 것입니다"라고 하였다. 내가 곁에서 모시고 있었는데 또한 머리를 숙이고 울었다.[122]

전통적으로 부모보다 자식이 먼저 죽는 것을 '참척慘慽' 또는 '상명喪明'이라고 칭하였다. 그 말은 '이 세상 그 어떤 것과도 비견할 수 없는 참혹한 슬픔'이자 '눈이 멀도록 울게 만드는 슬픔'이라는 의미다. 부모에게 뼈에 사무치는 슬픔을 남기며 떠난 자식은 불효자일 수밖에 없다. 어떤 것으로도 위로가 될 수 없는 '지속적인 비탄悲嘆'에 빠지도록 만들기 때문이다. 와이스Weiss에 따르면, 비탄은 인간이 '주요한 인간관계primary relationships'를 상실하게 되었을 때 발생하는 결과다. 우리가 친밀하게 지내고, 감정을 공유하며, 얼굴을 마주해 온 부모, 자녀, 친구, 동료 등 모두가 '주요한 인간관계'가 된다. 그러나 이 주요한 인간관계도 '상실이 비탄의 신호탄이 되어 지속되는 애착attachment의 관계'와 '그렇지 않은 공동체community의 관계'로 구분된다. 예컨대, 부모·자녀와 같은 애착의 관계에서 어떠한 상실이 발생하면 인간은 치명적이고 지속적인 고통을 받게 된다. 하지만 다른 가정의 친구나 직장 동료의 경우에는 그 고통이 훨씬 덜하다.[123] 또한 공동체의 관계에서는 특정 개인의 상실을 다른 개인으로 대체할 수 있지만, 애착의 관계에서는 상실된 특정 개인을 다른 어떤 사람으로도 대체할 수 없다.[124] 곧 가장 근본적인 애착 관계인 부모-자식 사이에서 서로간의 상실은 너무도 치명적이고 지속적인 고통을 유발한다. 세상 어느 누구도 그 상실된 존재를 메꿀 수 없는 것이다. 위 인용문에 나타난 팽아의 울음은 '풍산 류씨 3대의 애착 관계에서 그 치명적이고도 지속적인 고통을 가져오며 그 어느 누구도 메꿀 수 없는 상실'에 대한 두려움과 서글픔의 표현인 것이다.

이달 8월 말에는 아버지가 기가 허하다 못해 머리와 가슴 아래에 붉은 반점들이 무수하게 생겨났다. 팽아는 아버지의 상실을 도저히 인정하고 싶지 않았지만 이제는 받아들여야만 할 것 같았다. 그날 밤 여우가 서쪽 숲에서 우는 소리를 들었기 때문이다.[125] 전통적으로 밤의 여우 소리는 초상이 난다는 것을 상징하였다. 특히 북쪽이나 서쪽 숲은 해가 지거나 없는 어두운 곳이기에 죽음이 가까운 곳에서 일어남을 의미해 왔다.[126] 다음 달 9월에, 류이좌 아저씨가 임금의 명을 받아 출발할 때에 아버지는 "아마도 앞으로는 다시 보지 못하겠구나"라고 인사말을 하였다.[127] 아버지도 본인의 삶이 얼마 남지 않았다는 것을 인정하였던 것이다.

10월, 팽아는 아버지의 상실에 대한 우려로 자기도 모르게 눈물을 흘렸다.[128] 집에 들어와 간병하면서도 너무도 많이 울어 아버지를 차마 볼 수 없을 정도였다.[129] 그달 5일 아침에 어머니가 길몽을 꿨다면서 "어젯밤 꿈에 두 마리 용이 네 아버지 어깨 위에서 날아 나와 집 서북쪽 모퉁이로 갔으니, 이는 길조다. 앞으로 네 아버지가 나아지지 않겠느냐"고 하였다.[130] 하지만 어머니의 해몽과 달리 그날 저녁 아버지는 이 세상에 작별을 고하였다.

저녁 무렵에 아버지가 가슴이 답답하여 할아버지에게 동창과 남창을 활짝 열 것을 부탁하니, 할아버지가 창을 열었다. 아버지가 억지로 일어나 나에게 "저 노적가리 가운데 어느 것이 우리 것인가?"라고 하여, 내가 "문 안팎으로 모두 우리 가문의 벼입니다"라고 답하였다. 어머니가 곁에 있다가 "병세가 조금 차도가 있으니 본가로 돌아갑시다"라고 하자, 아버지는 머리를 가로저으며 나에게 창을 닫으라 하였다. (…)
이어 가래로 호흡이 몹시 어려웠다. 아버지가 답답해하며 다시 탄식하며 말하기를 "이를 어찌할까. 이를 어찌할까"라고 하였다. 연이어 아버지를 부르며 울부짖었으나 돌아가셨다. 천지에 사무치는 아픔을 뭐라고 말할 수 없었다. 땅을 치고 울부짖으며 가슴을 치고 오장이 찢어지는 것 같았다. 삼년간 병수발한 어머니를 어떻게 위로할 것이며, 또한 나이 팔십에도 아들의 병을 근심한 할아버지를 어떻게 위로하겠는가? 아버지를 잃은 불초不肖 자식의 성의가 부족하여 하늘의 죄를 받은 것이 이에 이르렀으니, 오히려 누구를 탓하겠는가! 호천망극昊天罔極이로다.[131]

롤랑 바르트Roland Barthes는 『애도 일기』에서 모친을 잃은 슬픔에 대해 "직접 당한 슬픔의 타격이 얼마나 큰 것인지를 측정한다는 건 불가능에 가까운 일"이라고 적었다.[132] 팽아가 부친을 여의고 마주했던 슬픔도 마찬가지였을 것이다. 그가 마주한 상실은 '부자 관계라는 인간의 근본적인 애착 관계에서 발생한 일'로서 '치명적이며 지속적인 고통을 일으키고 어느 누구도 그 빈자리를 메꿀 수 없는 상실'이었다. 이는 비탄을 발생시키며, 슬픔과 비애의 감정과 함께 우울·절망·후회·분노·원망·불안·죄책감을 수반한다.[133] 위 팽아의 일기에서 확인할 수 있듯이, 부친을 잃은 슬픔·비애·절망감과 함께 자신의 정성이 부족하여 아버지가 돌아가시게 되었다는 후회·분노·죄책감을 내보이고 있었다.

엘리자베스 퀴블러 로스Elisabeth Kübler-Ross에 따르면, 이 '상실의 고통'은 상실에 의해 발생한 '강렬한 감정적 반응인 슬픔'으로 치료할 수 있다고 한다. 왜냐하면 슬픔은 상실로 고통받은 영혼을 변화시키며, 치유의 능력을 지니고 있기 때문이다. 따라서 치유가 이루어지려면 충분히 슬퍼하도록 놔두어야 한다.[134] 인간 사회는 대부분 유족들이 사별의 슬픔을 표출하고 그들을 위로하여 사별의 상처로부터 회복하도록 돕는 '애도의 문화적 장치'를 갖추고 있다.[135] 유가의 상례喪禮 또한 '슬픔의 발산'에 초점을 두어 유족들이 상실의 상황을 건강하게 수용할 수 있게 하는 '문화적 장치'에 해당된다. 유가는 슬픔의 발산을 극진히 하는 것을 상례의 본질로 규정하였기 때문이다.[136]

흥미롭게도 유가는 상례를 '고인을 죽은 사람의 예禮가 아닌 산 사람의 예로 송별하는 것'으로 규정한다.[137] 이는 유가가 상례를 '살아 있는 인간으로서 수행해야 할 최종 통과의례'로 파악했음을 말해 준다. 하지만 상례는 다른 통과의례와는 차별되는 특성을 보인다. 당사자가 통과의례를 주체적으로 수행할 수 없기 때문이다. 다시 말해, 상례는 살아남은 유족들에 의해 시행되는 통과의례다. 왜 살아남은 이들은 고인을 위해 상례를 치르는가? 그것은 그 의례가 살아남은 이들을 위한 제도적 장치이기 때문이다. 어떠한 공동체에서 구성원의 사망은 살아남은 다른 구성원에게 크든 작든 영향을 미친다. 특히 종법宗法의 이념을 따르는 유학자 가문에서 적장자嫡長子인 류선조의 죽음은 그 집안을 송두리째 흔드는 일이었을 것이다. 상례는 이와 같이 '구성원의 사망으로 인해 동요하는 공동체'가 안정성을 유지할 수 있는 제도라고 보아야 할 것이다. 좀 더 구체적으로 말하면, 상례는 유족들이 자연스럽게 애도 과업tasks of mourning을 성취하도록 하여 공동체의 안정성을 유지하기 위한 제도적 장치인 것이다. 세계적인 애도심리학자인 윌리엄 워든J. Worden은 상실에 의한 '애도 과업'을 다음의 네 단계로 제시하였다.

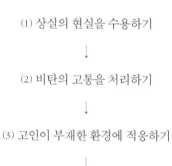

(1) 상실의 현실을 수용하기

↓

(2) 비탄의 고통을 처리하기

↓

(3) 고인이 부재한 환경에 적응하기

↓

(4) 고인을 기억하면서 자기 자신의 삶으로 나아가기[138]

류선조의 마지막 통과의례는 사별로 충격을 받은 유족들이 이와 같은 애도 과업을 수행하여 일상으로 건강하게 복귀하도록 하는 제도라 할 수 있다. 이 글의 주인공인 팽아의 시점에서 말하면, 부친의 상례 과정은 그가 자연스럽게 애도 과업을 성취하여 성장할 수 있도록 하는 제도인 것이다. 그런 면에서 류선조의 상례 과정을 워든의 애도 과업과 유비적으로 연결해 볼 수 있는 것이다. 또한 류선조의 상례 과정은 아놀드 반 게넵Arnold van Gennep과 임재해가 구분한 통과의례의 입장에서 검토해 볼 수도 있다. 먼저 『하와일록』에 기록된 류선조의 마지막 통과의례를 정리해 보겠다.

I. 분리기

   1) 1799년 10월 6일 : 밤에 습襲하다.[139]

   2) 1799년 10월 7일 : 밤에 소렴小斂하다.[140]

   3) 1799년 10월 8일 : 밤에 대렴大斂하다.[141]

II. 전이기

   4) 1799년 10월 9일 : 저녁에 성복成服을 한 뒤 조객록弔客錄을 마련하다.[142]

   5) 1799년 11월 4일 : 관棺에 옻칠을 하다.[143]

   6) 1799년 11월 9일 : 저녁에 사람들이 전奠을 올리다.[144]

   7) 1799년 11월 10일 : 사시巳時에 하관下棺한 뒤, '의목'이란 이름을 받아 신주에 이름을 적고, 신시申時에 반혼返魂하여 초우제初虞祭를 지내다.

   8) 1799년 11월 11일 : 재우제再虞祭를 지내다.

9) 1799년 11월 12일 : 삼우제三虞祭를 지내다.

10) 1799년 11월 14일 : 졸곡제卒哭祭를 지내고 산소로 가서 혼백을 묻
다.[145]

11) 1800년 11월 19일: 부친의 소상小祥을 지내다.[146]

III. 재통합기

12) 1801년 10월 5일 : 새벽에 대상大祥을 지내고 상복을 벗었다.[147]

13) 1801년 10월 6일 : 부사祔祀를 지냈다. 제사를 마치고 가묘에 봉입했
으며, 이어 빈소를 치웠다.[148]

아놀드 반 게넵에 따르면, 통과의례는 그 절차와 내용에 따라 크게
분리, 전이, 재통합의 세 단계로 구분할 수 있다. 여기서 '분리'는 통과
의례의 주체를 이전의 사회적 지위로 단절시키는 것이며, 다음 '전이'
는 통과의례의 주체가 과거와 미래 사이의 정지된 상태에 들어가는 것
이며, 마지막 '재통합'은 통과의례의 주체가 새로운 사회적 지위를 부
여받는 것이다.[149] 임재해는 이러한 아놀드 반 게넵의 구분을 상례에
적용하여, 상주가 의복을 갖추어 입는 '성복成服'의 의례까지를 'Ⅰ. 분
리기'로, 성복 이후 상주가 일상적인 삶을 떠나 삼년 동안 각종 의례
를 수행하는 기간을 'Ⅱ. 전이기'로, 상례를 마친 뒤 일반 사람들의 사
회로 돌아오는 탈상 의례를 하기까지를 'Ⅲ. 재통합기'로 구분하고 있
다.[150] 이러한 구분을 『하와일록』에 기록된 류선조의 상례와 연결시키
면, '임종에서부터 성복 이전까지가 분리기(1~3)', '성복 이후부터 상
복을 벗기 전까지가 전이기(4~11)', '상복을 벗은 이후의 과정이 재통

합기(12~13)'가 된다.

　먼저, 임종에서부터 성복 이전까지의 '분리기'에 대해 살펴보도록
하자. 이 단계는 통과의례의 주체인 류선조의 영혼을 이승으로부터 분
리시키는 기간이라고 할 수 있다. 『하와일록』에는 가장 먼저 습襲을 기
록하고 있지만, 일반적으로 습에 앞서 '고인의 죽음을 맞이하는 절차'
인 초종初終의 단계가 있다. 조선의 유자들이 기본적으로 따랐던『주자
가례』를 비롯한 여러 예서禮書에 따르며, 초종의 절차는 다음의 과정을
거친다. 우선 고인의 병이 위중해지면 평소 거처하던 방으로 옮긴 뒤,
그의 숨이 끊어지면 유족들이 곡哭을 하게 된다. 곡은 유족들이 고인의
임종을 확인함에 따라 자연스럽게 나오는 애통함이다. 팽아 또한 아
버지의 임종을 확인하고 "연이어 아버지를 부르며 울부짖었으나 돌아
가셨다. 천지에 사무치는 아픔을 뭐라고 말할 수 없었다. 땅을 치고 울
부짖으며 가슴을 치고 오장이 찢어지는 것 같았다"며 당시의 상황을
기록한 바 있다. 이후 유족들은 시신을 떠나는 영혼을 되돌아오게 하
고자 '돌아오라'고 세 번 크게 외치는 의례인 '고복皐復'을 시행한다.
이 고복은 주검과 영혼, 즉 영육靈肉이 분리되었음을 확인하는 절차이
지만,[151] 실제적인 측면에서 보면 주변에 초상이 났음을 알리는 절차
다.[152] 고복 이후에는 앞으로 상례에서 각기 수행해야 할 역할들을 분
담하는 절차가 이루어진다. 여기서 팽아는 고인의 장자로서 상주喪主가
될 것이고, 그의 어머니는 고인의 아내로서 주부主婦가 될 것이다. 이
외에 상례 전반을 총괄할 '호상護喪'과 이를 뒷받침하는 역할을 하는
'사서司書' 및 '사화司貨' 등이 세워진다. 그리고 주요 유족들은 검소하
게 옷을 바꾸어 입고 음식을 먹지 않는 '역복불식易服不食'의 절차를 따

르게 된다. 이 절차는 상례의 중심 수행자들에게 참여를 위한 정식 복장과 함께 마음가짐을 갖추도록 하는 것이다. 마지막으로 이후에 초종의 절차로는 시신을 갈무리할 관을 준비하는 절차인 치관治棺과 집안에 초상이 났음을 친척, 동료, 친구 등에게 공식적으로 통지하는 절차인 부고訃告가 이루어진다. 이처럼 초종은 복잡다단한 상례 과정을 본격적으로 치르기에 앞서 '업무 분장'과 같은 실무적인 준비를 하는 기간이자, '고복'과 '역복불식'을 통해 유가족이 본격적인 애도 과정에 들어가는 심리적 준비를 하는 과정이다.

본격적인 애도 과업은 초종 이후에 행해지는 '염습斂襲'의 절차에서 이루어진다. 위에 제시된 『하와일록』의 기록에서 볼 수 있듯이, 염습 절차는 '습 → 소렴 → 대렴'의 과정을 거친다. 여기서 '습'은 망자의 시신을 깨끗하게 씻긴 뒤 수의襚衣, 壽衣를 입히고 고인의 입에 쌀과 엽전을 물리는 반함飯含을 하는 절차다. 통과의례의 입장에서 해석하면, 습의 과정은 망자를 마지막 의례인 '상례의 주인공'으로 대우하는 과정이다. 망자의 시신을 깨끗이 씻긴 뒤 새 옷을 갈아입히고 쌀과 엽전을 넣어 시신의 입 안을 채우는 일은 상례의 주인공인 망자를 죽은 사람이 아닌 살아 있는 사람으로 예우하는 일이기 때문이다.

습을 행한 이튿날 행하는 '소렴'은 수의를 입힌 시신의 빈 곳에 옷을 채우고 이불과 염포[絞]로 가지런하게 둘러싸는 절차다. 이때 흥미로운 것은 『주자가례』에서 소렴을 시행함에 있어 "망자의 염포를 묶지 않으며 얼굴을 가리지 않도록 요청"한다는 점이다. 왜냐하면, "효자는 여전히 다시 살아나기를 기다리면서 수시로 얼굴을 확인하기 때문"이라는 것이다.[153] 사실 시신의 얼굴을 직접 대면하는 일은 오늘날에는 혼치 않으며 금기시하는 일이다. 그러나 이 과정은 대단히 중요한 가치를 지니고 있다. 시신과 대면하는 과정, 더군다나 그 얼굴을 직접 마주하는 과정은 살아남은 이가 죽음에 대해 깊이 생각하고 그것을 수용할 기회를 제공한다.[154] 더불어 유족이 망자와의 사별을 현실로 받아들이는 데 도움을 준다. 바로 유족이 애도 과업의 첫 번째 단계인 '(1) 상실의 현실을 수용'하도록 하는 것이다. 팽아 역시 '소렴'의 절차를 통해 아버지 류선조의 시신을 마주하면서 상실의 현실을 조금씩 인정하게 되었을 것이다.

더불어 팽아는 아버지의 유체遺體를 마주함에 따라 상실에 따른 슬픔이 자연스럽게 표출되었을 것이다. 이러한 슬픔의 표출은 애도 과정의 두 번째 과제인 '(2) 비탄의 고통을 처리'하는 일과 곧바로 연결된다. 왜냐하면 슬픔은 상실로 고통받은 영혼을 변화시키며 치유의 능력을 지니고 있기 때문이다. 『주자가례』에서 소렴을 한 직후 '시신을 부둥켜안고서 곡을 하고 가슴을 치는 빙시곡벽憑尸哭擗의 절차'를 제시하였던 것은 바로 이 때문이 아니었을까? 특히 주목할 만한 것은 시체를 부둥켜안는 빙시憑尸를 함에 있어서 "부모가 먼저 하고 처와 자식은 나중에 할 것"을 요청한다는 점이다.[155] 이러한 차례는 장유유서長幼有序에 따른 것이라고 볼 수 있지만, 애착 관계에 따른 비탄의 크기에 따른 것으로 생각되기도 한다. 자식의 죽음은 '참척慘慽' 혹은 '상명喪明'이라 칭해질 만큼 그 무엇보다도 커다란 아픔으로 자리한다. 때문에 가장 우선적으로 부모가 슬픔을 표출하도록 한 것이 아닐까 생각된다. 『하와일록』에는 기록되지 않았지만, 아마도 빙시를 함에 있어서 망자의 아버지인 류일춘이 가장 먼저 시행하였을 것이다. 가장 커다란 상실의 현실을 마주한 부친에게 우선적으로 슬퍼할 수 있도록 함으로써 그 엄청난 비탄의 고통을 처리하도록 한 것이리라.

분리기의 마지막 절차인 대렴은 망자의 시신을 다시 이불로 싸고 염 포로 묶어 네모나게 만들어 관에 넣는 절차다. 이제 망자는 더 이상 현 실 세계의 사람들과 직접적인 대면을 할 수 없게 된다. 접촉의 불가는 이제까지 유지해 왔던 관계의 단절을 발생시킨다. 망자는 이승의 사람 들과 분리되어 저승이라는 다른 세계와 마주하지만, 그렇다고 망자가 완전히 저승의 성원으로 통합된 것은 아니다. 망자뿐만 아니라 유족들 에게도 일정 기간이지만 일반 사람들과의 단절을 가져온다. 이는 유족 에게 망자의 상실에 따른 슬픔을 해결하기 위한 '사회적 단절'이 필요 하기 때문이다. 다르게 표현하자면, 구성원의 상실로 인해 찢겨 버린 공동체를 다시 안정화시키기 위한 '일상과의 단절기'가 요청되는 것 이다. 그렇게 보자면, 망자와 유족은 '삶의 세계'와 '죽음의 세계'의 중 간 지점 어딘가에서 일정 기간 머무르게 되는 것이다.

이러한 망자를 온전히 죽음의 세계로 떠나보내고 유족이 다시 일상 의 세계로 되돌아오려면 '성복 이후부터 상복을 벗기 전까지의 전이 기(4~11)'가 요청된다. 유족은 전이기에 있어 망자와의 관계에 따라 다 른 지위와 역할을 가지게 된다. 그러한 차이는 '애착과 비탄의 크기'와 관련이 있을 것이다. '애착 관계'가 긴밀하고 깊을수록 그 비탄의 고통 도 더욱 치명적이고 긴 지속성을 지니게 된다. 유가는 이를 정확히 포 착하고 있었다. 성복(成服)이 이를 분명하게 보여 주기 때문이다. 유가 는 망인과의 친소후박親疎厚薄의 정도에 따라 가까운 쪽에서 먼 쪽으 로 상喪의 기간도 순차적으로 짧아지도록 하고, 해당 기간에 맞는 오복

五服 가운데 하나를 착용하도록 하였다. 그 기간으로 참최斬衰 3년, 자최齊衰는 3년·1년·5개월·3개월, 대공大功은 9개월·7개월, 소공小功은 5개월, 시마緦麻는 3개월로 규정하였다. 여기서 슬픔이 깊은 만큼 의복에 마음을 쓰면 안 된다는 것이다.[156] 참최와 자최는 그 상의上衣·하상下裳·관冠의 제도는 모두 같다. 하지만 가장 무거운 등급의 참최는 매우 거친 생포生布를 쓰고 옆과 아랫단은 모두 꿰매지 않는 반면, 자최는 참최보다 덜 굵은 생포를 쓰고 그 옆단과 아랫단을 꿰매는 것이다.[157] 이는 유족들이 지녀야 할 '비탄의 외현화外現化'를 기간과 상복 재료의 차이로 위계화한 것이라 할 수 있다. 더불어 이러한 성복의 차이는 부계 친족 중심의 가족 질서인 '종법'의 확립과도 긴밀하게 연계되고 있다. 참최의 복服을 입는 대상은 오로지 아버지와 맏아들이다.[158] 이들은 상주이며 이후 제사를 지냄에 주인이 된다. 앞서 보았듯이, 유가는 일종의 가문 종교라고 할 수 있으며, 후손은 조상을 기억하는 종교적 주체로 자리한다. 성복의 차이에 대해 유가는 대단히 엄중하게 다루고 있다. 그것은 종법적 수직 관계에 대한 존엄성을 나타낸 것이라 할 수 있다. 가문 공동체의 중요 구성원이 상실됨에 따라 자칫 와해될 수 있는 공동체의 결속력을 다지기 위해 더욱 엄격한 질서와 잣대를 요청하는 것일 수도 있다. 여기서 팽아는 맏아들로서 참최의 복을 입게 된다. 그것은 가족 공동체의 수장으로서 상주喪主의 역할을 다해야 할 뿐만 아니라, 후일 풍산 류씨 가문 종교를 이끌어 가는 제사장의 역할을 하여야 함을 상징한다. 곧 아버지의 상례를 통해 팽아는 풍산 류씨 공동체에서 중심적인 인물로 탈바꿈하게 되는 것이다. 팽아는 더 이상 보호받는 어린아이가 아니다. 그는 공동체의 주요한 역할

과 책임을 감당해야 하는 인물로서 대접받고 행동해야 하는 존재가 된 것이다. 성복을 마친 뒤에 조객록을 마련하고 조문을 위해 찾아온 손님들을 맞이함에 있어 상례의 주인으로서 역할을 해야 한다. 그 과정에서 팽아는 망자와 마지막 인사를 하고자 찾아온 손님들을 통해 위로를 받게 된다. 그 손님들을 통해 망자가 살아생전에 유의미한 가치를 남겼던 존재임을 확인하게 되면서, 상실의 아픔에서 벗어날 수 있는 것이다.

아무리 슬프더라도 영원히 망자와 함께할 수는 없는 노릇이다. 이제 유족들은 고인을 이승에서 저승으로 온전히 떠나보내야 한다. 이제 껏 머물렀던 집을 떠나 영구靈柩를 새로운 집인 묘소로 안내해야 한다. 바로 발인發靷의 과정이 필요하다. 위『하와일록』의 기록에서 볼 수 있듯이, 발인에 앞서 망자는 '이제 영원히 떠나게 되었다'는 것을 고하는 견전遣奠을 지낸다(6). 이는 망자가 '산 사람으로서 마지막으로 치르는 의례. 발인이 시행되면 '산 사람이 일인 상사喪事'에서 '죽은 사람의 일인 장사葬事'로 넘어가기 때문이다. 죽은 사람은 산 사람의 살아가는 지상에 더 이상 머물러서도 안 되고 머무를 수 없다. 유족들은 그를 지상이 아닌 지하의 세계로 보내 주어야 한다. 그것이 하관下棺이다.

유족들은 하관을 하면서 이 세상을 떠나는 고인에게 마지막 폐백을 올린다. 비단으로 된 현훈玄纁을 드리는 것이다. 하관 이후에 영구가 온전히 자리를 잡도록 석회로 채우고 흙을 다진다. 이것이 마무리되면 조상이 신령이 거주할 신주神主를 쓴다. 이 신주에는 망자의 신상뿐만 아니라 그 아래 옆에 아들의 이름도 적는다. 팽아의 경우 관례冠禮를 치르기 전이었지만, '의목'이라는 정식 이름을 받아야 했다(7). 이제 팽아는 어린이가 아니다. 그는 떠나간 아버지가 맡았던 사회적 역할의 공백을 메워야 할 책임이 있다. 망자의 역할을 온전히 대치할 수는 없지만, 팽아는 그 역할을 감당해야만 한다. 더 이상 팽아로서 살아가서는 안 되고, 온전히 자신의 책임을 다하는 '의목'으로 살아야 한다. 이는 바로 '(3) 고인이 부재한 환경에 적응'하는 애도 과업을 수행하도록 요청받게 된 것이다. 이제 유학자 '의목'으로 변화된 삶을 살아가야 한다. 우선적으로 상실의 슬픔에 빠진 어머니와 할아버지를 위로해야 하고, 궁극적으로 풍천 류씨 가문이 남긴 흔적들을 '불멸의 기억'으로 승화시킬 임무가 있다.

따라서 이 글 역시 이제부터 '팽아'가 아닌 '의목'으로 표기하겠다. 의목은 가장 먼저 아버지 신주를 모시고 장지에서 집으로 돌아온 뒤, 고인의 혼령을 평안히 모시기 위하여 초우初虞·재우再虞·삼우三虞의 제사를 연이어 주관해야 했다. 그리고 '졸곡제를 지내고 산소로 가서 혼백을 묻는 일을 해야 했다. 여기서 졸곡이란 수시로 하던 곡을 멈추고 아침·저녁에만 한다는 것이다. 이 졸곡제는 상복을 입은 자들이 일상생활로 돌아가는 첫 전환점이 된다. 졸곡은 곡을 그친다는 의미로 흉제凶祭를 길제吉祭로 바꾸어 가는 의례이기 때문에,[159] 이때부터는 대부분의 우제와 같지만 우제까지도 사용하지 않았던 정화수를 떠서 현주玄酒를 사용한다.[160] 본격적인 길례가 시작되는 지점은, '상喪' 자 대신 '길吉'의 의미가 담긴 '상祥' 자를 사용하여 제사의 이름을 붙인 상제祥祭부터다. 상제는 고인이 운명한 날로부터 만 13개월째 되는 날에 지내는 소상小祥과,[161] 고인이 운명 후 2년째 되는 날에 지내는 대상大祥이 있다.[162]

대상 날은 평상의 상태로 돌아간다는 의미에서 상복을 벗고 담복禪服으로 갈아입는다. 대상 다음날 삼년상을 마치고, 고인의 신주를 조상의 사당에 함께 모시는 부사祔祀를 지낸다. 이제 유족들은 일상으로 돌아가야 하는 것이다. 이 과정은 통과의례의 시점에서 보면 일반 사람들의 사회로 되돌아가는 '재통합기'이며, 애도 과업의 입장에서 보자면, '(4) 고인을 기억하면서 자기 자신의 삶으로 나아가기'다. 고인의 육신[魄]은 떠났지만 그의 정신[魂]은 가묘의 위패에 모셔져 후손들과 함께한다. 곧 유족은 고인에 대한 기억을 유지하면서 각자가 담당해야 할 현실적인 책무를 이행하게 되는 것이다.

물론 애도 과업을 온전히 수행하려면 좀 더 많은 시간이 필요할지도 모른다. 그렇다고 할지라도, 지금까지 살펴보았듯이 유가의 상례는 '상실의 비탄을 극복할 수 있는 애도 과업'의 모든 요소를 갖추고 있었다. 유가의 상례가 그토록 번잡하고도 상세하게 규정했던 것은 아마도 상실로 인해 비탄에 빠져 있는 영혼들을 체계적이면서도 효과적으로 치유하기 위함일 것이다. 그리하여 구성원들이 차안이나 내세에 매달리지 않고 현세에 집중하여 최선의 삶을 살도록 한 것으로 생각된다. 현대인들이 보기에 유가의 상례는 너무도 긴 시간과 복잡다단한 절차를 요구하는 것으로 보일 수 있다. 하지만 그 절차 과정은 구성원의 사망으로 인해 발생한 공동체의 균열을 온전히 봉합하기 위한 전통시대의 지혜일지도 모른다.

나가는 말

이 글에서는『하와일록』을 통해 조선시대 양반 가문의 젊은 유학자가 어떻게 성장하고 있었는지를 구체적으로 확인해 보고자 하였다. 특히 그『하와일록』이라는 성장 일기의 가장 중심을 차지하고 있는 '죽음'이라는 내용에 집중하였다. 그 일기의 저자인 류의목은 조선을 강타한 전염병으로 인한 수많은 이들의 사망을 목도하였고, 15세라는 많지 않은 나이에 부친의 죽음을 만나야 했다. 이러한 상황과 사건은 어쩌면 남은 삶 전체에 심각한 영향을 끼치는 '트라우마Trauma'로 자리할 수도 있다. 하지만 류의목은 아주 건강한 유학자로 성장하였다. 그렇게 건전한 유학자로 성장할 수 있었던 배경이 무엇인지를, 이 글은 류의목의 12세부터 17세까지(1796~1801)의 일기를 통해 검토해 보았다.

우선, 12~13세 일기를 통해 류의목이 '죽음의 죽음이 이루어지지 않은 문화'에서 성장했음을 밝혀냈다. 우리의 시대가 '죽음이 금지되고 추방된 시대'라면, 류의목의 시대는 '죽음이 친숙하고 살아 있는 시대'였다. 우리의 시대는 어린이들에게 죽음을 금기시함으로써 죽음에 맞설 준비를 조금도 시키지 못하게 하고 있다. 그리하여 어린이들이 죽음에 대한 심각한 오해를 지니도록 만들고 있는 것이다. 반면, 류의목의 시대는 어린이들과도 죽음에 관한 대화를 나누던 시기였다. 더불어 어린이도 죽음과 관련된 의례에 참여하였으며, 그 과정에서 그 의례의 절차와 의미에 대해서도 학습할 수 있었다. 그리하여 류의목이 아버지의 죽음을 맞이하였을 때 진정으로 애도할 수 있어서 올바로 성장할 수 있었던 것이다.

다음으로, 14세 일기를 통해 유가의 사생관에 대해 살펴보았다. 유가는 '죽음으로 인한 자아의 소멸' 등과 같은 '죽음에 대한 형이상학적 문제'에 깊은 관심을 내보이지 않았다. 이보다는 세속윤리에 대한 관심과 책임감에 집중한다. 피안의 내세가 아닌 차안의 현실에서 '인간의 길[人道]'을 나아가는 것이야말로 영원성을 확보하는 길이라 믿었다. 이는 곧 인간의 신체적 유한성을 넘어서 보편적이고 지속적인 가치, 아니 무한에 가까운 가치를 실현하기 위해 최선을 다해야 한다는 입장이다. 여기서 중요한 점은 이 영원성이 살아남은 자들의 '기억'에 의해 확보된다는 사실이다. 예컨대, 제사는 이미 생명을 다한 조상들을 후손들의 기억과 실천을 통해 불멸의 존재로 위치지우는 종교의례라고 할 수 있다. 후손 또한 자기의 조상이 남긴 역사적 흔적들을 '사회적 혹은 공적 차원의 기억'으로 자리매김하는 일을 대단히 중요하게 여긴다. 그러한 일은 그 불멸의 조상들과 생물학적이고 문화적인 연대를 이루고 있는 후손들도 나름의 불멸성을 확보하는 일이기 때문이다. 유가에서는 죽음을 언제라도 찾아올 자연적인 현상으로 이해하기에, 죽음과 사후 세계의 문제보다는 지금 현실의 삶을 최선을 다해 살 것을 요청한다. 이러한 문화에서 자란 류의목은 아버지의 죽음을 맞이했음에도 죽음과 사후 세계의 문제에 지나치게 골몰하지 않고, 사회적 책임과 규범을 다하는 건강한 유학자로 자랄 수 있었던 것이다.

마지막으로 부친이 사망하던 해인 15세부터 17세까지의 일기를 통해 유가의 상례와 애도 과업에 대해 검토해 보았다. 유가의 상례 또한 유족들의 슬픔을 발산하여 상실의 상황에서 건강하게 적응할 수 있도록 하는 문화적 장치라고 할 수 있다. 공동체에서 어떤 구성원의 사망은 살아남은 이들에게 크든 작든 영향을 미치게 되는데, 상례는 구성원의 사망으로 인해 흔들릴 수 있는 공동체가 그 안정성을 지속할 수 있게 하는 제도적 장치였다. 곧 상례의 주된 임무 가운데 하나는 공동체의 구성원들이 애도 과업을 수행할 수 있도록 하는 장치이기도 하였다. 유가는 이러한 문화적·제도적 장치를 통해 현실의 공동체가 와해되지 않도록 한 것이다. 류의목은 아버지의 상례를 통해 애도 과업을 수행할 수 있었으며, 자신의 책무를 다하는 유학자로 성장할 수 있었다.

참고문헌

『論語』

『孟子』

『禮記』

『西厓集』

『小學』

『守軒先生文集』

『荀子』

『正祖實錄』

楴飜楴飜『朱子大全』

『朱子語類』

『春秋左氏傳』

加地伸行, 이근우 옮김,『침묵의 종교, 유교』, 경당, 2002.

권석만,『삶을 위한 죽음의 심리학 : 죽음을 바라보는 인간의 마음』, 학지사, 2019.

김명자,「『河窩日錄(1796~1802)』을 통해 본 豊山柳氏 謙巖派의 관계망」,『大邱史學』124,

　　2016.

류의목, 김정민·박세욱·김명자 외 옮김,『할아버지와 함께한 시간들 : 하와일록』, 한국국

　　학진흥원, 2015.

傅偉勳, 전병술 옮김,『죽음 그 마지막 성장』, 청계(휴먼필드), 2001.

이창익,『죽음을 사색하는 시간』, 인간사랑, 2020.

이재두, 「1798년에 편찬한 『영남인물고』와 그 위상」, 『규장각』 58, 2021.

최우영, 「신의 의지와 인간의 기억-유교와 기독교의 '죽음론' 소고」, 『동양사회사상』 20, 2009.

土田健次郎, 성현창 옮김, 『유교를 아십니까』, 그물, 2013.

何顯明, 현채련·리길산 옮김, 『죽음 앞에서 곡한 공자와 노래한 장자』, 예문서원, 1999.

한국문화상징사전편집위원회 편, 『한국문화상징사전 (1)』, 동아출판사, 1996.

Edgar Morin, 김명숙 옮김, 『인간과 죽음』, 東文選, 2000.

Earl A. Grollman, 정경숙·신종섭 옮김, 『아이와 함께 나누는 죽음에 관한 이야기』, 이너 북스, 2008.

Elisabeth Kübler-Ross, 김소향 옮김, 『상실 수업』, 이레, 2007.

_____, 이주혜 옮김, 『죽음 그리고 성장』, 이레, 2010.

Max Weber, 이상률 옮김, 『유교와 도교』, 문예출판사, 1991.

Mike Parker Pearson, 이희준 옮김, 『죽음의 고고학』, 사회평론아카데미, 2017.

Patrick Ben Soussan, Isabelle Gravillon, 건양대학교 웰다잉 융합연구회 번역, 『아이 에게 죽음을 어떻게 알릴 것인가?』, 북랩, 2017.

Philippe Ariès, 고선일 옮김, 『죽음 앞의 인간』, 새물결, 2004.

Linda Goldman, 윤득형 옮김, 『우리는 왜 죽어야 하나요? : 어린이들이 꼭 알아야 할 죽음이야기』, 2013.

Roland Barthes, 김진영 옮김, 『애도 일기』, 걷는나무, 2018.

J. William Worden, *GRIEF COUNSELING AND GRIEF THERAPY : A Handbook for the Mental Health Practitioner*(5th editon), Springer Publishing Company, 2018.

Weiss, R. "Loss and Recover", Margaret S, etc.(eds), *Handbook of Bereavement* : *Theory, Research, and Intervention*, Cambridge University Press, 1993.

한국국학진흥원 일기류DB

(https://diary.ugyo.net/item?cate=book#node?itemId=DYcate=bookdepth=2upPath=Z-dataId=ACKS_DY_00500803)

주

1 류운몽은 조선의 명유名儒였던 류성룡柳成龍(1542~1607)의 형이다.

2 「日記」, 〈第一〉 "日記者何, 日之所爲, 必于書冊, 以備觀省而資改耳. (…) 辭受動靜之祭, 言論是非之間, 尤不得不詳記, 而該錄之庶, 或有補於治心勅躬之道之萬一之歲, 在柔兆損提格." 이 원문에 대한 번역은 『할아버지와 함께한 시간들 : 하와일록』, 김정민·박세욱·김명자 외 옮김, 한국국학진흥원, 44~45쪽을 참조하였다. 이후 『하와일록』의 인용문은 이 번역서를 기준으로 해석이 다른 부분에 있어서 수정하였다. 이후 쪽수는 일일이 표기하지 않고, 간략히 연도와 일자만 나타내도록 하겠다. 『하와일록』의 원문과 이미지는 '한국국학진흥원 일기류 DB 사이트(https://diary.ugyo.net/item?cate=book#node?itemId=DYcate=bookdepth=2upPath=ZdataId= ACKS_DY_00500803)'에서 확인할 수 있다.

3 『하와일록』에 기록된 내용에 대한 대략적인 설명은 김정민, 「『하와일록』 해제」, 『할아버지와 함께한 시간들 : 하와일록』, 김정민·박세욱·김명자 외 옮김, 한국국학진흥원, 2015, 8~41쪽 참조할 것.

4 Patrick Ben Soussan, Isabelle Gravillon, 건양대학교 웰다잉 융합연구회 번역, 『아이에게 죽음을 어떻게 알릴 것인가?』, 북랩, 2017, 187쪽.

5 권석만, 『삶을 위한 죽음의 심리학 : 죽음을 바라보는 인간의 마음』, 학지사, 2019, 584쪽.

6 [1801년 2월 15일] "朝倚憁獨坐, 孤露之感, 自爾悽切, 因念君子用工, 必以樂天爲貴."

7 『守軒先生文集』, 卷3, 「南厓書塾記」 "只爲親年漸高, 不自己妄學兒曹一例. 轉倒奔忙於聲利科臼, 今且幾十年而無成, 然後漸覺向來枉過了, 林中日月, 爲眞可惜."

8 Mike Parker Pearson, 이희준 옮김, 『죽음의 고고학』, 사회평론아카데미, 2017, 354쪽.

9 위든은 상실을 극복하기 위한 애도 과업을 '(1) 상실의 현실을 수용하기 → (2) 비탄의 고통을 처리하기 → (3) 고인이 부재한 환경에 적응하기 → (4) 고인을 기억하면서 자기 자신의 삶으로 나아가기'로 정리하였다. 이에 대해서는 "J. William Worden, *GRIEF COUNSELING AND GRIEF THERAPY: A Handbook for the Mental Health Practitioner*(5th editon), Springer Publishing Company, 2018, p. 38, p. 42." 참조 바람.

10 J. William Worden, ibid., 2018, pp. 43~52.

11 何顯明, 현채련·리길산 옮김, 『죽음 앞에서 곡한 공자와 노래한 장자』, 예문서원, 1999, 23쪽.

12 의목이라는 이름을 받은 것은 부친상에서 제주題主할 때다. [1권 1799년 11월 10일] "題主時賜名曰懿睦."; 그리고 '팽길'이 그의 아명이었음은 1801년의 일기에서 확인해 볼 수 있다. [1801년 10월 22일] "遂還仁同兄主生長岑下, 顧余言曰, 以彭吉之面不學無識, 則人必掩目而過之矣."

13 [1798년 11월 26일] "大父曰, 彭兒讀周誥, 不能成誦, 甚恠事也. 從叔曰, 莫非運也, 彭兒道兒俱以將來之器許之."

14 [1796년 1월 3일] "大父行次屛山."; [1796년 1월 8일] "大父還自屛山."[1796년 2월 6일] "隨大父負笈於謙巖精舍."

15 [1796년 1월 5일] "大人行次花川."; [1796년 1월 6일] "大人自花川還."; [1796년 1월 26일]

"大人赴府中鄕會."; [1796년 1월 8일] "大人朝往磨厓."; [1796년 1월 29일] "大人自府中還,卽渡花川."

16 [1796년 1월 2일] "一村諸父兄, 終日團話於家."; [1796년 1월 4일] "諸父兄竟夕來語."; [1796년 1월 6일] "諸父兄半夜會話."; [1796년 1월 13일] "鳴湖金進士戚叔."; [1796년 1월 14일] "後谷叔主謁大父."

17 [1796년 2월 24일] "弟龍壽生."

18 [1797년 1월 30일] "大父行次屛山."; [1797년 2월 1일] "大父還自屛山."; [1797년 3월 2일] "大父始留謙舍."; [1797년 3월 8일] "大父復往精舍."; [1797년 3월 21일] "大父自玉淵還."

19 [1797년 1월 2일] "大人病臥."; [1797년 1월 5일] "大人症勢愈苦. 朝夕飮食亦爲之減, 筒池李醫【經高】來執脈曰, 此病源委不少, 可服藥."; [1797년 1월 6일] "用藥一帖."; [1797년 1월 7일] "又用一帖."

20 [1797년 1월 23일] "壽吉始入學." 수길壽吉은 류의목의 첫째 아우 류진택의 아명兒名임.

21 [1797년 1월 17일] "英陽柳後三, 以靑銅十五兩買牛牽送, 纔入門, 卽生牝犢, 奇哉."

22 [1796년 1월 27일] "佳巖大父哭才子, 可勝惜哉."

23 [1796년 1월 29일] "晨參伯父忌祀."

24 [1797년 1월 1일] "行時祀於東夾室. (以西夾頹圮. 已於昨暮, 移安東夾.)"

25 [1797년 1월 10일] "九潭大父別世, 葛田安丈."

26 [1797년 2월 10일] "大人爲省墓往乾池洞."

27 [1797년 3월 8일] "外從祖母趙氏訃音至, 慟哭."

28 Edgar Morin, 김명숙 옮김, 『인간과 죽음』, 東文選, 2000, 390쪽.

29 Philippe Ariès, 고선일 옮김, 『죽음 앞의 인간』, 새물결, 2004, 1011쪽.

30 Patrick Ben Soussan, Isabelle Gravillon, 앞의 책, 2017, 23쪽.

31 이창익, 『죽음을 사색하는 시간』, 인간사랑, 2020, 486~487쪽.

32 Elisabeth Kübler-Ross, 이주혜 옮김, 『죽음 그리고 성장』, 이레, 2010, 38쪽.

33 Earl A. Grollman, 정경숙·신종섭 옮김, 『아이와 함께 나누는 죽음에 관한 이야기』, 2008, 이너북스.

34 Linda Goldman, 윤득형 옮김, 『우리는 왜 죽어야 하나요? : 어린이들이 꼭 알아야 할 죽음이야기』, 2013, 104~105쪽.

35 Patrick Ben Soussan, Isabelle Gravillon, 위의 책, 2017, 140쪽.

36 Elisabeth Kübler-Ross, 위의 책, 2010, 33쪽.

37 [1798년 1월 1일] "大人自去年, 已有羸瘁疾, 委臥數朔, 不能巾櫛. 倏忽之際, 歲色已換, 種種貢慮, 無任下誠."

38 [1798년 1월 2일] "載暘載陰, 虎坪叔袖靑梨一枚. 獻大人曰, 病患中無物可奉, 適有此果, 或望有補於口味. 其誠款不易也."; [1798년 1월 3일] "注書叔來問病."; [1798년 1월 4일] "葛田安丈【愿】來問病, 食後詣洞."; [1798년 1월 8일] "枝谷權戚叔【彪】來問病."; [1798년 2월 26일] "金丈【世奎】來問病."; [1798년 3월 3일] "夕星州三從叔來問病."; [1798년 3월 6일] "衡湖比安族長來問病."; [1798년 3월 20일] "星州客來問病."

39 [1798년 1월 9일] "大人患候一倍添苦, 憫何可言."; [1798년 1월 11일] "大人又以頭痛作苦, 憫憫."; [1798년 1월 16일] "大人又添眼疾, 色色症情, 良苦良苦."

40 [1798년 1월 17일] "季父以問藥事向蟻谷."; [1798년 1월 20일] "季父劑藥而還."

41 [1798년 2월 4일] "大人已服藥十帖, (…) 切悶."

42 [1798년 2월 19일] "風和日暖, 有里兒吹園蔥野牛踏春 ■(靑)■(之)■."

43 [1798년 2월 24일] "晨霜降. 噫! 方當百草敷榮之時, 氣候又如此, 可怕也."; [1798년 2월 25일] "午前大雪漫山, 午後細雨落地."; [1798년 3월 2일] "霜降地凍."

44 [1798년 3월 3일] "玄鳥至."

45 [1798년 1월 10일] "栗谷宗叔母別世, 慟哭慟哭."

46 [1798년 1월 13일] "功城大母哭長女, 慘矣."

47 [1798년 2월 25일] "村奴德花物故."; [1798년 3월 7일] "村奴姜先物故."

48 [1798년 3월 9일] "臨河大母別世."

49 [1798년 3월 20일] "勒谷叔別世, 慘不可言."

50 [1798년 2월 28일] "宗叔母喪, 發向陵洞."; [1798년 2월 29일] "宗家返魂."; [1798년 3월 7일] "晨參曾王考忌祀."; [1798년 7월 11일] "勒谷叔喪, 發向月峽."

51 [1798년 3월 11일] "大人自數日間飲食凡節大減於前, 憫不可言."; [1798년 3월 12일] "朝大人嘔血可數升, 小子煩悶, 何可形言, 笥池李醫來訪."; [1798년 4월 15일] "大人對食嘔逆之症, 去而愈甚, 憫何盡言."

52 [1798년 9월 19일] "大人爲見醫, 行次蟻谷."; [1798년 9월 27일] "大人還自蟻谷.【大人患候自數月間, 可謂快去, 近日來又事前症, 憫憫】"; [1798년 10월 4일] "大人又吐血, 飮泣何言."

53 [1798년 10월 10일] "湖南醫李柱天見過【季父來時見請故也.】"; [1798년 10월 11일] "早朝, 大人使李醫執脈, 旣訖. 醫曰, 義量大矣. 平生勞身焦思, 不避風雪, 心有所向, 必決於事, 故致此病無他. 陽太過而陰不足耳. 遂書滋陰降火湯曰, 服此, 必見神效, 後欲見我, 必訪問于長水長溪面云云."

54 [1798년 10월 17일] "夕蟻谷姜醫書, 亦曰滋陰益氣湯, 季父欲從長水長醫所劑, 父主亦然之."; [1798년 10월 24일] "大人始服藥."; [1798년 11월 11일] "大人服藥後, 口味稍回, 咳嗽亦減, 不勝伏賀."

55 [1798년 11월 28일] "忽大寒, 大人患候每當日寒, 輒有害事, 可悶."

56 [1798년 3월 30일] "洞內以時氣爲憂. 爭斷北林古木斬伐所祟, 爲文以祭之."

57 [1798년 5월 13일] "龍壽始痘發表."; [1798년 5월 16일] "龍壽潰濃."; [1798년 5월 17일] "龍壽症情頗順, 多幸."; [1798년 5월 25일] "以龍壽善痘出濁慶."; [1798년 6월 7일] "龍壽以順疫出淸慶."

58 [1798년 11월 3일] "母氏偶得疾甚苦, 悶悶."; [1798년 11월 4일] "母氏患候加倍, 憫憫."; [1798년 11월 5일] "問母氏症情於李醫【經㦿】, 醫曰, 此由勞身失攝, 而然勿爲深慮云云."

59 [1798년 11월 23일] "大父失音之症, 去益沉痼, 悶悶."; [1798년 11월 24일] "食後以五味子沈白沸湯獻大父, 爲失音有助也."; [1798년 11월 26일] "大父失音症頓減伏賀."

60 [1798년 1월 7일] "出向屛山, 以應講次也, 食後設講. (…) 山長【新陽】在南壁下, 慶山大父以都訓長, 進士大父以面訓長, 皆依西壁而坐. 整襟危坐, 促令儒生入讀小學, 於是余入參, 講陳忠肅公曰章通. (…) 夕頒賞, 余以副壯參焉."

61 『小學』「嘉言」〈廣立敎〉"陳忠肅公曰, 幼學之士, 先要分別人品之上下, 何者是聖賢所爲之事, 何者是下愚所爲之事, 向善背惡, 去彼取此, 此幼學所當先也."

62 [1798년 3월 13일] "讀詩陳風."; [1798년 4월 23일] "讀離騷."; [1798년 5월 2일] "始出書堂, 作時文."

63 [1798년 11월 12일] "見余讀洪範謂曰, 此篇玉食卽玉鼎之食. 若以玉食爲稻食, 則其時之民, 豈盡不食稻. 八庶徵, 雨暘燠寒風時, 皆一吐釋之. 然近聞, 自上亦致疑於此, 乃曰, 雨【卜】暘

231

【果】燠【果】寒【果】風【果匕】曰時【又】. 如此讀之云, 甚爲奇警.";　[1798년 11월 26일]　"大父曰, 彭兒讀周誥, 不能成誦, 甚恠事也. 從叔曰, 莫非運也, 彭兒道兒俱以將來之器許之, 今不可望矣. 彭兒則讀書自謂莫己若也, 雖有疑晦處, 不問於他人. 至於如我者, 又視之以眼下, 必不能有爲矣."

64　『西厓集』卷15「詩敎說」"孔子云興於詩. 又曰, 不學詩, 無以言. 又曰, 詩, 可以觀, 可以羣, 可以怨, 遠之事君, 邇之事父. 聖人之重詩敎也如此."

65　『西厓集』卷15「詩敎說」"若屈子離騷, 九歌, 九章等篇, 亦詩之遺意, 而至於捐生赴淵則甚矣. (…) 故朱子謂屈子之過, 過於忠."

66　『朱子大全』卷81「跋鄭景元簡」"六經記載聖賢之行事備矣, 而於死生之際無述焉, 蓋以是爲常事也. 獨論語檀弓記曾子寢疾時事爲詳, 而其言不過保身謹禮, 與語學者以持守之方而已. 於是足以見聖賢之學, 其所貴重乃在於此, 非若浮屠氏之不察理, 而徒以坐亡立脫爲奇也. 然自學者言之, 則死生亦大矣. 非其平日見善明, 信道篤, 深潛厚養, 力行而無間, 夫亦孰能至此而不亂哉?"

67　『朱子語類』卷3「鬼神」19조목　"此所以有生必有死, 有始必有終也."

68　『朱子語類』卷3「鬼神」44조목　"釋道所以自私其身者, 便死時亦只是留其身不得, 終是不甘心."

69　傅偉勳, 전병술 옮김, 『죽음 그 마지막 성장』, 청계(휴먼필드), 2001, 270쪽.

70　『論語』「先進」"季路問事鬼神. 子曰, 未能事人, 焉能事鬼. 敢問死. 曰未知生, 焉知死."

71　『論語』「述而」"子不語怪力亂神."

72　『論語』「雍也」"樊遲問知. 子曰, 務民之義, 敬鬼神而遠之, 可謂知矣."

73　何顯明, 현채련·리길산 옮김, 『죽음 앞에서 곡한 공자와 노래한 장자』, 예문서원, 1999, 38쪽.

74　『論語』「顏淵」"子曰, 商聞之矣, 死生有命, 富貴在天."

75　『孟子』「盡心(上)」"夭壽不貳, 脩身以俟之, 所以立命也."

76　何顯明, 현채련·리길산 옮김, 위의 책, 1999, 19쪽.

77　유가의 이러한 현세적 입장에 막스 베버는 이렇게 지적하였다. "유교는 무교양의 야만 상태에서의 구제 이외에는 어떤 것도 원치 않았다. 덕德의 보답으로 기대한 것은 현세에서의 장생長生, 건강 및 복富이며, 죽은 다음에는 좋은 평판을 남기는 것이었다. 순수한 그리스인과 같이 윤리를 초월적인 것에 근거하게 하는 어떤 사고방식도, 초현세적 신의 명령과 피조물적인 현세 사이의 어떤 긴장 대립도, 내세의 목표에 대한 어떠한 지향도, 또한 근원적인 악惡에 대한 어떤 관념도 유교도에게는 결여되어 있었다." 이 문장은 "Max Weber, 이상률 옮김, 『유교와 도교』, 문예출판사, 1991, 334쪽"에서 인용함.

78　『春秋左氏傳』「襄公」〈24年 春〉"魯有先大夫曰臧文仲, 旣沒, 其言立, 其是之謂乎. 豹聞之, 大上有立德, 其次有立功, 其次有立言, 雖久不廢. 此之謂不朽."

79　『論語』「里仁」"朝聞道 夕死可矣."

80　『論語』「衛靈公」"志士仁人, 無求生以害仁, 有殺身以成仁."

81　『禮記』「檀弓」"君子曰終, 小人曰死."

82　최우영, 「신의 의지와 인간의 기억-유교와 기독교의 '죽음론' 소고」, 『동양사회사상』 20, 2009, 18쪽.

83　加地伸行, 이근우 옮김, 『침묵의 종교, 유교』, 경당, 2002, 106쪽.

84　가지 노부유키는 유가의 사생관은 "자기라는 개체가 병들거나 노쇠해서 사멸하기는 하지만 자신의 유전자를 가진 자손의 육체는 존속한다고 하여 육체의 소멸이라는 공포 역시 해결하는데, 자손이 대를 이음으로써 '육체[魄]가 영원'할 수 있음을 가르쳐 준다'고 평가하고 있

다. 이에 대해서는 加地伸行, 앞의 책, 2002, 78쪽 참조 바람.

85   최우영, 앞의 논문, 2009, 13쪽.

86   [1798년 3월 7일] "晨參曾王考忌祀."; [1798년 10월 1일] "晨參祖妣忌祀."

87   [1798년 8월 9일] "觀修巖從先祖文集." 류진은 류성룡의 셋째 아들이다.

88   [1798년 9월 15일] "申城回文來, 盖以雙節廟宣諡事也. 白巖先生諱濟, 與弟籠巖先生諱澍, 俱死節於國初, 而籠岩寄衣之事, 卽爲著, 聞白嵓沈海之迹, 尤隱晦而不顯. 至是李侍郎益運奏其事, 上大加驚歎, 卽命賜諡【忠介】於家廟, 又親製文以祭於海上. 盖曠世恩數公論不泯於百世, 豈不信歟."

89   김명자, 『『河窩日錄(1796~1802)』을 통해 본 豊山柳氏 謙巖派의 관계망』, 『大邱史學』124, 2016, 17쪽; 「嶺南人物考義例」(한국학중앙연구원 장서각 MF35-004667). "歲戊午, 命判府事蔡濟恭前書判書權李家煥等, 採國朝以來道內聞人事行, 州郡以分之, 作爲一書." 이 원문은 이재두, 「1798년에 편찬한 『영남인물고』와 그 위상」, 『규장각』58, 2021, 539쪽에서 재인용.

90   [1798년 8월 20일] "一門大會宗家, 以門中文籍事也【自上將刊布名臣錄, 傳教鄉曲, 使各拔出故籍.】"

91   [1798년 10월 28일] "嶺人文籍皆入睿覽."

92   [1798년 11월 7일] "季父自宗家還語曰, 文籍事, 吾家多在刪削中云, 可歎. (…) 注書自謫所還, 力爭其不可云."

93   [1798년 12월 12일] "慶山大父來語大父曰, 明日將往屛山發回文. 大父曰何, 曰面中先輩文籍, 多有遺漏, 當相議處置. 大父曰, 不可. 自上專任於蔡台者, 爲其善處也."

94   김명자, 위의 논문, 2016, 18쪽.

95   [1798년 12월 12일] "慶山大父曰, 果然. 臨川兄來家聞之曰, 臣民事上之道則可."

96   『禮記』「郊特牲」"人本乎祖."

97   [1799년 1월 1일] "夜半雪下. 人皆稱賀曰豊兆也."

98   『正祖實錄』51권, 정조 23년 1월 13일〈壬申〉"是歲, 有輪行之疾, 京外死亡, 凡十二萬八千餘人."

99   [1799년 1월 10일] "嶺儒以先事上京者, 無一人生還者. 死而無主者, 京人輪尸掩藥, 積之如山云."

100   [1799년 1월 23일] "聞本道巡相及裨將二人, 平安咸鏡黃海全羅江原諸監司皆病死云, 可謂世變也."; [1799년 1월 29일] "九潭査文來謁大父, 語及時氣事曰, 監司七人皆死, 極是世變. 大父曰, 吾聞六監司矣. 今日, 七, 京畿忠淸中, 誰死. 曰, 忠淸死云."

101   [1799년 1월 27일] "本倅傳令內, 牛肉爲治感之方, 當推而用之云."

102   [1799년 1월 7일] "余得寒疾甚苦. 大人亦以本病添輪感痛臥, 悶悶. 盖此病名, 雖感寒, 無異癘疫. 一村上下, 不見一人不臥者."

103   [1799년 1월 8일] "大父還自屛山卽㘦臥. 大家渾眷季家渾眷從叔家渾眷一時染痛."

104   [1799년 1월 11일] "大父症勢有加無減. 大人不顧身病, 晨夜侍湯, 衣不解帶, 目不交睫.";
       [1799년 1월 13일] "大父症情小間, 而譫語又發, 悶悶. 大人己病之不恤, 而費盡勞思, 種種閔迫, 難以形言."

105   [1799년 1월 14일] "大父漸向歇境, 伏賀萬萬."

106   [1799년 1월 15일] "大人大寒戰, 痛勢愈苦, 虛言甚多, 悶不可言."

107   [1799년 2월 17일] "閭里又有怪怪之病, 逢之則頃刻卽死者也. 今方大熾, 牛肉爲治病之方, 故近日村巷堆殺無數. 日不下四五, 亦世變也."

108   [1799년 2월 22일] "聞府中以感死者, 凡四百餘人云."

109   [1799년 1월 28일] "聞胡人得二曘, 一日癘, 二曰感, 今此病, 皆感曘所出云笑矣乎."

110 [1799년 2월 22일] "又聞今春感病, 皆自胡國而來. 先是關羽夢告義州尹曰, 明日某時胡僧有渡江者, 宜勅守船者, 奪其所佩三囊. 尹覺而怪之, 分付舡工四人, 前期等待. 果有一僧自無何而來, 於是四人扶持, 而奪其二囊, 其一囊則未及奪, 而忽有赤氣浮空而去, 四人被毒卽死, 卽感寒囊也. 二囊則皆見破碎, 而一則癘病囊, 二則胡疫囊云. 事近怪誕然, 姑錄之, 以資後日之笑囮耳."

111 [1799년 1월 19일] "大人以身病欲知所祟, 遣沙品庶叔, 就問於別谷卜者."

112 [1799년 1월 20일] "沙品叔來, 其兆辭曰, 廟動神木辰巳年間, 盖有暗合者, 其亦異也. 承旨叔來語移日大人, 語及卜辭. 承旨曰, 世間豈有名卜, 兄主必誤聞矣."

113 [1799년 1월 25일] "大人以卜辭所稱, 亥子方生活等語, 移居季父家."

114 [1799년 2월 4일] "大人以積年身病頭髮紊乱, 寢食爲憂, 遂請武夷大父, 以刀裂髮解其痼汁, 旣訖終夕眩懆."

115 [1799년 2월 8일] "季父還.【問於高醫, 更質姜醫云.】"; [1799년 2월 9일] "大人服藥."

116 [1799년 2월 20일] "大人服藥已畢. 咳嗽雜症不無變動, 而今日午後寒氣乍入, 頭痛復起, 甚悶甚悶."; [1799년 2월 21일] "大人症勢還覺添苦, 悶悶."; [1799년 3월 8일] "大人服藥幾盡, 而有加無減, 悶不可言."

117 [1799년 3월 15일] "大人以積年身病, 日事沈淹, 移家數月, 略無效應. 寒戰之症, 無日不在, 或一面如碎之以石, 或四肢若爛之以火. 追思前冬李醫之言曰, 陰虛火動之症, 而竟用人參沙參等藥, 以助陽而然歟. 終日侍病, 不覺暗淚自下. 何時得見平安時節. 煎泣不可言."

118 [1799년 4월 20일] "大人患候數日添苦, 悶悶."

119 [1799년 4월 29일] "大人自季父家還舊所.【出避無益故也.】"

120 [1799년 6월 15일] "以大人患候, 召卜三逐鬼.【盖出於不得已, 而無所不爲也.】"

121 [1799년 8월 10일] "大人又添別症, 臀瘇臂痛腹痛, 夾雜而發, 千萬不成寐."

122 [1799년 8월 10일] "大父以鄕任還, 大人執手而泣曰, 大人生前, 小子之命若不遲延, 不孝之罪, 莫甚云云. 余侍側, 亦垂頭而泣."

123 R. Weiss, "Loss and Recover", S. Margaret , etc.(eds), *Handbook of Bereavement: Theory, Research, and Intervention*, Cambridge University Press, 1993, p. 272.

124 R. Weiss, ibid., 1993, p. 273.

125 [1799년 8월 29일] "向夕大人滿身搔癢, 頭上臂下赤點無數, 余急奔告於星州叔, 答曰, 此氣虛所致. (…) 夜狐鳴西林."

126 한국문화상징사전편집위원회 편, 『한국문화상징사전 (1)』, 동아출판사, 1996, 472~473쪽.

127 [1799년 9월 23일] "注書叔承命臨發而來見大人. 大人曰, 自此恐無再【自此以下遺錄】見之日."

128 [1799년 10월 1일] "大人喉痞咳嗽喘急諸症, 悶不盡言. (…) 余與慈氏侍宿於西齋, 達夜轉輾, 不覺泣下滂滂."

129 [1799년 10월 2일] "因入室看病大人, 泣不能仰視."

130 [1799년 10월 4일] "追錄【五日朝, 慈氏語余曰, 昨夜吾夢有二龍, 自汝大人肩上飛出, 向屋西北隅而去, 此吉兆. 將無乃汝大人向瘳也.】"

131 [1799년 10월 5일] "向夕大人胷中煩悶, 請於大父願洞開東牕及南牕, 大父爲而開之. 大人强起謂余曰, 彼露積何者爲我物, 余對曰, 門內門外皆吾家稻粟也. 母氏在傍, 病勢少差, 願還本家, 大人撓頭, 遂命余閉門. (…) 因痰上呼吸甚難, 大人欝欝再欷泣, 將何爲將何爲. 因連呼父呼父而逝. 窮天極地之痛, 到此無以爲言. 拚號擗踊五內 ■ (奔)裂. 三年救病之勞, 母何以慰抑, 八耋惟疾之憂祖, 何以寬譬. 孤之不肖誠意淺薄, 得罪神天, 而有以致也. 尙誰爲咎, 昊天罔極."

132 Roland Barthes, 김진영 옮김, 『애도 일기』, 걷는나무, 2018, 20쪽.

133 권석만, 앞의 책, 2019, 558쪽.

134 Elisabeth Kübler-Ross, 김소향 옮김, 『상실 수업』, 이레, 2007, 293쪽.

135 권석만, 위의 책, 2019, 559쪽.

136 『禮記』「檀弓上」"子路曰, 吾聞諸夫子, 喪禮, 與其哀不足而禮有餘也, 不若禮不足而哀有餘也.";『論語』「子張」"子游曰, 喪致乎哀而止."

137 『荀子』「禮論」"喪禮者, 以生者飾死者也, 大象其生以送其死也. 故事死如生, 事亡如存, 終始一也."

138 J. William Worden, op. cit., 2018, pp. 43~52.

139 [1799년 10월 6일] "夜襲."

140 [1799년 10월 7일] "夜小飮."

141 [1799년 10월 8일] "夜大飮."

142 [1799년 10월 9일] "随棺還家. (…) 夕成服, 修弔客錄."

143 [1799년 11월 4일] "卯時將漆棺. (…) 時漆工已來待, 故不得已用之."

144 [1799년 11월 9일] "夕來奠者甚多."

145 [1799년 11월 10일] "巳時下棺. (…) 題主時賜名曰懿睦. 申時返魂初虞. 其明日再虞, 又明日三虞, 越二日卒哭, 發向山所埋魂魄."

146 [1800년 11월 19일] "始備禮過小祥."

147 [1801년 10월 5일] "晨行祥祀, 服變, 痛哭罔極, 何以爲生."

148 [1801년 10월 6일] "行祔祀, 余終獻. 祀畢, 奉入于家廟, 仍掇殯."

149 Solonn T. Kimball, "introduction", Arnold van Gennep, Monika B. Yizedom et al. trans, *The Rites of Passage*, The University of Chicago Press. 1960.

150 임재해, 『전통 상례』, 대원사, 1990, 12쪽.

151 임재해, 위의 책, 1990, 107쪽.

152 고복을 통해 주변에 초상을 났음을 알리는 사례는 『하와일록』에서도 발견할 수 있다: [1801년 9월 18일] "듣기에 빙가聘家에서 벗 박시상朴蓍相의 고복을 했다고 하니 참담하였다.[聞朴友蓍相皐復於其聘家, 慘矣. 不忍想得也.]"

153 『朱子家禮』"未結以絞, 未掩其面. 蓋孝子猶俟其復生, 欲時見其面故也."

154 Patrick Ben Soussan, Isabelle Gravillon, 앞의 책, 2017, 85쪽.

155 『朱子家禮』"凡憑尸, 父母先, 妻子後."

156 土田健次郎, 성현창 옮김, 『유교를 아십니까』, 그물, 2013, 163쪽.

157 『朱子家禮』"斬, 不緝也. 衣裳皆用極麄生布, 旁及下際皆不緝也. 衣縫向外, (…) 齊, 緝也. 其衣裳冠制, 並如斬衰. 但用次等麄生布, 緝其旁及下際."

158 『朱子家禮』"斬, (…) 其正服, 則子爲父也. (…) 父爲嫡子當爲後者也."

159 『朱子家禮』"檀弓曰, 卒哭日成事. 是日也, 以吉祭易喪祭."

160 『朱子家禮』"並同虞祭, 唯更取井花水充玄酒."

161 『朱子家禮』"自喪至此不計閏凡十三月. 古者卜日而祭, 今止用初忌以從簡易. 大祥放此."

162 『朱子家禮』"再期而大祥."

5장

아이에서 어른으로의
성숙 여정, 『하와일록』

백민정

『하와일록』이라는 글의 장르를 규정짓는 두 축 : 일지인가, 일기인가

'하와일록'이란 '하회 집의 실록'이라는 뜻이다. '일록日錄'의 사전적 의미는 "날마다 기록함. 또는 그런 기록"이다. 『하와일록河窩日錄』은 안동의 하회마을에 살았던 류의목柳懿睦(1785~1833)이 12세에서 18세까지 쓴 하루하루의 기록이다.

이 책에 대한 첫 번역·출간본인 한국국학진흥원의 『하와일록』에서는 이 책에 대해 '류의목의 조부 류일춘柳一春(1724~1810)이 당시 하회의 문장門長이어서 일대의 일족 및 사족이 모두 그의 집을 드나들었는데, 『하와일록』은 류의목이 당시 조부를 모시면서 조부에게 온 관아를 비롯한 향청 및 서원 등의 통지문 및 하회를 찾아오는 손님들의 언사를 기록한 일기'[1]라고 설명하고 있다. 즉, 이 책의 성격을 '일기日記'로 규정했다고 할 수 있다.

『문학비평용어사전』에서는 일기에 대해 다음과 같이 설명하고 있다.[2]

일기diary, journal

국가에서 일어나는 일의 매일매일의 기록은 연대기chronicle가 될 것이고, 개인의 경험·생각·인상의 매일매일의 기록은 일기가 된다. 일기는 일상생활의 계속적인 기록이 보통이나, 박지원의『열하일기』처럼 어떤 특별한 체험을 갖는 기간 동안의 기록인 경우도 있다.

일기는 개인의 사건, 체험, 생각, 감상 등을 잊지 않기 위한 비망록의 구실뿐 아니라, 체험의 의미, 자신의 생활에 대한 반성 등 수양의 방법도 되며 남모르는 비밀을 고백하는 심리적 안정법도 된다.

일기는 공개하기 위하여 기록하는 것은 아니라 하나, 지금까지 공개된 일기는 (필자의 사후에 공개되는 것이 보통이다) 거의 예외 없이 흥미 있는 사건에 대한 개인적인 반응을 여실히 드러내거나 아무도 몰랐던 필자의 내면세계를 잘 보여 줄 수 있도록, 훌륭한 문체와 구성을 가지고 있다. 즉, 일기는, 적어도 공개될 만한 일기는 그 필자를 하나의 살아 있는 인물로 구현할 만큼 다분히 문학적인 것이다. 그러한 필자는 남의 글을 많이 읽고 사색하는 과정에서 무의식중에 문학 수업을 했다고 볼 수 있고, 따라서 그의 일기는 다만 역사적 기록일 뿐 아니라 문학적 창조도 될 수 있는 것이다.

일기의 그러한 문학적 가능성을 보고 문인이 의도적으로 일기의 형식을 빌려 자기를 표현할 수도 있으며 — 앞으로 공개될 것을 기대하면서 일기를 잘 다듬어 쓰는 문인도 적지 않다 — 또한 일기체의 소설을 쓰기도 한다.

위의 '일기'에 대한 설명 중 앞부분을 살펴보면, "국가에서 일어나는 일의 매일매일의 기록은 연대기chronicle가 될 것이고, 개인의 경험·생각·인상의 매일매일의 기록은 일기가 된다"라고 설명하고 있다. 『하와일록』은 '하회 집의 날마다의 기록'이라고 할 수 있는데, 이 기록을 처음 읽어나가다 보면 우리가 흔히 알고 있는 일기의 개념과는 사뭇 동떨어진 느낌을 받는다. 그 이유는 '일기'에 관한 개념 설명에서 가장 먼저 수반되는 내용적 조건인 '개인의 경험·생각·인상'이 결여된 채, 하회 집에 있었던 객관적 사실이 짤막하게 언급된 서술이 대부분이기 때문이다.

즉, 개인의 주관적인 경험, 생각, 인상이 결여된 하회 집의 객관적 업무 일지와 같은 성격의 기록이 초반부 일기의 대부분을 차지한다. '일지日誌'에 관한 한자사전적 의미는 "직무상의 기록을 적은 책"이라고 설명되어 있다. '일지'에 관한 문학비평사전적 정의가 없는 것으로 보아서 '일지'는 '일기'와 같은 문학적 글쓰기 장르라기보다는 업무적 성격이 강한 실용 글쓰기의 장르라고 할 수 있다. 즉 '일지'가 '일기'가 되려면 '개인의 경험, 생각, 인상'이라는 주관적인 시점이 필요하다고 할 수 있다. 물론 '일기'라는 제목을 가진 고전 기록 중 일부는 업무 일지나 메모, 심지어는 가계부와 같은 성격의 글로 이루어진 것들도 있다. 그러나 '일기'를 읽는 독자들이 글에 거는 기대는 『문학비평용어사전』에서 설명하고 있는 내용들이라고 할 수 있을 것이다. 특히 『하와일록』처럼 전반부와 후반부의 글의 성격이 확연한 기록물의 성격을 논하기 위한 축으로서의 일지와 일기라는 기준은 『하와일록』의 장르적 성격을 통한 저자의 내면을 성찰함으로써, 저자 류의목이라는 캐릭터를 유추해 볼 수 있는 얼개로서 좋은 기능을 할 수 있을 것이라 여겨진다.

『하와일록』의 전반부는 객관적 사실의 단편적 언급이 대부분을 이루고 있다. 이 글을 일기라고 생각하며 읽었을 때 적지 않은 충격을 받는 이유가 이 때문이다. 구체적으로 그날의 일기日氣를 필수적으로 기록하는 가운데, 조부를 다녀간 손님 내력, 집안의 관혼상제, 독서 중인 책 등을 한두 줄로 언급하는 서술이 큰 흐름을 형성하고 있다. 즉, 개인의 '일기日記'로서의 서술보다는 '하회 집'에서 일어난 일을 기록한 '일지日誌'에 가까운 기록적 성격을 지녔다고 할 수 있다.

이러한 『하와일록』 내의 기록적 성격은 저자의 나이 15세인 1799년(정조 23)부터 급선회하는 양상을 보인다. 집안의 일지로서 사무적인 객관적 글의 흐름에 점차 저자의 주관적인 감정 표현을 다소나마 덧대는 움직임을 보이기 시작한다. 이에 따라 일기의 분량도 차츰 늘어나게 된다. 구체적으로 1799년 1월부터 있었던 돌림병과 아버지의 병환에 대한 기록부터 점차 일기의 분량이 늘어나기 시작하고, 이에 개인의 감정을 표현하는 서술이 간헐적으로 등장한다. 이후 아버지의 죽음, 정조의 죽음 등의 사건에서는 본격적으로 개인의 감정을 표현하기도 한다. 이러한 점진적인 변화 이후 저자의 나이 16세인 1800년(정조 24)의 일기부터는 서술 방식에 있어서 본격적인 변화를 관찰할 수 있다. 더불어 더욱 장편화된 분량의 일기들이 늘어나고 읽을거리가 풍성해지고 있다. 주관적인 감상이나 감정의 표현이 전반부보다는 좀 더 자연스럽게 나타나고 있다.

『하와일록』의 서술 양태를 보는 두 축은 일지적 성격으로서의 실용적 글이냐, 일기적 성격으로서의 문학적 글이냐로 정리할 수 있을 것이다. 후반부의 기록에서도 물론 일지적 성격의 글의 비중이 큰 것은 사실이다. 그러나 우리가 일기에서 기대하는 저자의 주관적 경험이나 생각, 인상 등을 통해 저자의 내면을 유추하고 그의 캐릭터를 상상할 수 있는 일련의 표현은 후반부에 이르러 출현하게 된다는 점에 주목해야 한다.

이 글에서는 류의목이 『하와일록』에 표현된 서술의 변화를 통해, 『하와일록』의 일지로서의 실용적 글의 성격이 점차 일기로서 문학적 성격을 갖춰 가는 과정을 살피고자 한다. 『하와일록』이 일지에서 일기로 점차 거듭나는 과정은 저자 류의목이 아이에서 어른으로 성숙해 가는 생애주기적 여정과 함께하고 있음을 발견할 수 있다. 이는 그가 이 기록을 서술할 당시의 시기가 바로 청소년기였는데, 이 기록이 애초 일지에서 점차 문학성을 획득하여 일기로 성숙하는 일련의 과정은 청소년기에 나타나는 발달 단계의 특성과 학문적 성숙 그리고 '상실'의 심리적 기제를 통한 내면 성숙이 반영된 양상과 궤를 함께한다고 할 수 있다.

『하와일록』 서술 방식의 변화 양상

류의목의 『하와일록』에 서술된 글의 성격은 그의 나이 15세였던 1799년(정조 23)을 기점으로 확연한 변화를 보인다. 이 장에서는 이러한 변화 양상을 자세히 살펴보기로 한다.

1. 전반부 : 12세(1796, 정조 20)에서 15세(1799, 정조 23)까지

1) 객관적 사실의 단편적 언급 위주

류의목의 『하와일록』의 전반부는 주로 일기日氣, 조부를 다녀간 손님 내력, 집안의 관혼상제, 독서 중인 책 소개 등 그가 일상에서 겪는 객관적 사실의 단편적 언급이 위주가 되고 있다. 처음 일기를 시작한 1796년(정조 20) 1월의 일기가 그 대표적 예라 할 수 있다.

1월 1일 무신 포시에 비가 개고 구름이 걷히며 햇살이 비쳤다.

1월 2일 기유 맑음 한 마을의 여러 부형이 집에서 종일 정겹게 이야기를 나눴다.

1월 3일 경술 맑음 할아버지가 병산에 갔다.

1월 4일 신해 구름 끼고 흐림 부형들이 와서 밤새도록 이야기를 나눴다.

1월 5일 임자 아침에 비 아버지가 화천으로 갔다.

1월 6일 계축 아버지가 화천에서 돌아왔다. 진사 김종탁 친척 아저씨와 생원 김상행 친척 아저씨가 함께 왔다. 여러 부형이 밤중까지 모여 이야기를 나눴다.

1월 8일 을묘 맑음 할아버지가 병산에서 돌아왔다. 아버지 아침에 마애로 갔다가 저물 무렵 돌아왔다.

1월 9일 병진 구름 끼고 흐리며 세찬 바람

1월 10일 정사 세찬 바람

1월 12일 기미 추위가 비로소 풀렸다.

1월 13일 경신 맑음 명호의 진사 김양진 친척 아저씨가 방문했다.

1월 14일 신유 구름 끼고 흐림 후곡 아저씨가 할아버지를 뵈었다. 종가를 고치는 일을 말하고자 함이었다.

1월 15일 임술 구름 끼고 흐림 식후에 갑자기 아팠다가 모과탕을 달여 마시고 그쳤다.

1월 19일 병인 눈 강이 불어 다리가 무너졌다.

1월 23일 경오 진눈깨비가 흩날림

1월 26일 계유 아버지가 안동부의 향회에 갔다.

1월 27일 갑술 맑음 가암 할아버지가 아들을 잃었다. 안타까움을 어찌 감당할 수 있겠는가!

1월 29일 병자 맑음 새벽에 큰아버지의 기제사에 참석했다. 아버지가 부에서 돌아와 곧바로 화천으로 건너갔다.

위의 인용문은 『하와일록』의 기록에 있어서 첫 달간의 일기다. 흔히 일기 글을 읽으려는 독자에게는 뭔가 허전하다. 7, 11, 16, 17, 18, 20, 21, 22, 24, 25, 28, 30, 31일의 일기는 빠져 있는 채로 1월의 3분의 1 정도를 기록했지만, 날씨 기록이나 할아버지 혹은 친척이 어디를 가거나 오는 일을 한두 줄로 기록한 것이 전부다. 흔히 일기라는 장르 성격상 하루를 돌아보며 있었던 일들이나 감동, 감상 등을 기대하며 책을 펼쳤던 독자로서는 다소 당혹감을 지울 수 없다. 초등학교 저학년 그림 일기에 언급된 한두 줄의 글을 보는 것처럼 내용이 너무 부실한 느낌이다.

독자의 입장에서 일기 글을 기대하고 이 책을 읽다보면, 초반부에 나열된 이런 성격의 서술들은 이 일기를 계속 읽어야 하는가에 대한 실망감마저 든다. 이러한 서술은 앞부분에 집중되다가 후반부로 갈수록 점차 독자들이 기대하는 일기 서술의 성격, 즉 내용의 충실성이나 필자의 감상, 감동 등이 차곡차곡 보완이 된다. 후반부의 일기에 보여주는 사색의 깊이는 일기의 전반부를 집필한 사람과 같은 사람이 맞나 하는 의구심마저 불러일으키기도 한다.

『하와일록』의 이러한 면모는 이 기록이 류의목의 소년에서 청년으로의 성장 과정기에 있었던 과도기의 성장과 성숙의 과정이 고스란히 담겨졌기 때문으로 해석할 수 있다. 『하와일록』의 저술 첫해인 1796년(병진, 정조 20)은 그의 나이 12세다. 첫해 기록은 1월 1일부터 시작하여 3월 21일까지 서술되고 중단되다가 2년 뒤인 1798년(무오, 정조 22) 1월 1일에 다시 시작된다. 한글 번역본으로도 한 줄에서 세 줄 정도의 짧은 분량의 기록이 대부분이다. 이 시기의 일기에는 개인의 정서 표현이나 사변적 서술은 드물다. 즉, '개인 일기'라기보다는 '하회의 집에 대한 기록'으로서, 가문家門의 문장門長이 기거하는 '하회 집안 일지'의 성격을 유지했다고 볼 수 있다.

2) 간헐적으로 주관적 감정이 표출된 경우

이 시기의 일기 서술에 있어서 주류적 흐름은 가문 일지로서의 객관적 사실 기록이긴 하다. 그러나 아주 드물게나마 간헐적으로 기자記者인 류의목의 정서가 표현되는 곳이 관찰되기도 한다. '가문 일지' 기록에 대한 객관성은 초반부에서는 그대로 유지된다. 그러나 그의 나이 14세인 1798년의 일기 기록부터는 앞의 연도 일기에 비해 일기 분량이 다소 늘어나고 있는 점이 관찰된다. 이는 가문 일지 기록 중 특정 사건에 대한 개인적인 기분이나 감정을 한두 줄 첨가하는 데에서 기인한다고 할 수 있다. 아버지의 병환이나 집안 어른의 부고 소식에 관한 기록에서 보이는 주관적인 애통의 정서가 이에 해당한다고 할 수 있다. 이러한 흐름은 그의 나이 15세(기미년, 1799)까지 이어지고 있다.

먼저 아버지의 병환 및 죽음과 관련된 서술이다.

1월 1일 병인 맑음(1798)

아침에 일식의 변고가 있었다. 아버지가 지난해부터 허한 병을 앓아 왔는데, 여러 달 몸져누워 있으면서 씻거나 머리를 빗지도 못하였다. 순식간에 해가 이미 바뀌었으니 여러 가지로 **근심되는 마음을 감당할 수 없다.**

10월 4일 갑오 맑음(1798)

아버지가 또 피를 토했다. 마음 졸이고 울먹일 뿐 무슨 말을 하겠는가!

(…)

1월 15일 갑술(1799)

오후에 아버지가 추위에 심하게 떨고 통증이 더욱 심해졌다. 헛소리가 매우 많아져 **그 걱정됨을 이루 말할 수 없다.**

이렇게 아버지의 병환을 걱정하는 서술은 비슷한 패턴으로 1799년 2월 20일, 2월 21일, 3월 8일, 3월 15일, 3월 29일, 4월 20일, 10월 1일, 10월 2일까지 이어지다가 10월 5일 아버지의 임종이 기록된다.

10월 5일 경인 구름 끼고 흐림

(…) 막내 아버지가 몸을 잡고 안아서 세 숟갈째 떠서 먹이는데 머리를 가로저어 물리치며 "그만두어라"라고 하였다. 이어 가래로 호흡이 몹시 어려웠다. 아버지가 답답해하며 다시 탄식하길 "장차 어찌할꼬, 장차 어찌할꼬?"라고 하였다. 연이어 아버지를 부르며 울부짖었으나 돌아가셨다.

천지에 사무치는 아픔을 말할 수 없었다. 울부짖으며 가슴을 쳤으며, 오장이 찢어지는 것 같았다. 삼년간 병수발한 어머니를 어떻게 위로할 것이며, 팔십의 연세에 오직 아들의 병을 근심한 할아버지를 어떻게 위로하겠는가? 고아가 된 불초의 성의가 부족하여 귀신과 하늘의 죄를 받아 이에 이르렀으니, 오히려 누구를 탓하겠는가! 호천망극이로다.

10월 9일 갑오

관을 따라 집으로 돌아왔다. 살아서 나가 죽어서 돌아왔으니 인정상 극도로 슬픈데 땅을 치고 하늘에 부르짖어도 끝내 미치지 못하니 아득한 하늘이여! 이를 어찌 하겠는가. 저녁에 성복하고 조객록을 마련하였다.

11월 10일 갑자

상여가 전포로 출발하여 덕동의 신방의 언덕에 이르렀다. (…) 애통함이 끝이 없으니 어떻게 진정하겠는가!

경산 할아버지가 와서 장례를 살폈다. 신주를 쓸 때, 이름을 받았는데 '의목'이라 하였다. (…) 2일 후에 졸곡제를 지내고 산소로 가서 혼백을 묻었다. 이 아래로는 모두 잊어버리고 기록하지 못했다.

류의목은 이후에 일기를 서술하지 못하다가 이듬해 1월 1일이 되어서야 다시 일기 서술을 이어나간다. 부친의 별세에 대한 류의목의 슬픔은 그의 성장기에 있어서 가장 통렬한 성장통이자 이후의 인생에 있어 원형적 애통의 정서로 자리 잡은 것으로 보인다.

다음은 집안 어른들 별세와 관련된 기록에 등장하는 슬픔의 정서다.

1월 10일 을해(1798)

율곡 종숙모가 별세했다. **애통하고 애통하다.**

1월 12일 신미 맑음(1799)

계상 할머니와 신당동 할머니가 일시에 세상을 떠났으니 **슬픔을 어찌 말하겠는가!** (…)

1월 16일 을해(1799)

고랑곡 서조와 명동의 고산 할아버지, 백동 할머니, 상주 할머니가 동시에 세상을 떠났으니 **이 무슨 광경인가! 말할 수 없이 애통하고 슬프다.**

이렇게 집안 어른의 별세와 이에 따른 슬픔의 직접적 토로 서술은 1799년 3월 22일, 8월 25일의 일기에서 나타난다. 집안 어른들의 별세를 통해 겪는 인척의 죽음과 이로 인한 슬픔은 어린 류의목의 마음을 고통스럽게 하여, 무표정한 『하와일록』의 서술에 감정을 담아내게 한다. 일지로서 객관적인 사실의 단편적 언급이 위주인 이 기록의 전반부 서술의 밋밋함에 작은 파장이 깃듦으로써 조금씩 일기의 면모를 향한 도움닫기의 계기가 되는 사건들이라고 할 수 있다.

다음으로 돌림병 관련 기록이다. 류의목의 돌림병에 관한 기록을 통해 1799년부터 1801년까지 있었던 돌림병이 3년여 동안 당시 조선 전국을 뒤흔든 국가 재난이었음을 알 수 있다. 이러한 돌림병에 대한 세간에 떠도는 유언비어들을 소개하고 이를 황당해하는 소견을 통해 서술에 주관성을 가미하고 있다.

2월 22일 경술 구름 끼고 흐림(1799)

부에 감기로 죽은 사람이 모두 400여 명이라고 한다. 또 올해 봄의 감기는 모두 호국에서 왔다고 했다. 이에 앞서 관우가 의주 부윤의 꿈에 나타나 "내일 모시에 호승이 강을 건널 것인데 마땅히 배를 지키는 사람에게 신칙하여 그가 차고 있는 세 개 주머니를 빼앗으라"라고 시켰다. 부윤이 깨어나서 괴이하게 여기고는 뱃사람 네 명에게 분부하여 앞서 기다리게 하였더니, 과연 승려 한 사람이 홀연히 왔다. 이에 네 사람이 그를 잡아 두 개의 주머니를 빼앗고 한 개의 주머니는 미처 빼앗지 못했는데, 그때 갑자기 붉은 기운이 공중에 떠돌며 사라졌다. 네 사람이 중독되어 즉사하였는데, 곧 감기 주머니였다. 두 개의 주머니를 모두 부쉈는데, 한 개는 창질 주머니고 또 하나는 호역 주머니였다고 한다. **일이 괴상하고 허무맹랑한 데 가깝지만 우선 기록해서 후일의 웃음거리로 삼을 뿐이다.**

3월 3일 신유

외삼촌에게 받은 편지에 "당숙부, 시아버지와 며느리가 동시에 세상을 떠났고 명호의 어떤 부자는 갑자기 죽었다"라고 하였다. **이러한 인간의**

이치를 듣게 되니 참혹함을 말로 할 수 없었다. (…) "부유해 보이는 어떤 상놈 한 명이 자기 아버지가 죽었다는 말을 듣고 상경하여 시신을 거두는데, 얼굴을 보지 않은 채 처지가 같은 사람에게 '내 아버지는 본래 신체가 크다'라고 하면서 큰 시신을 골라 돌아갔습니다. 돌아가서 보니 큰 여인의 시신이었습니다. 이에 임시 매장을 해놓고 또 상경했다고 합니다" 라고 하였다. 허무맹랑했지만 형세로 보아 혹 그럴 수도 있을 것이다. **포복절도할 만했다.**

당시 돌림병은 심각한 수준의 국가 재난 상황이었다. 국가적으로 이러한 위기 상황을 겪고 백성들의 안위가 위태로워지면 단연 이런저런 에피소드가 떠돌게 마련이다. 류의목은 이렇게 세간에 떠도는 유언비어성 이야기들을 허무맹랑하다는 견해에서 소개하면서도 그 이야기가 갖는 흥미성에 이야기 소개의 가치를 부여하고 있다.

이러한 돌림병의 팬데믹 상황은 인척들의 건강과 생명에도 관여하였다. 이러한 정황들은 『하와일록』의 서술 소재가 되고 있는 동시에 류의목의 개인적 감정과 감성을 풍부하게 자극하여 서술에 생동감을 주고 있다. 이로써 일지로서의 단순 기록에 역동성을 가미하여 점차 문학성을 획득해 나가면서 일기 문학으로 나아가고 있다고 할 수 있다.

4월 2일 갑신 맑음

약목과 청송 두 곳의 객들이 문안을 왔다. 용수가 앓아누워 근심스럽고 걱정스럽다.

4월 3일 을유 맑다가 흐림

어머니가 또 앓아 누웠다. 필시 돌림병 증세인 듯하니, 걱정을 말할 수가 없다.

4월 4일 병술 맑음

어머니의 아픈 증세가 더욱 심해졌고, 저녁이 되어 나도 앓아누웠다. 한 집안의 식구 중에 아프지 않은 사람이 없으니 **괴이하고도 걱정되었다.**

4월 5일 정해 맑음

수길과 매제가 연이어 아프니 요즘 광경이 **바로 난리와 같다.** 이 이후로는 계속 병환에 시달려 일기 쓰기를 중지하고 적지 못했다.

4월 25일 정미 맑음

내 병이 조금 차도가 있고 어머니도 머리를 들 수 있을 정도로 나았으며, 수길과 용수도 모두 **나아지고 있으니 기쁘다.** 창을 열어 바라보니 나뭇잎이 겨우 파릇해지기 시작하여 **병들었던 마음이 위로되었다.**

국가적 재난인 돌림병으로 인해 세상 사람들이 죽어 나갈 때, 여기 저기서 들었던 풍문을 객관적인 입장에서 기록했던 상황에서는 유언비어가 주는 황당함에 웃음 코드를 발견하는 서술이 가능했던 앞의 예와는 달리, 위의 예는 사뭇 서술 태도에서 차이를 보여 주고 있다. 이것이 남의 일이 아닌 나와 가족의 건강을 위협하고 있는 정황에서는 정황의 기록 자체에 불안한 감정을 녹여낼 수밖에 없다. '괴이하고도 걱정되었다', '바로 난리와 같다', '나아지고 있으니 기쁘다', '병들었던 마음이 위로되었다'와 같은 직접적인 감정의 토로가 실제로 주변에서 일어난 사실과 바로 연속적으로 서술되고 있는 점은 눈여겨 볼 만하다. 사실 기록을 우선하며 감정 노출이 상대적으로 적은 그동안의 류의목의 서술 방식과는 묘한 차이를 발견할 수 있다.

당시 류의목이 겪었던 돌림병 상황은 말할거리와 쓸거리를 충분히 제공해 주고 있다고 할 수 있다. 따라서 이전의 가문 일지로서 객관적 사실만을 단편적으로 언급하던 『하와일록』의 서술 방식에 점차 변화를 주고 있는 주요 요인이 되고 있다고 할 수 있다.

류의목은 돌림병으로 인한 국가적 재난 상황의 현실과 떠도는 이야기들, 직간접적으로 겪은 에피소드, 유언비어 등을 들은 바대로 서술하면서도, 개인적인 시각에서 느껴지는 참혹함, 웃긴 점 등의 포인트를 잡아 서술하고 있다. 저자의 주관과 감정이 표현된 서술을 『하와일록』 내에 점진적으로 허용함으로써 이전의 서술 방식과 다른 양상의 서술 층위를 더하고 있다고 할 수 있다.

2. 후반부 : 16세(1800, 정조 24)에서 18세(1802, 순조 2)까지

부친상 이후 중단되었던 류의목의 일기 저술은 이듬해인 1800년 1월 1일부터 재개된다. 이후의 일기는 이전과는 다른 패턴으로 서술상의 특징을 보인다. 단편적 사실 언급 위주였던 이전의 서술 패턴이 점진적으로 서사화되고 장편화되는 양상을 보인다. 또한 주관적 느낌이 이전의 서술에 비해 좀 더 빈번하게 등장하고, 철학적 사유의 깊이도 한층 더 성숙한 표현이 등장한다.

1) 서사적 구성력의 신장에 따른 서술의 장편화

『하와일록』의 서술상의 특징에서 가장 두드러진 점은 류의목의 성장과 함께 일기의 서사화 및 장편화를 통해 서술 방식 역시 함께 성장하고 있다는 점이다. 〈표1〉은 이러한 양상을 볼 수 있는 표다.

〈표1〉 류의목의 나이별 서술 방식의 차이 비교

저자 나이	연도	총 수록 편수	단편 기록 편수	장편 기록 편수	장편 기록 비율
12세	정사년 (1796, 정조 21)	36편	36편	0편	0%
14세	무오년 (1798, 정조 22)	350편	324편	26편	7%
15세	기미년 (1799, 정조 23)	318편	295편	23편	7%
16세	경신년 (1800, 정조 24)	365편	310편	55편	15%
17세	신유년 (1801, 순조 1)	345편	287편	58편	17%
18세	임술년 (1802, 순조 2)	355편	244편	111편	31%

분량만을 기준으로 '단편 기록'과 '장편 기록'을 나누었을 때, '단편 기록'은 한글 번역본 기준 세 줄 전후의 짧은 기록으로 날씨, 신변의 간단한 언급 정도만 있는 기록이고, '장편 기록'은 그 이상의 분량을 지닌 기록을 가리킨다. 일기 기록을 분량으로 단편과 장편을 구분할 수

있을지에 대한 의문이 있을 수 있지만, 적어도『하와일록』의 서술에서는 분량에 따라 확연히 그 내용의 성격도 판이해짐을 확인할 수 있다. 한글 번역본 기준으로 세 줄 이하의 기록에서는 대체로 날씨, 조부의 행차, 다녀간 손님들의 이름 언급 등이다. 그러나 그 이상의 분량 서술에서는 주관적인 감정이나 서사성을 엿볼 수 있는 표현들이 등장한다. 따라서 이러한 기준은 류의목의 성장에 따른『하와일록』서술의 장편화를 분석하는 데 유의미한 기준이 될 수 있을 것이다.

〈표 1〉에서 확인할 수 있듯이 류의목이 성장함에 따라 그의 일기 서술도 장편화된 진술 비중이 늘어나고 있음을 확인할 수 있다. 특히 16세를 기점으로 하여 장편 기록 편수 비중은 이전에 비해 배 이상 늘어나고 있다. 양적으로나 질적 측면에서 16세 이후의 장편 기록은 그 이전 시기와 비교하면 한층 성숙하고 성장한 면모를 보여 주고 있다. 일례로 조부를 다녀간 손님들에 관한 서술 중 갈전의 안원安愿에 관해 서술한 부분을 살펴보자.

1월 4일 기사 구름 끼고 흐림(1798)[3]

갈전의 안원 어른이 병문안을 왔다. 식후에 동네로 가서『소학』을 강하여 '통'을 받았다. 저녁에 봄비가 내리기 시작했다. 밤에는 많은 눈이 내렸다.

동일 인물의 방문에 대한 1800년 9월 28일의 기록에서는 다음과 같은 내용의 서술이 등장한다.

9월 28일 정미 맑음(1800)[4]

갈전 아저씨가 할아버지를 뵙고 "막곡의 원장 김광제와 유곡의 사천 권사호가 일시에 잡혀갔습니다"라고 하였다. 할아버지가 놀라며 "무슨 일인가?"라고 물으니 다음과 같이 대답했다.

사천은 지난해에 '왕후장상이 어찌 씨가 있겠는가?'라는 시제를 낸 일로 파직을 당했는데, 이미 대행조 때 판결을 받았으므로 우선 사면되었고, 원장 김씨는 향교에 시를 지어 보내기를 "흰 무지개가 붉은 해를 꿰뚫었으니 의심과 시끄러움을 새로 더했네. 동방에 깊은 근심 있으니 먼 후일의 일을 어찌 말하리오. 파도가 일으키는 군주가 물결을 더하니 제향을 행여 빠뜨림이 없기를"이라고 하였는데, 서인 이종윤이라는 사람이 대역이라고 관청에 고변하였습니다.

관청에서 아전을 보내 성화같이 잡아들여 엄하게 자백을 받으니 김씨 어른은 "그런 일이 없습니다"라고 대답했고, 구담의 김세민 군이 또 이 일로 힐문을 당했는데, "이러한 시가 과연 있습니다"라고 고하자, "여러 사람의 입에 전하는데 네가 어찌 속이느냐?"라고 다시 원장 김 씨를 심문했습니다.

"과연 그런 일이 있었으나 사람들이 말한 것과는 다르게 지었습니다"라고 답하자, 관원이 "그렇다면 처음에는 어찌 둘러대었느냐?"라고 하니, "제가 왔을 때 노형이 말하기를 우선 둘러대고 일의 기미를 보자고 하여 둘러대었습니다"라고 대답하자, 관원이 "네가 지은 것은 뭐라고 하였느냐?"라고 하여, "'흰 무지개가 붉은 해를 꿰뚫는다'라 한 것은 곧 '무지개가 향교 강당으로 들어온다'란 다섯 글자의 잘못이고, 동방이라 한 것은 곧 우리 마을이란 두 글자의 잘못입니다"라고 대답했습니다. 관원이 또 김세민에게 묻자, "이것 또한 저들이 전해 들은 말이고 직접 본 것은 아닙니다"라고 대답하였고, 관리가 "원본이 있으면 좋겠다"라고 하니, 김씨 어른이 "이 일은 제가 의도적으로 한 것입니다"라고 하였습니다. 관리가 "무슨 의도였는가?"라고 하니, "지난해에 저의 아버지가 서인에게 모욕을 당해서 설분하고자 그랬습니다. 뒷날에 전할 생각은 없었기 때문에 원본은 없습니다"라고 대답했습니다.

관리가 또 김씨 어른의 맏아들 홍규를 잡아서 "너의 아비가 지은 것을 너는 아느냐?"라고 묻기에, "압니다"라고 대답하자, 관리가 "뭐라고 하였느냐?"라고 하니, 김씨 어른의 말과 같이 대답하였습니다. 관리가 "만약 너희 부자가 외워 말한 바와 같다면 이 일이 무슨 대단히 시속에서 꺼리는 바이겠는가? 그러나 짓지 아니함만 못하다. 너는 어찌 막지 않았느냐?"라고 하기에, "막지 않은 것은 아니나 아버지께서 생각이 있어서 한다고 하므로 막지 못했습니다"라고 대답하자, 관리가 또 "무슨 생각이 있었던 것이냐?"라고 물으니 앞에서와 같이 대답하였습니다. 관리가 "원본이 있으면 매우 좋겠는데 혹 네 집에서 찾아보았느냐?"라고 함에, "아버지가 이것을 지은 것을 오래 전하고자 한 것이 아니었기 때문에 없습니다"라고 대답하며 곧바로 손으로 자신의 몸을 더듬으며 한참 찾다가 "그런 것이 어찌 있겠습니까! 분명코 없습니다"라고 하였습니다. 문득 차고 있던 주머니를 열더니 찢어진 화철지 한 조각을 찾아 올리면서, "과연 여기에 있습니다"라고 하였습니다. 관리가 보고서 "이와 같다면 이것이 무슨 대단한 죄악이겠는가!"라고 하며 도리어 이종윤을 거짓말로 다른 사람을 모함한 죄를 적용시켜 엄히 형틀을 씌웠습니다.

종윤이 "역을 고변했는데 도리어 나를 죄주려 합니까?"라고 크게 부르짖으니 관리가 형법을 시행하지 못하고 풀어 주었습니다. 김씨 어른 부자를 남아 있게 하면서 "감영의 판결이 돌아온 후에 마땅히 이종윤을 처치할 것이다"라고 하였고, 김씨 어른은 "이후의 일은 제가 마땅하게 처리하겠습니다"라고 고하였습니다.

조부를 방문한 손님 중 동일 인물에 관한 서술이 전반부에서는 단순히 '누가 다녀갔다'라는 한 문장의 언급인 데 비해, 후반부에는 그 사람이 조부를 만나서 어떤 이야기를 했는지까지 상세하게 기록하고 있다. 또한 이러한 기록에서는 일종의 서사성이 매우 돋보이는 필력이 느껴진다. 14세인 1798년 일기에서는 갈전 아저씨가 다녀갔다는 사건의 단편적 언급인 데 반해, 16세인 1800년 일기에서는 갈전 아저씨가 와서 저자의 조부에게 전한 세상의 소식을 쓰고 있다. 1800년의 기록에서는 김광제와 권사호가 관원에 잡혀간 사건의 내력을 쓰고 있다. 사건 속에는 둘이 관원에 잡혀간 사건의 경과를 서사와 인과의 기법으로 서술하고 있다. 이런 서술은 분량의 장편화의 원인이 되기도 한다. 사건 경과의 서술에서 서사 및 인과의 기법뿐만 아니라 인물들의 대사 및 행동 서술 모두가 마치 직접 보고 기록하는 듯 장면 서술이 매우 뛰어나다.

류의목의 일기 속에 액자로 등장한 이 사건은 한 편의 서사성을 갖춘 에피소드다. 현대의 신문 기사를 보는 것같이 생생한 사건의 기록을 담고 있다. 직접 본 것도 아닌 들은 내용만으로도 마치 한 편의 동영상을 시청하는 것 같은 생동감을 주면서 사건을 그려내고 있다. 이는 1798년의 기록과는 판이한 양상이라고 할 수 있다. 이로써 류의목이

2년의 세월 간 일기 서술에 문장력의 비약적 성장을 볼 수 있는 부분이다. 단편적 사건 언급이나 한두 글자의 감정 표현이 아닌, 서사성 있는 사건의 생생한 전달력까지도 붓끝에 담아낼 수 있는 서술 방식으로의 발전이 바로 그것이라고 할 수 있다.

이러한 액자식 구성, 즉 하회를 찾는 손님들이 조부를 찾아와서 세상의 소식이나 자신이 겪은 일을 말한 것을 일기의 또 다른 이야기 속으로 넣어서 서술하는 구성 방식은 이후로도 종종 등장하면서, 일기 서술에서의 서사성을 구축하는 데 주요 틀로 작용하고 있다.

2월 12일 을미 맑음(1800)

무이의 노인들이 와 할아버지를 뵙고 "묵계에 또 시끄러운 일이 일어나, 서쪽과 남쪽에서 서로 대치 중이라고 합니다"라고 하였다. 막내 아버지가 지곡에서 돌아와 말씀을 올렸다.

"오늘 큰 욕을 당했습니다. 예전에 안 가의 서자가 매양 나를 '류 석사'라고 부르고, 나 또한 그 사람을 '안 서방'이라고 불렀는데, 싫은 마음을 품은 지 오래된 것 같았습니다. 이때 내가 온다는 말을 듣고 그 부류 11명이 곧장 앞에서 큰 소리로 '류 서방 왔는가? 너는 나를 안 서방으로 부르니, 내 어찌 너를 류 서방이라고 부르지 않겠는가?'라고 하며, 치욕적이고 패악한 말을 하지 않는 것이 없었습니다. 이윽고 촌노 한 놈을 잡아 나를 대신해 그를 매질했습니다. 그 사나운 습관을 보니 정말 상대하기 어려워 참고서는 말없이 돌아왔습니다."

위의 일기에서도 막내 아버지가 조부를 뵙고 자신이 겪은 수욕을 이야기한 것을 액자로 넣는 방식을 취하고 있다. 이러한 액자식 방식은 『하와일록』후반부로 갈수록 자주 등장하는 방식이다.

1월 8일 을유 조금 맑음

김광제 어른이 온성 배소로 출발하였는데, 풍기에 도착하자 그곳 수령이 사뭇 익숙히 대접했다고 한다. 망정 할아버지가 와서 이야기하였다.

"김성극이라는 사람은 사람됨이 매우 허탄하고, 관장들과 가깝게 지냈는데, 그가 예안 수령을 뵙고는 '시경이 우리 족인의 집에 와서 묵었습니다. 그가 떠날 적에는 노자까지 갖추어 보냈습니다'라고 하여 수령이 크게 놀라, 장계를 써서 본영에 통지했습니다. 영장은 처음에는 무마시키려고 유예시키고 있었는데, 김성극이 또 감영에 들어가 영장을 보고 함께 오랜 시간 이야기를 나누었습니다. 영장이 '근래에 가만히 듣기에 시경이 그대의 문장에서 묵었다고 하는데 그러한가?'라고 묻자, '그러합니다'라고 대답하였다. 영장이 '동참한 사람은 누구인가?'라고 하자, '김성벽 도선과 몇 사람입니다'라고 하였습니다. 잠깐 있다가 일어나 나가니 영장은 즉시 명령하여 그를 잡아들였고, 다시 도선 등도 잡아 사유를 힐문했으나, '이러한 일이 없었다'라고 고하니 이에 풀어 주고, 즉시 장계를 써서 영문에 보고했다고 합니다. 이후의 일은 또한 어떻게 되었는지 모릅니다."

'고자'를 읽었다. 법산 아저씨가 보러 왔다.

위의 기록에서도 망정 할아버지가 류의목의 조부를 찾아와서 전한 에피소드다. 위의 기록에서 보아도 독자가 당시의 사건을 눈앞에서 목도하는 것처럼 생생하게 묘사하여 전하고 있다. 이들의 예에서 공통적으로 놀라운 점은 이 모든 기록은 류의목이 직접 본 것이 아니라는 점이다. 어디까지나 하회를 찾은 손님들이 전한 내용을 듣고 그것을 기억하여 문장으로 옮긴 것이 이렇게 생동감 있게 독자에게 전달될 정도로 필력이 성장했다고 볼 수 있는 것이다. 이는 뛰어난 문장력이 뒷받침되지 않으면 불가능하다고 할 수 있다.

가문의 기록 일지로서의 성격이 강한『하와일록』에서, 후반부로 갈수록 이런 액자식 구성 형식이 점차 많아지는 것은 자연스럽다고 할 수 있다. 류의목의 성장과 비례한 문장력의 세공된 결과라 할 수 있다. 아동기라 할 수 있는 시기에 기록된『하와일록』초기 기록에서 보이는 한두 줄의 단편적 기록은, 하회에서 일어났던 사건들의 세밀한 사연을 볼 줄 알고 들을 줄 아는 귀와 눈이 성장함과 더불어 이것들을 담아내는 문장력이 함께했던 것이다. 특히 손님들의 말들을 잘 기억하고 그것을 하나도 빠짐없이 문장으로 옮겨 기록하는 능력의 탁월성을 인정하지 않을 수 없다. 녹음기나 사진기도 없었던 시절에 들었던 내용을 기억하고 표현해는 문장력은, 현대 뉴스의 한 장면을 보는 것처럼 생생하다. 이러한 문장력의 성장은『하와일록』초기 기록과 대비된다. 이 기록이 이루어진 소년기에서 청년으로 성장하는 류의목의 생애주기적 과업이 얼마나 충실하고 성실히 이루어졌는지를 엿볼 수 있는 단편이라고 할 수 있다.

2) 청소년기의 급격한 성장과 성숙에 기인한 철학적 사유의 표현

그의 장편 서술에서는 서사적 구성력을 바탕으로 한 섬세한 필력뿐만 아니라, 아동에서 어른으로 이행하는 청소년기에 사유의 성숙에서 비롯된 필력 역시 매우 돋보인다고 할 수 있다. 특히 부친의 죽음 이후 이러한 성장과 성숙이 일기에 더욱 적극적으로 표현된다. 죽음 상실은 가족, 연인, 친구와 같이 친밀한 대상을 죽음으로 잃는 것을 말한다. 특히 부모 사별은 가족 모두의 역동family dynamic을 깨트리는 스트레스를 일으키고 이는 자녀가 경험할 수 있는 가장 커다란 외상 사건이며, 남겨진 가족에게 다양한 형태의 상실을 일으킨다.[5] 이러한 상실로 인한 고통과 그 역경의 극복 과정에서 그는 고도의 회복탄력성을 갖고 인격이 성숙되어 가고 있음을 일기 기록에서 발견할 수 있다. 성숙된 인격은 매우 수준 높은 학문적 통찰력을 보여 주고 있다. 1801년 2월 15일 일기는 그의 성숙한 철학적 사유 표현의 결정체라 할 수 있다.

2월 15일 신유 맑고 바람(1801)[6]

아침에 창에 기대 홀로 앉았는데 아버지를 여윈 슬픔으로 절로 처연해졌다. 이어서 군자가 힘쓸 바는 '낙천樂天'이 중요한 것이라는 말이 떠올랐다. 가세가 청빈하더라도 대처함에 태연한 것이 즐거움이며, 기쁜 경사가 거듭되는 것을 보고 기쁜 것이 또한 즐거움이며, 천만 가지 일에 있어서까지 대처함에 중도中道를 얻는 것이 즐거움이 아닌 것이 없다. "즐겁다는 것이 도를 즐기는 것이 아니다"라고 한 것은 대개 절로 무한한 즐거움이 있다는 것일 뿐이다. 거상居喪 이후로 마음은 슬펐으나 그 즐거움은 일찍이 떨어진 적이 없었다. 상중에 있을 때 자식의 정으로써 어찌 즐거울 일이 있겠는가마는 즐거워하는 바는 하늘(천리)이었을 뿐이다. 혹자는 "그냥 하늘에 맡길 뿐이다. 어찌 밖에서 오는 것으로 근심과 기쁨을 삼겠는가?"라고 하는데 이것은 또한 오묘함을 다 모르는 것이다. 주자朱子가 "도리는 천지간에 있으니 반드시 끝까지 궁구하고 낱낱이 자세하게 살펴 충분히 꿰뚫어 다하지 않음이 없으면 만물과 하나가 되어 마음속에 장애가 될 것이 없으리니 가슴속이 어찌 태연하지 않겠는가!"라고 하였으니, 이것은 그 핵심을 말한 것이다. 혹 이러한 생각을 남에게 말하면 문득 비난하고 웃으며 "상주가 어찌 즐거움이 있겠는가?"라고 하니 이것은 결코 즐거운 바가 어떠한 것인지 모르는 것일 뿐이다. 근심을 당하면 근심됨을 즐기고 기쁨을 당하면 또한 그 기쁨을 즐기니 이 뜻을 요즘 사람으로 아는 경우가 적다. 옛날 진서산眞西山이 안자顔子의 즐거움에 대하여 "안 씨는 곧 '박문약례博文約禮'에 힘을 쏟았는데 '박문博文'은 천하의 이치에 대해 궁구하지 않는 것이 없어 힘을 쓰는 것이 넓은 것이고, '약례約禮'는 이치로 자신을 단속하는 것이니 힘을 쓰는 요체다. 보고 듣고 말하고 행동하는 것을 반드시 예禮에 따라 하며 항상 자신을 법도와 규칙 속에 두며 한 터럭만큼이라도 나태하거나 방자한 생각이 없이 안팎과 크고 작은 일에 이 두 가지를 아울러 진작하면 이 마음과 몸이 모두 도리와 하나가 되어 조용히 천리 가운데에 노닐게 될 것이다. 비록 단표누항簞瓢陋巷의 처지에 있더라도 가난함을 알지 못하고, 만종구정萬鍾九鼎의 처지에 있더라도 부유함을 모르니, 이것이 곧 안씨의 즐거움이다"라고 하였으니 이 말을 궁구한 것이라고 할 수 있다. 이런 까닭으로 '낙樂(즐거움)'을 말하면서 '천天(천리)'을 언급하지 않은 것은 분명하지 못한 말이고, '천'을 언급하면서 '낙'을 말하지 않는 것은 갖추어 말한 것이 아니다. '천'은 곧 '리理'다. 어찌 장차 이렇게 힘쓰지 않을 것인가!

이 글을 쓸 당시 그의 나이는 17세다. 부친이 별세하고 1년 반가량이 지난 후 그는 아버지를 여읜 슬픔으로 처연하여 있다가 군자가 말한 '낙천'의 개념을 떠올린다. 『역경』에 나오는 '하늘의 섭리에 따르고 편한 마음으로 운명을 받아들이므로 근심 걱정이 없다[樂天知命 故不憂]'[7]는 말에서 비롯된 '낙천'이라는 개념을 류의목은 인간에게 닥칠 수 있는 상대적인 상황에 따라 요동되지 않는 즐거움으로서의 천리로 해석하고 있다.

『논어論語』의 「옹야편雍也編」에서는 공자가 빈궁한 가운데에서도 학문의 즐거움을 잃지 않는 제자 안연顏淵을 칭찬하면서, "어질도다 회回(顏淵)여, 한 도시락밥과 한 바가지 물로 더러운 골목에 사는 것을 사람들은 그 고생을 견디지 못해서 하는데, 회는 그 즐거움을 고치지 않으니 어질도다, 회여[子曰 賢哉 回也 一簞食 一瓢飮 在陋巷 人不堪其憂 回也不改其樂 賢哉 回也]"라는 구절이 나온다.

이러한 공자의 언급을 충실히 학습하면서 류의목은 '낙천'이란 임의적이고 일상적이며 일시적인 사람의 상황이 주는 고통이나 고충과는 변별된 차원으로서의 절대적인 하늘의 이치로 해석하고 있다. 이런 문해력은 16세의 청소년이라고 하기에는 조숙한 경지의 통찰력을 보여 준다.

이렇게 공자의 생각에 대한 수준 높은 해석력은 그간 류의목이 충실하게 공부해 왔던 방대한 독서와 철저한 공부가 토대가 되고 있다. 실로 이 일기를 썼던 시기에 해당하는 1801년 1월 16일부터 3월 4일까지는 『논어』를 집중적으로 읽었던 것으로 보인다. 류의목의 당시 독서 기록을 보면 다음과 같다.[8]

1801년 1월 16일 『논어』 「학이」

1801년 1월 19일 『논어』 「위정」

1801년 1월 20일 『논어』 「팔일」

1801년 1월 22일 『논어』 「이인」

1801년 1월 24일 『논어』 「공야장」

1801년 2월 02일 『논어』 「술이」

1801년 2월 14일 『논어』 「술이」

1801년 2월 18일 『논어』 「자한」

1801년 2월 19일 『논어』 「향당」

1801년 2월 20일 『논어』 「선진」

1801년 2월 22일 『논어』 「안연」

1801년 2월 24일 『논어』 「자로」

1801년 2월 28일 『논어』 「위령공」

1801년 3월 1일 『논어』 「계씨」

1801년 3월 2일 『논어』 「양화」

1801년 3월 3일 『논어』 「미자」

1801년 3월 4일 『논어』 「자강」

절대적인 '낙樂'으로서 학문의 절대적 즐거움의 영역이 단표누항의 처지에 침해받지 않았던 안연처럼, 아버지를 여읜 비통한 처지에 있는 인간의 비통한 감성적 정서가 하늘이 내린 절대적 차원의 '낙천樂天'은 별개의 영역으로서 인간의 내면에 병존하는 것이다. 또한 이는 각자의 독자성을 가지면서 서로의 영역을 침해하지 않기에 부친을 여의고 통렬한 고통이 전신을 처연하게 만든다고 할지라도 이 감정이 침범하지 못하는 독자적 영역으로서의 낙천 역시 내면에 분명히 있는 세계이므로 또한 낙천으로 즐거울 수 있는 것이다.

어도 차원을 달리하는 즐거움을 가져다주는 경지로, '도리는 천지간에 있으니, 반드시 끝까지 궁구하고 낱낱이 자세하게 살펴 충분히 꿰뚫어 다하지 않음이 없으면 만물과 하나가 되어 마음속에 장애 될 것이 없는' 절대성을 가진다. 이에 더불어 생애주기에 있어 발달 과업들이 매우 긍정적이고 높은 차원에서 연마되어, 그의 인성과 인격을 높이고 있다고 할 수 있다. 그의 이런 면모는 그가 집안 어른들의 기대를 받게 되는 요인이 된 것으로도 볼 수 있다.[9]

『하와일록』 서술 방식 변화의 의미

1. 청소년기 발달적 특성의 반영

류의목이『하와일록』집필 당시의 나이는 12세에서 18세로 현재 학령 나이로 계산하면 초등학교 5학년에서 고등학교 2학년에 해당한다. 이 시기는 청소년기에 해당하는 시기다. 인간에게서 청소년기는 질풍노도의 시기로 급격한 신체 성장과 함께 자아정체감을 통한 내적 성숙이 급진전하는 시기다. 인생의 주기에 있어서 발달 과정에 대한 연구가 다양하지만 가장 일반적인 이론으로서 에릭슨(Erik Erikson, 1963)[10]의 사회심리 발달이론을 들 수 있다. 그의 사회심리 발달이론은 서구 심리학 및 교육학에 크게 영향을 미쳤을 뿐만 아니라, 이미 한국 교육

현장에서도 널리 알려져 있다. 특히 청소년 문제나 조기 교육 문제가 언급될 때마다 어김없이 그의 이론이 등장한다.[11] 그는 프로이트의 5단계의 성심리 발달이론을 바탕으로 생애주기에 있어서 8단계의 사회심리 이론을 만들었는데, 이는 서구 심리학뿐만 아니라 한국의 교육학에 가장 일반적으로 활용되고 있는 이론이다. 프로이트가 주로 정신병 환자들을 대상으로 했다면 에릭슨은 주로 건강한 사람을 중심으로 하여, 프로이트의 원본능id보다는 자아ego에 초점을 맞춰 연구를 진척시켰다. 인격은 프로이트의 주장과 같이 생물학적으로 기초한 성심리 발달psycho-sexual development보다는 일평생을 통한 환경과의 지속적인 상호작용을 통해 인격을 형성한다는 것이 에릭슨의 주장이다.

에릭슨의 생애주기 발달 과정의 8단계에서 나타나는 사회심리적 갈등과 각 단계의 긍정적인 모습인 덕목virtue 그리고 이 덕목에 대비하여 도널드 캡스Donald Capps가 제시한 악덕목Vice을 함께 설명하였는데, 이를 표로 나타낸 것이 〈표 2〉다.[12]

류의목이 『하와일록』을 저술했던 시기는 에릭슨의 생애주기로 보면 청소년기(12~20세)에 해당한다. 에릭슨은 이 시기를 '정체성 대 정체성 혼란'의 시기로 규정하고 정체감 탐색을 청년기의 핵심적 발달 과업이라고 보았다. 청소년기는 스스로 자신을 찾아가는 시기이며, 불안anxiety과 혼돈confusion, 삶의 방식을 모색하고 표류하는 시기[13]로, '제2의 탄생기'[14]라고 할 수 있다.

이 단계는 생리적인 변화와 성기관의 성숙 그리고 피아제가 말하는 인지의 발달이 일어남으로써 여러 가지 많은 변화를 경험하게 된다. 지금까지 어린이가 자신에 대하여 생각하는 것이 도전받으면서 질적

〈표 2〉 생애주기 발달 과정 8단계별 긍정적 모습인 덕목과
그와 대비되는 악덕목

사회심리 갈등	시기	덕목	악덕목	영향을 주는 관계	사회심리적 양태
기본적 신뢰 : 불신	유아기 (1년)	희망 Hope	탐식 Gluttony	어머니	얻으려고 함 getting
자율성 : 수치와 의심	전기 아동기 (2~3년)	의지 Will	분노 Anger	부모	잡고 holding on 보냄 letting go
주도성 : 죄책감	놀이기 (4~5년)	목표 Purpose	탐욕 Greed	가족	추구 go after things 오이디푸스
근면 : 열등감	학령기 (6~11년)	능력 Competence	시기 Envy	학교	만듦 making things
정체성 : 정체성 혼란	청소년기 (12~20년)	충실 Fidelity	자만심 Pride	동료 그룹	자신이 됨 being one-self
친밀감 : 소외	초기 성인기 (21~34년)	사랑 Love	정욕 Lust	결혼 상대자, 친구들	자아 상실 (남과 나눔) losing one-self
생산성 : 침체	성인기 (35~60년)	돌봄 Care	무관심 Indifference	자녀, 젊은이	돌봄 taking one-self
통합 : 절망과 혐오감	노인기 (60~)	지혜 Wisdom	우울 Melancholy	살아 있는 전통	있는 그대로 존재함 to be through having been

으로 다른 자기 이해가 생겨난다. "나는 누구인가?"라는 질문은 새로이 생겨난 감정과 능력에 의해 발생한 기본적 질문임과 동시에 사회에 의해 주어지는 질문이다. 이때 정체성이란 "일관성 있는 자아"가 되는 의식이다. 청소년기는 아동기와는 달리 자신 속에 여러 다양한 자아가 내재하고 있음을 확인한다. 또한 다양한 그룹으로부터 다양한 역할을 요구받는데, 이때 자신의 일관성이 없음을 종종 발견하곤 한다. 이런 상황에서 정체성을 형성하려면 이들을 잘 선별해서 자신의 내면성과 일관성을 이룰 수 있는 잠재적인 요소를 선택해야 한다.[15]

에릭슨은 정체감 획득에 있어서 급격한 사회적 변화, 매우 분화되고 자동화된 사회에서 사는 가족들에게 가해지는 혼란, 청소년들과 청년들에게 압력을 주는 성, 직업, 정치, 이념 등의 복잡한 문제 등의 사회적 요인이 정체성 형성에 영향을 주고 있다고 보고 있다.[16]

피아제Jean Piaget(1896~1980)의 인지발달이론에 따르면, 인간의 인지발달 단계는 감각운동기sensorinator stage(1~2세), 전조작기pre-operational stage(2~7세), 구체적 조작기concrete operational stage(7세 전후~11세 전후), 형식적 조작기formal operational stage(11세 전후~15세 전후)로 구성되어 있다.[17] 각 단계를 확연하게 구분하기는 어렵지만, 이러한 발달 단계는 서로 연속된 것이 특징이다. 즉, 발달이란 새로운 단계의 특성을 '소유'한다는 뜻으로, 단계를 거칠 때마다 이전 단계의 특성을 바탕으로 새로운 단계의 특성을 함께 소유하면서 지적인 복합성을 더해 가는 것이라 할 수 있다.[18] 피아제의 이론에 따르면『하와일록』저술 당시 류의목의 인지발달 과정은 형식적 조작기에 해당한다. 이 시기의 인지발달의 특징은 다음과 같다.

형식적 조작기는 12세 이후의 시기로 명제나 가설과 같은 상황, 즉 추상적인 차원에서도 논리적인 사고가 가능하다. 따라서 이 시기에 가능한 대표적인 사고 형태의 예로는 가설 연역적 사고, 명제적 사고, 조합적 사고 등을 들 수 있다. **또한 감각적이고 현실적인 대상에 대한 분석 등의 추리를 넘어서서 미래나 상상 세계의 어떤 대상에 대한 논리적 추리력이 가능해진다.**[19]

『하와일록』 저술 당시 류의목의 인지발달은 가시적이고 구체적 차원의 논리적 사고를 하는 구체적 조작기의 특징에서 추상적 차원의 논리적 사고가 가능한 단계로 발달하는 과정이라고 할 수 있다. 감각적이고 현실적인 대상에 대한 분석의 추리를 넘어서서 미래나 상상 세계의 어떤 대상에 대한 논리적 추리가 가능해지는 인지발달 과정의 특징이 드러나는 시기라고 할 수 있다.

이러한 서구의 교육심리이론을 조선시대의 사람들에게 적용할 수 있는가에 대해서는 재론의 여지가 있다. 조선 후기의 남성은 15~17세 사이에 관례를 치르고 혼인을 하는 경우가 많았기 때문에, 이 시기의 남성들에게 청소년기라는 서구적 교육심리 개념을 동일하게 적용할 수 없을 것이라는 우려가 그것이다. 그러나 예나 지금이나 인간이 12~18세에 해당하는 시기는 제2의 성장기로서 출생 직후와 맞먹는 속도로 신체적 급성장이 이루어지는 때다. 또한 왕성한 호르몬의 분비로 인해 신체적·정신적 급변을 겪는다는 인간 성장의 보편성은 동서고금을 막론하는 불변의 사실이다. 조선 후기의 사람들이 이 시기에 관례를 치르고 어른의 대우를 받았다고 해서 이러한 신체적·정신적 급성장을 피해 가지는 않았을 것이다. 이러한 급성장으로 인해 겪게 되는 생애주기적 특징과 과업이 20세기에야 비로소 발견되어 정리가 된 것이다. 이러한 서양의 교육심리이론들이 당대에만 반짝 등장하고 사라진 이론이라면 현재까지 교육심리 이론으로 지속적으로 받아들여질 수 없을 것으로 볼 수 있다.

20세기에 정리된 서양의 교육심리이론을 그 이전 시대 사람들의 생애주기에 적용 가능 여부에 대한 재론의 여지가 있을 수 있다. 하지만 이러한 발달 이론들은 인간의 생애 발달에서 나타나는 보편적 특징들을 발견하여 정립된 것임을 이해해야 한다. 교육심리 이론의 발견 및 정립 시기가 늦다고 해서, 이 이론의 소급 적용이 불가능하다고는 볼 수 없을 것이다. 이러한 교육심리이론들은 인간의 생애 발달에 있어서 보편성을 가지고 있음은 현 교육계에서도 지속적으로 언급되고 있는 데에서 충분히 검증되고 있기 때문이다.

『하와일록』에서는 류의목이라는 아동이 성인으로 이행하는 성장을 통해 겪게 되는 성숙이 문학적 감수성 및 문장력의 성숙과 비례하여 발달하고 있음을 확인할 수 있다. 앞서 살펴보았듯, 『하와일록』의 전반부에서 단편적이고 사실적 언급이 표현의 주된 서술 스타일이었다. 즉 '감각적이고 현실적인 대상'[20]을 그대로 한두 문장의 서술로 옮겨놓은 정도라고 할 수 있다. 이후 점차 장편화됨에 따라 서사성을 갖춘 진술의 비중이 늘어나고, 내용 또한 논리적·철학적인 깊이를 느낄 수 있는 필력의 성숙도를 통해 피아제가 말한 '감각적이고 현실적인 대상에 대한 분석 등의 추리를 넘어서서 미래나 상상 세계의 어떤 대상에 대한 논리적 추리력이 가능해지는' 형식적 조작기[21]의 발달 과정을 보여 주고 있다.

즉, 생애에서 '충실'과 '자신이 됨'이라는 청소년기의 발달 과업이 『하와일록』에서는 방대한 독서를 통한 학문적 성취와 정체성의 획득을 통해 구현되고 있다고 할 수 있다. 또한 신변잡기의 객관적이고 단편적인 언급이 주를 이루다가 후대로 갈수록 일기 분량의 장편화 속에 서사성, 문학성, 철학성을 다양하게 담아내고 있는 『하와일록』의 서술 상의 변화는 발달 이론가들이 말한 청소년기가 갖는 발달 과정의 특성을 모범적으로 보여 주고 있는 선례라고 할 수 있다.

『하와일록』에서 보이는 연도별 서술상의 변화를 통해 류의목이 자신을 찾아가는 과정을 발견할 수 있다. 조부에게 다녀간 손님의 내력이나 문중의 일, 날씨에 관한 단편적 언급이 주가 되었던 전반부의 서술에서는 저자의 캐릭터가 분명하게 그려지지 않는다. 그러나 후반부로 갈수록 주관적인 표현의 등장 및 장편화 된 분량 속에 담아내는 서사성의 획득, 철학적 성찰, 사고와 감흥의 문학적 표현력 등을 통해 저자 류의목이 어떤 캐릭터를 가진 인물인지를 스케치할 수 있게 한다.

1801년 2월 26일 임신 맑음

『논어』「헌문」을 읽었다. 강가에 버드나무 꽃이 한창 피었고, 집 뒤에 앵두나무 꽃봉오리가 터지기 시작했다. 만질 때 감정이 일어 슬프고 무너지는 심정을 견딜 수 없었다.

위의 일기는 그동안 사실 기록 일지의 성격이 강했던 『하와일록』의 다소 건조했던 기록 양상과는 판이한 서술이다. 강가에 핀 버드나무 꽃과 앵두나무 꽃봉오리가 터지는 광경을 보았는데, 그것을 만져보고 감정이 일고, 그 감정이 슬퍼 무너지는 심정까지도 느낄 줄 아는 심성을 갖춘 캐릭터로서의 저자가 그려진다. 이 일기를 쭉 읽어가는 독자로서는 그러한 캐릭터가 바로 이『하와일록』의 필자인 류의목이라는 점이 다소 의아할 수밖에 없다.『하와일록』이 일기임에도 불구하고 자신의 개인 기록을 꽤나 절제해 왔던 류의목이었고, 특히 개인 정서는 가족이나 친지, 이웃이 죽을 때 슬프고 처참한 심정 이외에는 거의 드러낸 바가 없다. 그동안의 서술 판도와는 궤를 달리하며 자신의 감수성을 표출함으로써 자연의 아름다움에 감동하고 그것에 감응할 줄 아는 감성적 청소년인 자신의 정체감을 있는 그대로 노출시키고 있는 서술이다. 이러한 서술은 이 일기가 류의목이라는 개인이 저술한 일기임에도 불구하고 그의 캐릭터가 잘 그려지지 않을 정도로 자신에 대한 이야기를 절제하는 이 일기 전체의 서술 궤도를 살짝 일탈함으로써 이 일기의 저자의 정체성을 어느 정도 짐작할 수 있게 한다.

1802년 6월 8일 정미 구름 끼고 흐림

식전에 요즘 지은 것을 가지고 배로 북담을 건너 겸암정사에서 할아버지를 뵈었다. 도정 할아버지가 "『주서』를 보지 말고 마땅히 이 부를 보아야 한다"라고 하였고, 이씨 어른도 오랫동안 펼쳐 보고서 칭찬하는 말을 많이 하였다. 할아버지가 "너에게 기대하는 사람들이 많으니 어떻게 그들의 소망에 답하겠는가?"라고 하였다. 곧바로 돌아오는데 옥연서당에 이르러 큰비를 만나 가지 못하고 난간에 잠깐 기대어 절구시를 읊었다.
나를 듯한 두 누각 강가에 기대었는데
수죽이 무성하게 세간 출입을 막네

구름 깊은 오랜 골짜기 오는 사람 없고
비 어둑하게 내리니 감흥을 어찌할 수 없네

시의 감흥으로 심란한데 뱃사공이 나에게 관모 하나를 주며 건너가기를
청했다. 이에 누각을 내려와 배에 올랐다. **산빛과 물색이 전부 가슴속으**
로 들어옴에 마음을 안정시킬 수 없었다. 조금 뒤에 언덕 아래에 배가 정
박하였는데 옷이 완전히 젖었다. 서실에 이르러 모자를 벗어 사공에게
주고 다시 연봉 할아버지의 관모를 쓰고 방에 들어갔다. 식후에 다시 나
왔다. 종일 비가 내렸다.

배를 타고 강을 건너야 하는 류의목이 큰비를 만나 난간에서 대기하
고 있던 틈을 타 절구시를 읊는다. 비에 젖는 강을 바라보며 읊는 절구
시는 수죽이 무성한 구름 깊은 골짜기에서 오는 사람 없이 고립된 어
떤 사람이 비가 어둑하게 내리는 풍경에 감흥을 얻는 감수성을 표현하
고 있다. 이런 시에 감흥을 받아 심란한 중에 뱃사공이 배를 타라고 하
여 배에 오른다. 그때 눈앞에 펼쳐진 산 빛과 물색의 풍경이 전부 류의
목의 가슴에 고스란히 들어와 박혀 그 마음을 진정시킬 수 없는 맘을
그대로 표현하고 있다.

위의 두 일기를 보면 류의목은 매우 감수성이 뛰어났던 듯하다. 특
히 날씨와 풍경의 아름다움에 조응하고 그것이 주는 감동을 온몸으로
느끼는 인물인 것으로 보인다. 이 두 일기에서 묘사되는 풍경은 일반
인들도 아름답다고 느껴질 수 있는 모습이긴 하다. 그러나 꽃봉오리를
만질 때 터지는 느낌으로 인해 감정이 일어 무너지는 슬픔을 느끼거

나, 비 오는 날 산빛과 물색으로 인해 마음을 안정시킬 수 없는 건 자연에 대한 애정과 사랑, 그것을 받아들이는 마음에 순수하게 이는 감동을 예민하게 느끼는 감수성이 있지 않고서는 어렵다고 할 수 있다.

가문 일지의 성격이 짙은 이 일기에 이와 같은 서술은 이 일기의 필자의 캐릭터를 파악할 수 있는 소중한 기록이라고 할 수 있다. 이러한 감수성 짙은 표현들을 통해 생애주기상 청소년기에 갖게 되는 정체성이 점차 획득되어 가는 과정을 엿볼 수 있다. 이러한 밑바탕에는 충실한 독서를 통한 학문의 연마가 탄탄한 토대를 이루고 있다고 할 수 있다. 즉 에릭슨의 생애주기상 청소년기의 덕목은 '충실'이며 사회심리적 양태, 즉 발달 과업이 '자신이 됨'이라는 에릭슨의 생애주기적 특징을 가장 모범적으로 보여 주는 예라고 할 수 있다.

2. 성실한 학업 수행으로 인한 학문적 성숙

『하와일록』의 초기 기록이 가지는 주요 특징은 가문의 일지로서의 성격과 아울러 저자의 독서 기록 일지로서의 성격이라고 할 수 있다.[22] 이에 따르면 류의목은 14세에 『시경』, 『서경』, 「이소離騷」를 읽었고, 16세 때 『고문진보』, 『대학』, 『중용』, 『논어』, 『맹자』, 『점필재문집佔畢齋文集』을 읽었다. 사서四書는 두 번 이상 읽었고, 『맹자』는 빠르면 하루 이틀 만에 한 편씩 읽을 정도였다고 한다. 17세 때는 『논어』를 한 달 보름 만에 20편을 읽었으며 『중용』과 『대학』은 하루 만에 읽었다고 한다. 그 외에도 중국의 명문장을 부지런히 학습한 것을 자세히 기록하고 있다. 18세 때에는 『서경』을 1월 동안 한 번을 다 읽었으며, 『퇴계선생언행록』, 『서애집』, 『고문진보후집』, 『학사집』, 『학봉집』, 『금옹집』,

『제산집』, 「여헌연보」, 『청강집』, 『구사당집』, 『학사집』, 『퇴계집』, 『남야집』을 7개월 이상 보았다. 또한 『예기』, 『모재집』, 『문견록』, 『춘추좌씨전』을 읽은 것으로 기록되어 있다.[23]

이상에서 확인할 수 있듯이 류의목은 사서삼경을 다회독함은 기본이고, 중국의 명문들과 여러 학자들의 문집을 방대하게 독서하고 학습한 것을 확인할 수 있다. 이미 14세 때 류의춘은 "팽아(류의목)는『서경』을 읽으며 스스로 자기만 한 사람이 없다고 한다"(1798년 11월 26일)라고 했다고 한다. 그의 성실한 학업 태도는 가문의 어른들에게 큰 기대감을 갖게 했던 것으로 보이며, 스스로도 학업의 의지가 매우 강했던 것으로 보인다.

4월 19일 을축(1801)

맑다가 천둥치기 시작하고 이어 큰비가 퍼붓듯이 내렸다. 금곡 할아버지가 조용히 **"우리 한 가문에 뜻이 맞는 사람은 오직 너 한 사람이니, 이제부터 왕래하고 머물며 움직이는 모든 것을 반드시 너와 함께하고자 하니, 너의 뜻은 어떠한가?"**라고 하여, 내가 "저의 뜻도 그렇습니다. 함께 노력하고 싶습니다"라고 하였다.

4월 20일 병인 맑음(1801)

비로소 서당으로 나왔다. 해가 질 무렵에 돌아왔다. 밤에 구미 할아버지가 자상하게 훈계하며 면학의 뜻으로 타일렀다. 또 "너의 아버지가 살아 있을 때 항상 '우리 아이가 장성한 후에 과거를 볼 일이 있다면 마땅히 학수와 함께할 것이고, 저도 반드시 함께하겠습니다'라고 말했는데, 이 말은 지금까지 귀에 쟁쟁하다. 평소 너에게 바라는 것을 학수에게도 그러하였는데, **나도 너를 평범하게 보지 않는다. 오직 착실히 공부하여 처음부터 끝까지 게을리 하지 마라. 매사 반드시 내 아이와 함께 거취를 같이하면 좋지 않겠는가!**"라고 하였다. 나는 감동받아 답례하였고, 한참 있다가 되돌아갔다.

2월 2일 계묘 아침에 맑고 오후에 흐림

바람 부는 형세가 심상치 않았다. 산양의 이여간 친척 아저씨, 신기의 생원 남씨가 할아버지를 뵈러 왔다. 임천 형이 할아버지에게 "요즘 상황의 괴이함을 견딜 수가 없는데, 작은아버지가 향임을 맡은 것이 몹시 의외입니다. 지금 막 들어가려고 하고 있으니, 할아버지께서 보시면 반드시 막으십시오. 하물며 지금 우리 고을 수령이 새로 다스리는 시기이고 패악한 무리들이 서로 떠들고 세상일이 뒤집혀서 재액을 염려할 만하니, 이 어찌 머리를 들고 입을 열 때이겠습니까?"라고 아뢰니, 할아버지가 "너의 말이 옳다. 내가 마땅히 말하겠다"라고 하였다.

저녁에 금곡 할아버지를 찾아가서 함께 글을 토론하였다. 금곡 할아버지가 조용히 나에게 "**나의 글과 글쓰기 너만 못하고 견문도 너만 못한데, 오직 공부하려는 마음은 한결같다.** 네가 나를 손우로 버리지 않으니 반드시 한 마음으로 협력하여 성취하는 것이 내가 바라는 바이다"라고 하였다. 내가 웃으면서 "속담에 '내가 하려는 말을 사돈이 먼저 한다'라고 했는데 바로 이 일을 비유하기에 적당한 것 같습니다. 내가 지금 이것을 할아버지에게 바랐는데, 할아버지가 먼저 말합니까?"라고 하였다. 이에 초여름에 글을 지을 약속을 했다.

6월 5일 갑진 오후에 비(1802)

'8월에 수확하다'라는 제목으로 지어 일등을 하였다. 선정에서 할아버지를 뵈었는데 도정 할아버지와 신양의 원장 이씨 등이 모두 있었다. 함께 저녁이 되도록 물가나 대나무 숲에서 계속 머물면서 놀았다. 늘그막에 즐겁게 모였으니 삼가 경축하는 마음을 가눌 수가 없었다. 곧바로 돌아왔는데, 막내 아버지와 밀양·강릉·상촌 세 할아버지와 성곡 아저씨가 앞서 먼저 갔고, 화천서원에서 옥연서당에 이르러 잠시 쉬다가 곧 배를 탔다.

위의 기록에서 그가 어린 시절부터 보였던 성실한 학문 태도와 총명함이 탁월하여 어른들의 기대를 한몸에 받았던 것을 확인할 수 있다. 유년기부터 충실하게 이루어졌던 독서를 통해 점차 학업 역량이 성장하고, 청소년기의 성실한 독서를 통한 성실한 학문 연마를 토대로 학업적인 성취가 축적되고 있음이 일기에 드러난 것이다.

그의 이러한 학업적 성취는 궁극적으로 학문의 성숙으로 이어진다. 이러한 성숙 과정은 고스란히 일기에 반영되어 초기 단편적 '일지'의 성격에서 벗어난 서술 방식으로 이어지고 있다고 할 수 있다. 사서삼경의 다회독을 통한 탄탄한 학문 역량, 중국의 유명 문장들과 학자들의 문집의 방대한 독서로 터득된 문장력의 신장은 그의 일기 서술에도 반영되고 있다. 깊은 철학적 사유, 학문을 통해 확고해지는 주관 등을 일기에 담아냄으로써『하와일록』은 후반부로 갈수록 내용이 풍성해지고, 풍성한 내용에 사유의 깊이가 더해져서 장편화되는 흐름을 보인다고 할 수 있다.

3. '상실'의 심리적 기제와 극복을 통한 인격적 성숙

상실loss이란 '인간이 가치 있다고 생각하는 어떤 대상에게 가까이 할 수 없게 되거나 혹은 더 이상 가치 있는 질이나 목적을 달성할 가능성이 없게 변경되는 실제적 혹은 잠재적인 상황'으로 정의된다.[24] '상실'이라는 심리적 기제는 누구나 살면서 겪는 경험이다. 상실의 유형을 나누는 기준은 여러 가지가 있다. 이 중 심리학적으로 널리 알려진 이론으로서 4가지 상실의 유형이 대표적이다. 이는 죽음 상실, 죽음을 포함하지 않는 관계 상실, 그 외의 상실(물질적·심리적인 비정형의 상실을 포함), 중요한 역사적 사건에 의한 상실이 그것이다.[25]

생애의 초기 특히 어린 시절에 상실을 많이 경험하면 상실에 대한 민감성이 높아져 더 많은 우울을 겪는다고 한다. 아동기 및 청소년기의 자아는 성장 중이고 대처 기술 또한 발달 과정 중이기 때문에 특히 취약할 수 있다. 따라서 어린 시절의 상실은 한 사람의 생애에서 오랫동안 부정적인 영향을 끼치게 되는 것으로 알려져 있다. 특히 청소년기에 경험하는 부모의 이혼 및 사별로 인한 불안정한 가족, 부모의 실직과 같은 위기는 비관주의, 미래에 대한 부정, 혼돈, 우울, 고립의 감정을 갖게 한다.[26]

특히 부모의 상실이나 친밀한 가족원의 상실은 청소년 스트레스에 대한 사회 재적응 척도에서 가장 높은 항목 중 하나로 연구되었다. 많은 저자들이 사별 경험을 한 청소년이 아동기에서 성인기로 성장하면서 일어나는 사회적·생물학적 변화 때문에 상실감에 대해 취약성이 있다고 밝혔다. 또한 이 시기에 부모를 사별한 자녀의 장단기적인 사별의 영향을 살펴보았을 때 사별 후 즉각적인 기간이 아니라 성인이

되어서까지 심리적인 손상을 입을 수 있다는 것이다.[27]

그러나 상실 경험을 긍정적으로 극복을 한 경우는 현실적 변화와 내적 성장의 동인이 되기도 한다. 윤운영과 유금란의 연구 결과에 따르면 상실을 경험한 청소년 중 긍정적인 변화를 가져온 경우는 해야 할 일을 열심히 하거나 스트레스 관리 등의 구체적인 행동과 생활방식에서의 변화를 가져온 것으로 나타난다. 또한 생각하는 방식의 긍정적 변화와 내적으로 강해진 것 그리고 감사하는 마음과 다른 사람을 돕는 마음 등의 내용으로 내적으로 단단해진 것으로 나타난다.[28]

이러한 점은 '회복탄력성resilience'으로 설명할 수 있다. 이는 환경에 따른 스트레스, 역경 혹은 위험에도 불구하고 행동적·정서적 문제를 보이지 않고 건강하게 적응해 가는 아동들을 설명하기 위해 구성된 심리학적 개념이다.[29] 개인 내적 특성과 외적 요인이 상호작용하여 위험 요인들을 중재하여 긍정적으로 적응해 나가도록 돕는 과정적 능력으로써,[30] 청소년들이 생의 도전들을 성공적으로 다루어 냄으로써 긍정적으로 발달, 성장할 수 있도록 해 주는 핵심적 기술과 태도, 능력을 밝혀 주는 데 유용한 개념들이다.[31] 이해리와 조한익은 이러한 회복탄력성의 개인 내적 요인들로는 자기 효능감self-efficacy, 문제해결능력prob-lem solving, 감정과 충동 조절emotional regulation/impulse control, 공감과 수용empaty and acceptance, 낙관주의optimism, 목표와 희망goal and hope, 의미추구meaningfulness, 종교적 영성spirituality을 들고 있다.[32]

회복탄력성은 스트레스와 일상 속의 도전들에 효과적으로 대처해 내고, 실망·실수·외상·역경으로부터 되돌아오는 능력이며, 분명하고 현실적인 목표를 개발할 수 있고, 문제를 해결할 수 있을 뿐만 아니라,

타인과 편안하게 상호작용할 수 있는 능력으로, 자신과 다른 사람들에게 존중과 존엄성을 가지고 대하는 역량이며, 인생의 도전에 대해 사고력·자신감·목적·의무·감정이입·희망을 가질 수 있는 능력이다. 어려운 환경 내에서 이루어지는 정상적 발달이며, 인간이 스트레스에 저항하며 살아 있는 것을 돕는 기제 또는 과정으로, 심각한 역경에 직면했을 때 인간이 보여 주는 적응적 기능의 역동적 과정이기도 하다. 이는 개인이 지닌 특질이 아니며 행동과 생활 패턴으로 증명할 수 있는 중대한 위험과 재난의 상황 속에서 긍정적으로 적응하는 패턴이라는 것이다. 한편, 탄력성은 스트레스와 역경에 대한 반응에 있어서 개인차라는 현상적인 긍정적 축이며, 단순히 스트레스를 견뎌내는 것보다 부정적 사건들로부터 회복이다. 또한 탄력성은 위험 상황이나 심각한 역경과 충격적인 경험을 하였음에도 불구하고 잘 적응하면서 건강하게 발달하는 성장의 힘이며 불행이나 충격으로부터 급속히 회복하여 성공적으로 적응하는 수준이다.[33]

류의목이 겪었던 부친 상실은 류의목의 청소년기에 있어서 가장 큰 고통의 근원으로 자리하고 있다. 그의 이러한 상실이 주는 고통이 매우 지대했음은 아버지의 상례를 치른 후 몇 달 간 일기를 중단한 것에서도 쉽게 알 수 있다. 그러나 다시 일기를 쓰기 시작한 이듬해 일기에서 보여 주는 인생에 대한 깊은 통찰이 묻어나는 서술에서, 그는 그의 조기 부모 상실의 고통에 대한 긍정적인 극복을 통해 회복탄력성을 갖게 된 것을 엿볼 수 있다.

류의목은 15세인 1799년에 아버지를 여의게 된다. 10월 5일 아버지가 돌아가신 경위에 관한 장편 기록이 있은 후 9일까지 나흘간의 기록은 단편적이다가 중단된다. 10월 6일부터 10월 9일까지의 기록은 다음과 같다.

> **10월 6일 신묘** 밤에 습襲하였다.
> **10월 7일 임진** 밤에 소렴小斂하였다.
> **10월 8일 계사** 밤에 대렴大斂하였다.
> **10월 9일 갑오** 관棺을 따라 집으로 돌아왔다. 살아서 나가 죽어서 돌아왔으니 인정상 극도로 슬픈데 땅을 치고 하늘에 부르짖어도 끝내 미치지 못하니 아득한 하늘이여! 이를 어찌 하겠는가. 저녁에 성복成服하고 조객록弔客錄을 마련하였다.

10월 5일 아버지가 돌아가신 이후 장례로 인하여 분주한 가운데서 쓴 기록이었기 때문에 단편적인 일지 차원의 기록이 6일부터 8일까지 이어지다가 9일에 애도의 감정이 드러난 몇 줄 기록을 보이고 있다. 상실 경험에 대한 일반적인 반응은 애도grief다. 애도는 누군가를 잃었을 때나 혹은 중요하게 생각하는 어떤 것을 잃었을 때 휩싸이는 강력하고 복합적인 감정이다. 죄책감, 수치심, 외로움, 공포, 당혹, 깊은 슬픔, 절망, 무력감 등이 모두 애도의 정서들이다.[34] 사별 상실 사건에 적응하기까지는 남은 가족들이 경험하는 애도 과정의 경험 정도가 회복을 돕는 주요한 원인으로 보고 있다. 긍정적인 가족 관계는 자녀의 건강한 애도 과정과 관련이 있는데 애착 관계가 잘 형성된 자녀는 건강한 애도 과정을 경험하고 애도 과정이 끝나고 현실에 잘 적응한다는 것이다.[35] 류의목의 일기에서는 장례 기간 중의 애도에 관한 기록은 이 기록이 전부다.

이후 11월 4일, 9일, 10일의 하관下官 및 초우제初虞祭, 재우제再虞祭, 삼우제三虞祭에 관한 기록을 끝으로 1799년도의 기록은 마무리된다. 특히 11월 10일 일기의 마지막 부분에 "이 아래로는 모두 잊어버리고 기록하지 못했다"와 같은 기록으로 미루어 보아 급박하게 흘러가는 장례 절차와 부친 사별의 상실감과 애도감을 함께 겪어내느라 붓을 들 겨를조차 없었던 것으로 보인다. 이후 1799년도의 기록이 보이지 않는 것으로 보아서 아버지의 죽음 이후에는 부친상에 관한 기록 이외에는 붓을 들 수 없을 정도의 상실감에 빠져 있었던 것으로 보인다.

이듬해인 1800년도 1월 1일부터는 다시 일기 기록을 회복하고 있다. 이는 아버지 장례를 마친 후 상실감으로 인해 붓을 들지 못하는 동안 애도로서 슬픔을 정화하며 다시 서는 과정이 있었음을 확인할 수 있다. 이러한 과정은 류의목이 부친과의 사별로 인해 겪었던 상실이라는 심리적 기제에 회복탄력성을 갖게 하는 긍정적인 극복을 했던 것으로 여겨지는데, 이러한 점은 앞서 살펴본 대로 1800년도 1월 1일부터의 일기의 내용 및 문체 등의 서술 방식이 이전과 판이해진 데에서 확인할 수 있다. 이는 이 시기 그가 철저히 느꼈던 상실의 아픔과 회복탄력성은 그의 내적 성장을 견인하는 역할을 하고 있음을 말하는 것이다.

1800년인 16세의 일기부터는 주관적인 정서의 세련된 표출 및 학문적으로 성숙된 경지들에 대한 고찰 등 이전의 기록보다 다양하게 다변화된 서술 방식이 확연히 드러난다. 밋밋했던 일지 기록에 문학성이 더해지고, 단순했던 사고에 철학적 사유가 더해지면서 점차 류의목만의 독특한 일기 문학의 개성을 확충해 나아가는 과정이 보이고 있음을 의미한다. 이는 그가 부친 죽음으로 인해 겪은 '상실'의 심리적 기제의 극복을 통한 인격적 성숙의 결과라고 할 수 있을 것이다.

마무리

『하와일록』은 류의목이 12세부터 18세까지의 기록이다. 이 시기는 아동에서 어른으로의 이행기로서의 청소년기에 해당하는 시기라고 할 수 있다.

『하와일록』 저술에 있어서 서술상의 특징도 바로 이러한 아동의 면모와 어른의 면모가 함께 나타나고 있다. 전반부인 12세에서 15세까지(1796~1799)의 일기는, 간헐적으로 주관적 감정이 한 줄가량으로 간략히 언급되는 경우를 제외하고는 대부분 날씨, 독서, 손님 내력, 집안 동향, 부고 등 류의목의 집안에서 일어나는 대소사에 대한 객관적이고 단편적인 언급이 위주였다.

14세 무렵부터 가문 일지 기록이 주는 객관의 성격에서 점진적으로 벗어나 개인적인 감정을 표출하는 서술이 드문드문 눈에 들어오기 시작한다. 이 시기의 『하와일록』 기록은 주로 주변에서 일어난 일들의 사실적이고 객관적 기록의 단편적 언급이 위주가 된 중에서도 간헐적으로 주관적 감정이 표출된 서술이 보이기도 한다.

후반부인 16세 이후(1800년 이후)의 기록부터는 서술 분량의 장편화 비중이 확연히 늘어나게 된다. 장편화된 분량을 통해 에피소드의 서사성 획득, 문학적 필력의 성장, 철학적 사유의 성숙 등이 표현되고 있다.

『하와일록』에 나타나는 이러한 서술상의 성숙은 류의목의 아이에서 어른이 되어 가는 청소년기의 성장과 발달 과정을 매우 핍진하게 반영하고 있다고 할 수 있다. 또한 어린 시절부터 특출났던 학문적 소양과 방대한 독서를 통한 학문적 성숙 역시 그의 글쓰기 능력을 성장시키는 동인이 되었다고 할 수 있다. 한편 15세 무렵 경험한 부친과 임금의 죽음에 따른 '상실'의 심리적 기제를 통한 고통과 극복의 과정을 통한 성숙 역시 그의 일기에서 보여 준 필체의 수준을 향상시키는 데 큰 영향을 주었다고 할 수 있을 것이다.

참고문헌

계형배·하지현, 「박완서 소설을 통해 본 작가의 상실과 창작심리」, 『Psychoanalysis』 27-1, 2016, 17~24쪽.

류의목, 김정민·박세욱·김명자 외 옮김, 『할아버지와 함께한 시간들 : 하와일록』, 한국국학진흥원, 2015.

박노권, 「에릭슨의 사회심리발달 8단계 이론의 분석」, 『신학과 현장』 제8집, 1998, 187~226쪽.

안미나·경혜자·경정숙, 「생애 초기 부모상실 외상아동의 자기인식과 타인인식 및 관계 특성 연구-인형심리진단평가 중심으로」, 『교정담론』 13-3, 2019. 12, 137~165쪽.

윤운영·유금란, 「청소년기 상실 경험에 대한 합의적 질적 연구」, 『재활심리연구』 25-3, 2018, 479~501쪽.

윤초희, 「비고츠키 고등정신기능 발달의 단계와 법칙에 관한 고찰 및 교육적 함의」, 『교육사상연구』 30-4, 한국교육사상학회, 2016, 163~195쪽.

이민경·김보기, 「에릭슨의 심리사회적 이론에 나타난 청소년기의 아이덴티티의 분석 연구」, 『한국복지실천학회지』 5-2, 한국복지실천학회, 2014, 83~101쪽.

이소희 외, 『청소년복지론』, 나남출판, 2005.

이은주, 「어린이를 위한 철학 교육의 가능 근거-피아제의 인지발달 이론 비판을 중심으로-」, 『동서철학연구』 제51호, 한국동서철학회, 2009. 3, 347~371쪽.

이해리, 「청소년의 역경과 긍정적 적응:유연성의 역할」, 한양대학교 박사학위논문, 2007.

이해리·조한익, 「한국 청소년 탄력성 척도의 개발」, 『한국청소년연구』 Vol. 16-2, 2005,

161~206쪽.

전요섭, 「상실 가족의 심리 이해와 목회 상담」, 『한국기독교신학논총』 17-1, 한국기독교
학회, 2000. 6, 313~341쪽.

최영환, 「독서의 인지적 영역 발달과 사회적 관점」, 『독서연구』 17, 한국독서학회, 2007,
41~64쪽.

최정윤, 「'너무 좋은 아버지'의 상실과 심리적 독립과정에 대한 자문화기술지」, 인제대
학교 교육대학원 석사학위논문, 2019.

허윤영, 「부모상실감을 경험한 청소년의 회복탄력성과 대인관계 만족도의 관계 : 한부
모 가정을 중심으로」, 고려대학교 석사학위논문, 2012.

홍봉선·남미애, 『청소년복지론』, 공동체, 2013.

Kübler-Ross, E. & Kessler, D., *Life Lessons: Two Experts on Death and Dying
Teach Us about the Mysteries of Life and Living*, New York : Scribner, 2000.

Sofka, C. J., "Assessing loss reaction among older adults: Strategies to evaluate the
impact of September 11, 2001," *Journal of Mental Health Counselng*, 26(3), pp.
260~281, 2004.

주

1. 류의목, 김정민·박세욱·김명자 외 옮김, 『할아버지와 함께한 시간들 : 하와일록』, 한국국학진흥원, 2015, 8쪽. 인용 시 저서명과 쪽수만 밝히기로 한다.
2. 이상섭, 『문학비평용어사전』, 민음사, 2001, 286~287쪽.
3. 『하와일록』, 65쪽.
4. 『하와일록』, 235~238쪽.
5. Kübler-Ross, E. & Kessler, D., *Life Lessons: Two Experts on Death and Dying Teach Us about the Mysteries of Life and Living*, New York : Scribner, 2000.(최정윤, 「'너무 좋은 아버지'의 상실과 심리적 독립과정에 대한 자문화기술지」, 인제대학교 교육대학원 석사학위논문, 2019, 13쪽에서 재인용.)
6. 『하와일록』, 271~276쪽.
7. 『周易』「繫辭」上.
8. 『하와일록』, 17쪽.
9. 저는 늘 이 아이를 가문의 희망이라고 생각했기 때문에 염려 또한 가볍지 않습니다.(1801년 12월 21일 일기 중에서, 『하와일록』, 337쪽)
   또 나를 돌아보며 "이제 너를 문호의 희망으로 삼으니, 반드시 열심히 하여 부형들의 뜻에 부응하는 것이 좋겠다"라고 하였다.(1802년 3월 12일 일기 중에서, 『하와일록』, 362쪽)
   이씨 어른도 오랫동안 펼쳐 보고서 칭찬하는 말을 많이 하였다. 할아버지가 "너에게 기대하는 사람들이 많으니 어떻게 그들의 소망에 답하겠는가?"라고 하였다.(1802년 6월 8일 일기 중에서, 『하와일록』, 404쪽)
10. 그는 1902년 프랑크푸르트에서 덴마크계와 유대인계 부모 밑에서 태어났으며, 1933년 히틀러의 유대인 박해정책으로 인해 미국 보스턴으로 이주하였다. 이러한 사회역사적 배경과 이주 문화 속 인종적 정체감의 혼돈을 겪었던 그는 후에 정체감 연구의 밑바탕이 되었다.
11. 박노권, 「에릭슨의 사회심리발달 8단계 이론의 분석」, 『신학과 현장』 제8집, 1998, 187쪽.
12. 박노권, 위의 논문, 194쪽.
13. 이민경·김보기, 「에릭슨의 심리사회적 이론에 나타난 청소년기의 아이덴티티의 분석 연구」, 『한국복지실천학회지』 5-2, 한국복지실천학회, 85쪽.
14. 이소희 외, 『청소년복지론』, 나남출판, 2005, 41쪽.
15. 박노권, 위의 논문, 206쪽.
16. 박노권, 위의 논문, 208쪽.
17. 홍봉선·남미애, 『청소년복지론』, 공동체, 2013, 30쪽.
18. 최영환, 「독서의 인지적 영역 발달과 사회적 관점」, 『독서연구』 17, 한국독서학회, 2007, 46쪽.
19. 이은주, 「어린이를 위한 철학 교육의 가능 근거-피아제의 인지발달이론 비판을 중심으로-」, 『동서철학연구』 제51호, 한국동서철학회, 2009. 3, 352쪽.
20. 피아제(Jean Piaget, 1896~1980)의 인지발달이론에 따르면, 인간의 인지발달 단계는 감각운동기(sensorinator stage: 1~2세), 전조작기(pre-operational stage: 2~7세), 구체적 조

작기(concrete operational stage: 7세 전후~11세 전후), 형식적 조작기(formal operational stage: 11세 전후~15세 전후)로 구성되어 있다.(홍봉선·남미애, 『청소년복지론』, 공동체, 2013, 30쪽.) 각 단계를 확연하게 구분하기는 어렵지만, 이러한 발달 단계는 서로 연속된 것이 특징이다. 즉 발달이란 새로운 단계의 특성을 '소유'한다는 뜻으로, 단계를 거칠 때마다 이전 단계의 특성을 바탕으로 새로운 단계의 특성을 함께 소유하면서 지적인 복합성을 더해 가는 것이라 할 수 있다. 최영환, 「독서의 인지적 영역 발달과 사회적 관점」, 『독서연구』 17, 한국독서학회, 2007, 46쪽.

21 이은주, 「어린이를 위한 철학 교육의 가능 근거-피아제의 인지발달이론 비판을 중심으로-」, 『동서철학연구』 제51호, 한국동서철학회, 2009. 3, 352쪽에 나온 피아제의 인지발달론에 따르면, 형식적 조작기는 12세 이후의 시기로 명제나 가설과 같은 상황, 즉 추상적인 차원에서도 논리적인 사고가 가능하다. 따라서 이 시기에 가능한 대표적인 사고 형태의 예로는 가설 연역적 사고, 명제적 사고, 조합적 사고 등을 들 수 있다. 또한 감각적이고 현실적인 대상에 대한 분석 등의 추리를 넘어서서 미래나 상상 세계의 어떤 대상에 대한 논리적 추리력이 가능해진다고 한다.

22 한국국학진흥원에서 편찬한 『하와일록』의 번역본 중 '해제'에 류의목의 독서 기록이 매우 잘 정리되어 있다.(17~19쪽 표 참조.)

23 『하와일록』, 20~21쪽.

24 "Carlson, Behavioral concepts and nursing interventon 'Loss'" in chapter 4 (2nd ed.), New York, J. B.: Lippincott, 1978, pp. 72~112.

25 Sofka, C. J., "Assessing loss reaction among older adults: Strategies to evaluate the impact of September 11, 2001," *Journal of Mental Health Counselng*, 26(3), pp. 260~281, 2004.

26 James, R. K., & Gilliland, B. E., *Crisis intervention strategies* (5th ed.), Belmont, CA: Thoms on Brooks/Cole, 2004.(윤운영·유금란, 「청소년기 상실 경험에 대한 합의적 질적 연구」, 『재활심리연구』 25-3, 2018, 480쪽에서 재인용.)

27 허윤영, 「부모상실감을 경험한 청소년의 회복탄력성과 대인관계 만족도의 관계 : 한부모 가정을 중심으로」, 고려대학교 석사학위논문, 2012, 9~10쪽.

28 윤운영·유금란, 위의 글, 496쪽.

29 허윤영, 위의 논문, 14쪽.

30 이해리·조한익, 「한국 청소년 탄력성 척도의 개발」, 『한국청소년연구』 Vol. 16-2, 2005, 166쪽.

31 이해리, 「청소년의 역경과 긍정적 적응 : 유연성의 역할」, 한양대학교 박사학위논문, 2007.

32 이해리·조한익, 위의 글, 174~175쪽.

33 허윤영, 위의 논문, 12쪽.

34 허윤영, 위의 논문, 5쪽.

35 최정윤, 앞의 논문, 3쪽.

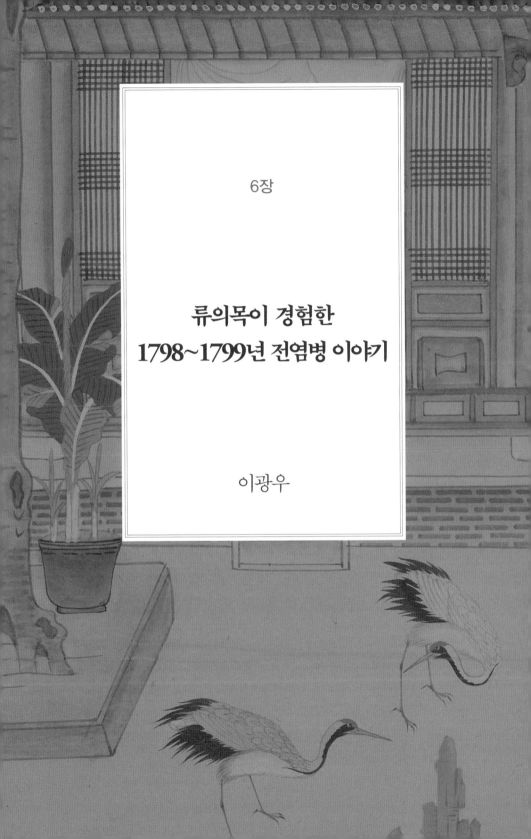

6장

류의목이 경험한
1798~1799년 전염병 이야기

이광우

문명 발전의 역설, 전염병

인류는 문명 발전 과정에서 적극적으로 자연을 개척해 나갔다. 자연스레 다른 환경에서 형성된 이질적인 문명과 접촉하였고, 미지의 환경에 노출되었다. 그러나 미지의 환경은 인류에게 이전까지 경험하지 못했던 질병을 선사했다. 새로운 질병은 강한 전염성을 지녔다. 당연히 항체가 형성되지 않은 상황에서 인류는 새 질병 앞에 무기력하였다. 사회 발전으로 인한 인류의 정착 생활 또한 전염병의 중요 요인이다. 정착 생활은 도시 발전으로 이어졌으며, 밀집 주거지는 빠르게 늘어났다. 결과적으로 사회 발전은 사람과 사람 사이에 질병을 전파시키는 촉매제가 되어 전염병의 대유행을 낳았다.

지난 2020년 3월 11일 세계보건기구WHO는 '코로나-19 팬데믹'을 선언했다. 2020년 전 세계를 강타한 새로운 전염병은 정치·사회·경제적인 측면을 넘어 우리의 일상생활에도 큰 영향을 끼쳤다. 하지만 지난 역사를 되돌아보면 전염병은 끊이지 않고 언제나 인류를 따라 다녔다. 다르게 본다면 끊임없는 전염병 대응이 의학의 발전을 이끌었고, 결과적으로 인류의 수명도 늘어나게 된 것이다. 뿐만 아니라 인류 문명에서 작은 바이러스에서 비롯된 전염병이 중요한 역사적 변곡점으로 작용한 사례가 적지 않다. 펠로폰네소스전쟁(BC 431~BC 404)의 판도를 바꾼 아테네 역병, 서구 중세 사회의 붕괴를 촉진시킨 흑사병, 아메리카 문명을 몰락시킨 천연두, 현대 인류에게 인플루엔자 공포를 각인시킨 스페인독감 등이 대표적인 사례다. 그렇기에 전염병에 대한 인류의 도전과 응전은 끊임없었으며, 그것은 현재 진행형이다.

역학疫學에 대한 개념이 부족했고 의료 기술이 미비했던 전통 시대의 전염병 대응은 대부분 무기력하였다. 잘못된 의학 지식이나 미신으로 전염병에 맞서다 오히려 더 큰 재앙을 겪는 경우가 많았다. 전염병이 선사하는 재앙을 그대로 맞이할 수밖에 없었으며, 시간의 흐름에 따른 자연스런 소멸을 기다려야만 했다. 정확한 원인과 해결 방법을 몰랐기에 전염병의 원인을 초자연적인 현상 또는 도덕·윤리적 관점에서 찾는 것이 일반적이었다.

과거 한국사에서 확인되는 전염병의 원인과 증상도 명확한 진단을 바탕으로 기록된 것이 아니다. 각종 문헌에는 온역溫疫·홍역紅疫·진역疹疫·홍진紅疹·염병染病·두역痘疫·윤감輪感 등과 같은 병명으로 기록되어 있으나, 이것마저도 정확한 병인病因으로 보기가 어렵다. 그렇기에 전통 시대에는 전염병을 단순히 '돌림병'이라 불렸으며, '여귀厲鬼'의 소행으로 보고 '여厲'자를 붙여 명명하기도 했다. 그런 까닭에 조선 시대 문헌에는 여역癘疫·윤질輪疾·괴질怪疾 등이나 단순히 질병의 '전

염傳染' 또는 '윤행輪行'으로 표기하는 경우가 많다.[1]

이처럼 시대적 한계 때문에 과거 전염병을 병리학 관점에서 분석하기는 쉽지 않다. 그러나 조선시대 관찬 사료에는 전염병의 전국적인 유행 양상만큼은 풍부하게 기록되어 있어서, 그것의 영향력에 대한 사회문화적 접근이 가능하다. 또한 근래에는 관찬 사료뿐만 아니라, 사대부 지식인이 남긴 일기 자료를 바탕으로 전염병을 다각도로 분석하고 있다. 특히 2020년 시작된 전 세계적 팬데믹에 맞추어 여러 학문 분야에서 관심을 갖고 있는 중이다.[2] 안동安東 하회河回 출신의 류의목柳懿睦(1785~1833)도 청소년 시절 전염병을 경험하였다. 그가 남긴 일기 『하와일록河窩日錄』에는 당시의 경험이 비교적 소상하게 기록되어 있다.

류의목은 어린 시절 학문에 두각을 나타내어 가문의 어른들로부터 많은 기대를 받았다. 이미 7세 때 필격筆格이 갖추어져 "강상청풍江上淸風 산간명월山間明月 이득목우耳得目寓 취용무금取用無禁" 16자를 크게 쓰니, 족조族祖 류규柳湙가 이를 보고, "우리가 장차 집안을 빛낼 이를 얻었구나!"라고 칭송하였다.[3] 그러나 주위의 기대와 달리 류의목은 과업에서 끝내 성과를 거두지 못하였다. 장년이 된 류의목은 과업에 몰두하던 자신을 되돌아보았다.

다만 어머니의 연세가 점점 많아짐에도 스스로 망학妄學을 그만두지 못하고 아이들과 똑같이 명예와 이욕으로 어리석은 과거 공부에 전도轉倒되고 분망奔忙하였으나, 지금까지 또한 몇십 년 동안 이룬 것이 없다. 그런 뒤 여태까지 부질없었음을 점차 깨달았으니, 숲속의 해와 달이 진실로 아까울 뿐이다.[4]

류의목은 부질없는 학문에 매몰되었던 지난날의 자신을 후회하였다. 이에 하회 인근에 남애서숙南厓書塾을 짓고 한평생 처사형 선비의 삶을 살았다. 그가 처사형 선비의 삶을 선택한 데에는 청소년기 경험이 영향을 미쳤을 것이다. 그중에서도 가장 중요한 기억은 1799년 15세의 나이에 경험한 아버지 류선조柳善祚의 죽음이다. 맏이였던 류의목은 아버지를 떠나보낸 후 어머니를 봉양하고 어린 두 아우를 다스리며, 집안을 이끌어야 했다.

그런데 1799년은 전국적으로 전염병이 크게 유행했던 해다.『조선왕조실록』에 따르면 1799년 한 해에만 경외京外에서 128,000명에 이르는 사람들이 전염병으로 죽었다고 한다.5 전염병의 종류는 명확하지 않으나, 당시 사람들은 청나라에서 건너 온 독감이라고 인식하였다. 류의목이 1796년부터 18세가 되던 1802년까지 7년간에 걸쳐 쓴 일기『하와일록』에는 이때 겪었던 전염병을 '매역' 또는 돌림감기인 '윤감'이라고 표현하고 있다.

1798~1799년 전염병은 국가와 사회에 큰 영향을 끼쳤지만, 류의목 개인에게도 잊을 수 없는 기억이 되었다. 청소년기 류의목의 가장 큰 경험은 전염병으로 인한 죽음의 연속이었다. 일기에는 그때의 애통함이 잘 드러나 있다. 한편으로『하와일록』의 전염병 기록은 개인의 경험으로만 넘어가기에는 아쉬운 점이 있다. 관찬 사료를 제외하고는 1798~1799년 대유행했던 전염병 기록이 그리 많지 않기 때문이다.

흔히 18세기 후반은 사회경제적 발전과 문화의 흥성이 주목받고 있다. 하지만 역설적으로 사회경제적 발전은 환경적 요인과 결합하여 새로운 전염병을 가져다주었다. 이 무렵 우리나라에서 전염병 발생은 끊이지 않았다.

이러한 점을 감안하여 『하와일록』에 나타난 류의목의 경험을 중심으로 1798~1799년 전염병의 실태와 참상, 여기에 대응해 나가던 전통 시대 사람들의 여러 양태를 살펴보도록 하겠다.

1798~1799년 전염병 확산의 몇 가지 요인

1798~1799년 전국을 강타한 전염병의 종류는 일종의 인플루엔자, 즉 강한 독감으로 알려져 있다. 청나라를 통해 전파된 이 독감은 1798년 하반기부터 포착되기 시작하여 1799년 상반기까지 우리나라 전역에서 유행하였다. 한성漢城의 문인 윤기尹愭(1741~1826)는 시를 통해 당시 전염병을 다음과 같이 묘사하였다.

무오년 겨울 끝자락부터 기미년 봄에 이르도록 독감이 유행하였다. 사람들이 말하기를 "중국에서 독감이 일어났는데 죽은 이가 몹시 많고 청나라 건륭乾隆 황제도 독감으로 붕어하였다. 드디어 우리나라로 건너와 열흘 만에 곧장 서울까지 번져 걸리지 않은 사람이 없다. 공경 이하로 죽은 이가 열에 두셋이나 된다"고 하였다. 이는 여기沴氣요 겁운劫運이니 시를 지어 기록한다.

음양이 온통 어지러워지면	二儀渾轇轕
혹 사특한 기운이	氣或有邪沴

질병이 되어 백성에게 해가 되었으니	發爲生民害
이런 사례가 한두 번이 아니라네	種種非一例
조짐이 재앙으로 나타나	兆眹見災眚
돌림병이 되어 유행하네	浸淫祟疫癘
옛날에도 그랬다지만	縱云誰昔然
올해처럼 심한 해는 없었네	未有如今歲
염병도 아니요 천연두도 아닌 것이	非瘟亦非疹
온 세상 끝까지 덮치는구나	彌天網無際
돌림감기라 억지로 이름을 붙였지만	强名曰輪感
한마디 말로 표현하기 어렵네	難以一言蔽
열흘 만에 천하에 퍼져	旬月遍天下
풍우 같은 기세로 몰아쳤네	驟如風雨勢
고관과 백성들	公卿及黎庶
날마다 죽어 갔네	死亡日相繼
원근에서 유사에게 보고하는데	遠近報有司
번번이 천백 단위 헤아리네	動以千百計
시장에는 삼베가 동났고	布麻絶市廛
장례에는 널이 부족하구나	棺槨窘葬瘞
전쟁보다 참혹하고	酷慘甚兵革
역병보다 흉악하다	凶險過鬼厲

(…)

| 섭리하시는 분께 말씀드리노니 | 寄語燮理地 |
| 힘을 다해 보우해 주소서 | 殫竭胥翼勵[6] |

윤기의 시처럼 당시 사람들은 1798~1799년 전염병의 명확한 병인을 몰랐기에 음양의 부조화에서 그 원인을 찾았다. 알 수 있는 것은 감기의 증상과 비슷하지만, 예전과 비교해 전염성과 치사율이 매우 높다는 것뿐이었다.

『조선왕조실록』에는 이 전염병으로 인한 사망자가 1799년 한 해에만 128,000명이라고 하였다. 이 수치가 정확하다고 할 수는 없지만, 통계가 비교적 제대로 잡히기 시작하는 가까운 근대의 사례와 비교해 볼 필요가 있다. 공교롭게도 이로부터 두 갑자 후에 스페인독감이 전 세계적으로 크게 유행하였다. 스페인독감이 1918년부터 유행하였기에 우리나라에서는 이를 무오독감이라고 불렀다. 이와 관련하여 1919년 1월 30일자 〈매일신보〉 기사가 주목된다. 이날 기사에 따르면 당시 식민지 조선에서 7,422,113명의 환자가 발생했다고 하는데, 이는 전체 인구의 40퍼센트에 달하는 수치다. 사망자는 139,128명에 이른다.[7]

1798년 한성부漢城府에서 보고한 조선 전체 호구수가 1,741,184호에 7,412,686명이니,[8] 128,000명이라는 수치는 이 전염병의 매우 강한 전파력과 치사율을 확인시켜 준다. 더구나『정조실록』의 수치가 단기간에 작성된 점과 통계에서 제외된 수치를 감안한다면, 실제 사망자 수는 30만 명 정도였을 것으로 추산하기도 한다.[9]

그렇다면 1798~1799년에 전염병이 극성을 부린 요인은 무엇일까?

먼저 소빙기적小氷期的 자연재해를 꼽을 수 있다.『조선왕조실록』,『승정원일기』,『일성록』등 조선시대 관찬 사료에는 천재지변과 관련된 기록이 비교적 상세하다. 인간의 잘못이 천재지변을 초래한다는 재이론적災異論的 관점은 동서고금을 막론하고 정치적으로 중요한 영향력을 끼쳤다. 천재지변이 권력 변동의 명분이 되기도 했으며, 때로는 권력 강화의 구실로 활용되었다. 또한 전염병이 제때 수습되지 않으면, 급격한 민심 이반을 초래할 수 있기에 정치 세력은 더욱 민감할 수밖에 없었다.

이와 관련해 『조선왕조실록』을 살펴보면, 조선 후기는 실로 전염병의 시대라 할 수 있을 만큼 그것의 발생이 빈번하였다. 17세기 중반부터 19세기 중반까지 대략 200년 동안 전염병의 발생 횟수는 250회가 넘으며,[10] 그중 10만 명 이상의 사망자를 발생시킨 전염병만도 6회에 이른다. 1798년 전후해서도 많은 전염병이 발생했는데, 가까운 시기의 대규모 전염병은 1749~1750년, 1786년에 발생했다. 1749~1750년 전염병 역시 독감으로 추정된다. 1749년(영조 25)에 50만~60만 명,[11] 이듬해에도 수십만 명이 사망했다고 한다.[12] 1786년 전염병도 극성을 부려 진휼청賑恤廳에서 전국에 드러난 해골을 묻은 것과 새로 단장한 고총古塚의 수만 37만 개라고 하였다.[13]

이러한 조선 후기 전염병 유행과 관련하여, 일련의 연구자들은 15~18세기 전 세계적으로 일어난 소빙기적 자연재해를 주목하였다. 우리나라도 16세기 이래 소빙기적 현상을 『조선왕조실록』의 기후 기록과 수목의 나이테를 바탕으로 확인하려는 시도가 있었다. 이를 통해 18세기 후반~19세기 전반 동안 저온 현상이 지속되었으며, 간혹 이상 고온 현상도 나타났음을 밝혀내었다.[14] 기후변동은 빈번한 기근을 초래하였고, 농업 생산성 약화는 곧 개인의 영양 부족과 면역력을 약화시켰다. 당연히 전염병의 전파력도 강할 수밖에 없었다.

『하와일록』도 여타 일기와 마찬가지로 날씨 및 기후와 관련된 기록이 상세한 편이다. 중소 지주로서의 경제적 기반을 갖추고 있던 사대부 층은 한 해 농사를 가름할 기후변동을 언제나 예의주시하고 있었다. 특히 1798년의 기록은 전염병의 조짐을 예고하듯 천재지변과 이상기후 관련 기록이 많은데, 이를 나열하면 다음과 같다.

1월 1일 아침에 일식의 변고가 있었다.

2월 21일 지진이 일어나 지붕 기와가 모두 떨어졌다.

2월 24일 새벽에 서리가 내림. 아! 막 온갖 풀들이 돋아나는 시절에 날씨가 또 이와 같으니 괴이하다.

2월 25일 오전에 많은 눈이 내려 온 산을 덮었다. 오후에는 가랑비가 떨어졌다.

2월 30일 서리가 내리고 땅이 얼었다. 광풍이 크게 일어났다.

3월 2일 서리가 내리고 땅이 얼었다.

4월 3일 식후에 폭우가 왔다가 곧 그쳤다. 지금 오랜 가뭄에 비를 얻었으나 양이 많지 않으니 참으로 땅을 부쳐 먹고 사는 사람들의 작은 근심이 아니었다.

4월 11일 낮에 광풍이 크게 일어났다. 날씨가 마치 닭을 낚아채는 매와 같이 매서워 놀라울 따름이다.

4월 14일 땅거미 질 무렵에 월식이 있었다.

4월 17일 식후에 갑작스레 비가 많이 내리고 천지가 진동하며 밤새 그치지 않았다. 농가의 근심이 조금 풀릴 것이다.

4월 19일 맑음 지금 가뭄에 답종畓種을 논에 … ■ ■ …[15] 하지 못한 사람들은 모두 습지를 찾아 먼 곳으로 나갔는데, 10리 먼 곳까지 간 사람도 있었다. 종가宗家의 어떤 큰 논은 여러 번 가뭄을 겪었으나 오히려 갈고 심을 수 있었는데, 이제 … ■ ■ … 벼를 수확할 희망 … ■ ■ … 문득 까닭 없는 옥류玉流(맑게 흐르는 물)가 절로 솟아올라 온 논에 모두 가득 찼으니 또한 이상한 일이었다.

4월 21일 … ■ ■ … 연못도 완전히 말라 버렸다고 한다.

5월 22일 가뭄이 매우 심하여 논의 작물들이 이미 가망이 없어졌고 보리 또한 익지 않으니 한탄스럽다.

7월 3일 영양英陽에 서리가 내리고 땅이 얼었다는 소식을 들으니 놀랍다.

11월 15일 집 머슴 귀세貴世가 돌아와서 "산에 진달래꽃이 많이 피었습니다"라고 하니 괴이하다.

1798년에는 서리와 가뭄이 심하였다. 이로 말미암아 안동 지역의 농사 피해는 작지 않았다. 음력 2월, 즉 봄철의 이상저온 현상으로 서리가 여러 차례 내렸으며, 4~5월에는 가뭄이 지속되었다. 여름작물 성장에 큰 영향을 끼치는 시기에 서리가 자주 내렸고, 모심기를 준비해야 되는 시기에는 가뭄이 이어진 것이다. 어린 류의목도 한 해 농사를 걱정해야 할 정도였다. 7월 영양에 서리가 내리고 땅이 얼었다는 것과 11월에 진달래가 피었다는 이야기는 낭설浪說일 가능성이 높다. 하지만 소문의 진위 여부와 별개로 그 해 기후가 예년 같지 않았다는 공감 속에 당시 지주와 농민들의 불안감을 보여 주고 있다.

이러한 현상은 곧 기근과 흉황으로 이어졌다. 이미 1797년 삼남 지방에 큰 기근이 들었다.[16] 1798년에도 물난리와 가뭄으로 거듭 기근이 일어나 정부에서는 구제 방안을 고심하였지만 뚜렷한 방책을 찾지 못하였다.[17]『하와일록』에 기록된 1798년의 이상기후 현상은 안동 지역에만 국한되지 않았다. 1790년대 후반 거듭된 기근과 흉황은 전염병 사망자가 많이 발생하는 중요한 요인으로 작용하였을 것이다.

조선 후기 소빙기적 자연재해와 더불어 전염병의 주요 요인으로 손 꼽을 수 있는 것이 바로 외국, 그중에서도 중국으로부터의 질병 유입이다. 이미 무가巫歌나 많은 민간전승에서는 중국에서 역신이 비롯된 것으로 설정되어 있다. 실제 평안도와 황해도는 중국으로부터 유입된 전염병이 가장 먼저 유행하는 지역이었다.[18] 그런데 조선 후기 전염병 유입은 세계사적 흐름과 무관하지 않다.

서세동점西勢東漸의 시대적 흐름 속에 제국주의 열강의 팽창은 바이러스 전파의 매개체가 되었다. 예를 들어 1821년(순조 21) 평양부平壤府에서 보고된 토사吐瀉(구토와 설사)와 관격關格(급체)을 동반한 괴질은[19] 콜레라로 알려져 있다. 이 병은 인도 콜카타 지방에서 시작된 풍토병으로 영국의 병선과 상선을 통해 전 세계로 확산되었다.[20] 이때 콜레라가 청나라를 거쳐 조선으로 전파되었듯이, 1798년 독감도 청나라로부터 전해졌으나 그 기원은 제국주의 열강의 팽창과 관련 있을 가능성이 적지 않다. 동아시아 문화권은 새로운 문명과 접촉하는 과정에서 지금까지 경험하지 못했던 새로운 질병을 선사받은 것이다.

1798년 하반기에 들어온 독감의 전파 계기와 시기는 명확하지 않으나, 늦어도 11월 무렵에는 청나라에서 전염병이 유행하고 있음을 인지했던 것으로 보인다. 이 무렵 사은사謝恩使 일행이 청나라에 파견되었다. 서유문徐有聞(1762~1822)은 사은사 일행의 서장관書狀官으로 임명되었는데, 11월 21일 무렵 역관 일행으로부터 청나라에서 전염병이 돌고 있음을 듣고, 그의 연행일기燕行日記인 『무오연행록戊午燕行錄』에 다음과 같이 기록하였다.

또 이르되 산해관 내외에 전염병이 크게 일어 사망이 많은지라, 길에 깨끗한 곳이 없으며 저의 일행도 머물제 아니 앓은 자가 없다 하니, 심히 놀랍고 염려로우나, 왕명이 미친 바라 어찌 관계함이 있으리오.[21]

발행할 새 상사가 수일 전부터 또한 병이 절실하더니 밤사이 증세가 더하여 전진할 길이 없으니, 이 참으로부터 이틀을 월참하여 16일 미처 가히 황성에 다다를지라, 마지못하여 상방 일행은 이 참에 뒤처지고 부삼방이 먼저 나아가니, (…) 이번 사행이 책문 이후로 병들지 않은 자가 없고, 죽은 자가 이미 세 사람이라. 하인들이 다 황황하여 병들지 않은 자도 또한 이를 곳을 알지 못하며, 병든 자는 더욱 조석으로 보전치 못할 마음이 더한지라. 대저 하인의 천하고 미욱한 상정이 있으면 문득 기도하기를 일삼는지라.[22]

또한 국경을 넘은 지 얼마 되지 않아 일행 중 사망자가 발생하였으며, 상사上使 이조원李祖源(1735~1806)을 비롯해 병에 걸린 자들도 적지 않았다. 사은사 일행에서 빠르게 감염자가 나온 만큼, 1798년 독감의 강한 감염력을 알 수 있다. 이를 미루어 볼 때 1798년 청나라에서 많은 사망자를 유발한 이 독감은 사은사 일행 이전에 청나라와 조선을 오가던 사신 및 상인 그리고 책문후시柵門後市 등을 통해 전파되었고, 의주義州를 시작으로 평안도와 황해도 일대에 확산된 것으로 보인다.

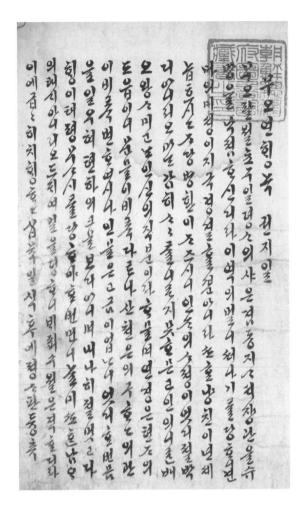

『무오연행록』

1798년 10월 사은사 일행의 서장관으로 청나라에 다녀온 서유문이 1799년 4월 2일
복명하기까지 쓴 160여 일 동안의 기행 일기다. 현재 한글 필사본으로 전한다.

(출처 : 국립중앙도서관 소장본)

류의목을 비롯한 안동 사람들도 당시 독감이 청나라로부터 전파되었다는 소문을 듣고 있었다. 그러나 감염 경위를 알기에는 정보가 부족하였다. 『하와일록』의 1799년 2월 22일 일기에는 당시 안동 지역에서 돌고 있던 이야기가 실려 있다.

> 또 올해 봄의 감기는 모두 호국胡國에서 왔다고 했다. 이에 앞서 관우가 의주 부윤義州府尹의 꿈에 나타나 "내일 모시某時에 호승胡僧이 강을 건널 것인데 마땅히 배를 지키는 사람에게 신칙하여 그가 차고 있는 세 개 주머니를 빼앗으라"라고 시켰다. 부윤이 깨어나서 괴이하게 여기고는 뱃사람 네 명에게 분부하여 앞서 기다리게 하였더니, 과연 승려 한 사람이 홀연히 왔다. 이에 네 사람이 그를 잡아 두 개의 주머니를 빼앗고 한 개의 주머니는 미처 빼앗지 못했는데, 그때 갑자기 붉은 기운이 공중에 떠돌며 사라졌다. 네 사람이 중독되어 즉사하였는데, 곧 감기 주머니였다. 두 개의 주머니를 모두 부쉈는데, 한 개는 창질 주머니이고 또 하나는 호역胡疫 주머니였다고 한다. 일이 괴상하고 허무맹랑한 데 가깝지만 우선 기록해서 후일의 웃음거리로 삼을 뿐이다.[23]

류의목은 허무맹랑한 이야기라고 치부했지만, 경험하지 못한 전염병의 막연한 공포가 신이적神異的 현상에서 비롯된 것으로 생각하는 백성도 많았다. 비록 조선의 사대부들은 신이적 병인론을 뿌리 뽑고자 했으나, 전염병의 요인을 초자연적인 현상에서 찾는 관념은 만연하였다.[24] 그러한 불안감에 류의목도 떠돌던 이야기를 낭설로 치부하면서도, 그 신이적 현상을 기록에 남겨 놓았던 것으로 보인다.

마지막으로 도시 규모의 확대에 주목해 보자. 조선 후기 사회경제적 변화 속에 도시 인구가 비약적으로 증가하게 된다. 또한 중앙집권적 통치체제 및 관료제의 강화는 도성과 지방관이 머무는 읍치邑治의 성장을 촉진하였다. 도성에는 각지에서 올라온 관료·상인·군인이 밀집해 있었다. 과거 응시, 공물貢物 납부, 경저京邸 출입 등으로 많은 사람들이 수시로 몰려들었다. 또한 지방관과 그들을 보좌하는 일행이 도성과 부임지를 왕래하였다. 『호구총수戶口總數』에 따르면 1789년 당시 한성 5부의 인구는 189,153명이라고 한다.[25] 임진왜란 이전 한성부의 인구가 한창 많을 때 8만여 명에 이르렀다는 것을 감안할 때,[26] 조선 후기 동안 도성 일대가 급속도로 팽창했음을 알 수 있다.

하지만 한정된 구역의 인구 증가는 오히려 전염병 확산의 요인이 되었다. 인구의 밀집과 환경오염, 각종 도시 문제는 사람들을 호흡기로 전파되는 독감에 쉽게 노출시켰다. 이러한 배경 때문에 1798년 독감은 평안도·황해도를 거쳐 도성 전체로 확산되었다. 그해 연말부터 도성의 사망자가 급증하기 시작하였다.

당시 한성에서 재직 중이던 선산善山 출신의 무관 노상추盧尙樞(1746~1829)도 독감에 걸려 거동하지 못하고 가래와 기침으로 고생하고 있었다. 그 또한 당시의 경험을 자신의 일기인 『노상추일기盧尙樞日記』에다가 남겨 놓았다. 이에 따르면 1799년 1월 중순 무렵 한성 5부에서 사망자가 1만 명이 넘는다는 이야기를 들었지만, 선뜻 믿지 못하는 반응을 보였다.[27] 그러나 한성에서의 실제 사망자 수는 노상추가 들은 것보다 많았다.

이와 관련해 『하와일록』에는 다음과 같은 이야기가 수록되어 있다.

금계金溪 아저씨가 와서 "이번에 돌림감기로 의주 경내에 인가의 연기가 드물었고, 한성에서 죽은 사람이 모두 6만 3천 명이었습니다. 임금이 그 것을 슬퍼하여 큰 땅을 사서 그 위에 시체를 쌓았습니다. 부유해 보이는 어떤 상놈 한 명이 자기 아버지가 죽었다는 말을 듣고 상경하여 시신을 거두는데, 얼굴을 보지 않은 채 처지가 같은 사람에게 '내 아버지는 본래 신체가 크다'라고 하면서 큰 시신을 골라 돌아갔습니다. 돌아가서 보니 큰 여인의 시신이었습니다. 이에 임시 매장을 해놓고 또 상경했다고 합 니다"라고 하였다. 허무맹랑했지만 형세로 보아 혹 그럴 수도 있을 것이 었다. 포복절도할 만했다.[28]

위의 이야기는 어리석은 백성의 해프닝이다. 참상 속에서도 살아남 은 사람들 간에 주고받은 해학으로 다루어지고 있지만, 인구가 밀집 한 도성이 전염병 확산의 중심지가 되었음을 보여 준다. 비록 6만 3천 명이라는 수치의 정확성은 확인할 수 없으나, 여기에는 도성에 호적을 두고 있지 않은 사람이 상당수 포함되어 있다. 각 지방에서 도성으로 올라온 사람들은 일을 보는 과정에서 필시 많은 사람들과 접촉하였을 것이고, 주로 열악한 숙박 시설을 활용하므로 쉽게 전염병에 노출될 수밖에 없었다. 따라서 연고가 없는 도성에서 독감에 걸려 제때 치료 받지 못하고 사망하는 경우가 많았다. 반대로 고향으로 돌아간다고 해 도 완전히 치료되지 않은 상태라면, 지역사회에 전염병을 전파하는 주 요 매개가 되었을 것이다.

예를 들어 1799년 1월 17일 도성에 있던 노상추에게 고향 소식을 알 려주기 위하여 양일신梁日新이라는 사람이 찾아왔다. 그런데 양일신은

『노상추일기』

조선 후기 선산 출신의 무관 노상추가 쓴 일기로 17세(1763)부터 사망한 84세
(1829)까지 일상을 기록했다.

(출처 : 국가문화유산포털)

한성에 오자마자 전염병에 걸려 며칠간 누워 있었다. 그 후 선산으로
돌아가서, 노상추 가족과 친지에게 한성의 소식을 전해 주었는데, 그
가 완치된 상태였는지는 알 수 없다.[29]

안동도 조선 후기에 이르러 어느 정도 규모 있는 도심을 이루고
있었다.『호구총수』에 따르면 안동부 호수와 인구가 11,696호에
56,603명인데, 관내 25개면 중 도심이라 할 수 있는 부내면府內面에만
1,497호 6,334명이 살고 있는 것으로 나타난다. 안동 지역도 경상도
북부 지역의 웅부雄府로서 사람들의 읍치 출입이 잦았다. 무엇보다 사
대부 간의 교유도 활발하여, 전염병이 확산될 여지가 컸다. 그런 가운데
1798~1799년 류의목의 가족들도 도성에 출입한 사대부와 접촉하였다.

성곡省谷 서조庶祖가 돌아와 "경성京城에 이르기 전에 길에서 죽은 사람을 만난 것이 무수히 많았습니다. 수안보 주막에 이르니 사람들이 모두 '어찌하여 죽을 것을 두려워하지 않고 멀리 왔습니까?'라고 하기에 돌아왔습니다. (…)"라고 들었다.[30]

『하와일록』에 수록된 위의 일기는 한창 전염병이 극성을 부리던 1월 초순 무렵 도성으로 가다 돌아온 류의목의 한 서조가 집에 들러 조부 류일춘柳一春(1724~1810) 등에게 한 말을 요약한 것이다. 당시는 류의목을 비롯해 가족 상당수가 독감에 걸린 상황이었고, 서조 또한 이 시기 도성 출입을 중도에 포기하였기에 그의 방문이 직접적인 전염병 전파 요인은 아닐 것이다. 그러나 주요 사대부가에는 이와 같은 형태로 도성 및 도심에 출입하던 인사의 방문이 잦았고, 그것은 곧 1798년의 독감이 전역으로 확산되는 중요한 요인으로 작용하였다.

이날 부령富寧 수령 한사겸韓士謙이 찾아왔다. 갑산甲山 사람 김철몽金哲夢이 와서 알현했으므로 함경도의 소식을 들었다. 그는 1월 초 함흥을 지났는데 돌림병이 이미 그곳에 도달해서 홍원洪原 땅의 사망자가 헤아릴 수 없이 많았다고 한다. 지금 팔도 사람이 모두 고통을 받고 있다. 황해도·평안도·경기도에서는 병이 잦아들고 있지만 경상도·전라도·강원도·함경도에서는 지금 한창 극성을 부리고 있다고 한다.[31]

1799년 2월 초 도성에 있던 노상추는 함경도의 전염병 소식을 들은 뒤 위와 같이 언급하였는데, 이는 당시 독감의 추세를 보여 준다.

310

즉, 1798년 후반 청나라에서 유입된 독감은 평안도·황해도를 거쳐 인구가 밀집한 도성으로 유입되었다. 1798년 말 무렵 극성을 부렸던 독감은 해가 바뀌면서 한풀 꺾인다. 그러나 이듬해 봄 삼남과 강원도·함경도 지역으로 확산되면서 많은 인명 피해를 안겼다. 이렇듯 1798~1799년 독감의 유입과 확산은 조선 후기 자연환경과 사회경제적 배경이 복합적으로 작용한 결과라 할 수 있다.

1798~1799년 전염병의 참상

1798~1799년 전염병이 극성을 부릴 당시 류의목의 나이는 14~15세였다. 『하와일록』에는 죽음과 관련된 기록이 많지만, 1799년의 일기에는 그런 내용이 더욱 많다. 1월 초부터 전염병이 빠르게 확산되는 가운데 가족이 대부분 독감 증세를 보이기 시작하였다. 그리고 병세가 악화된 주변 사람들이 하나둘씩 세상을 떠나기 시작했다. 『하와일록』의 1799년 전반기 일기에는 전염병 그리고 죽음과 관련된 일기가 주를 이룬다.

1799년 1월 1일 류의목 집안은 종가宗家의 상사로 명절 차례를 치르지 않았지만, 그와 관계없이 새해 인사와 아버지 병문안을 겸한 친척 어른들의 방문은 이어졌다.[32] 시끌벅적한 새해를 맞이한 지 얼마 지나지 않아 류의목 자신과 가족들에게 독감 증세가 나타나기 시작했다. 하회에서 이를 무사히 피한 이는 거의 없었다.

내가 한질을 얻어 매우 아팠다. 아버지 또한 본래 있던 병에다가 돌림감기를 더해 아파 누워 근심되고 걱정스럽다. 이 병명은 비록 감기이긴 하지만 돌림병과 다름이 없어서 한 마을 위아래 사람이 한 사람도 누워 있지 않은 사람을 볼 수 없었다.[33]

할아버지가 병산屛山에서 돌아와 아파서 누웠다. 큰집의 모든 가족, 막내 아버지의 모든 가족, 종숙從叔의 모든 가족이 일시에 옮아 아파하였다.[34]

할아버지가 많이 아팠고 기침이 더욱 심하니 근심되고 걱정스럽다. 가족들도 매우 아팠다.[35]

위와 같이 1월 7~9일간 하회의 일족과 아랫사람 중 상당수가 독감 증세를 보이기 시작하였다. 그리고 1월 한 달 동안 부고가 끊이지 않았다. 1월 12일 계상溪上 할머니, 신당동新塘洞 할머니, 형호衡湖의 송천松川 집안 어른, 16일 고량곡高浪谷 서조와 명동命洞의 고산高山 할아버지, 백동白洞 할머니, 상주尙州 할머니, 21일 마을 여종 소아小牙, 26일에는 초전草田의 친척 아저씨 김양진金良鎭이 세상을 떠났다. 이어지는 부고 소식에 류의목은 비통함을 감추지 못했다. 수일 동안 마을 안의 나쁜 소식이 끊이지 않으니, 마치 그 광경이 난리가 난 것과 같다고 술회하였다.[36]

당시 전염병은 전국을 강타하였다. 『하와일록』의 1799년 2월 22일 일기에는 안동부 내에서만 사망자가 400명에 이른다고 했다.[37] 『일성록日省錄』에 수록된 1799년 3월 30일자 '팔도사도이윤질사망수효치계八道四都以輪疾死亡數爻馳啓'를 통해 그해 3월 기준의 8도와 4유수부 그리고 경상도 71개 고을의 사망자 규모를 정리하면 〈표 1〉 및 〈표 2〉와 같다.[38]

그런데 위의 치계는 한성의 전염병 사망자 수를 제외한 것이다. 치계가 올라온 같은 달 3일 류의목은 금계 아저씨로부터 한성의 사망자가 6만 3,000명에 이른 것을 들었다.[39] 또한 『무오연행록』의 같은 날 일기에서는 한성 5부 안에서 구하지 못한 자가 7만 명에 이른다고 하였으니,[40] 한성의 사망자 규모는 매우 컸을 것이다.

〈표 1〉 8도 및 4유수부 사망자

지역	사망자 수	지역	사망자 수	지역	사망자 수
경기도	13,310명	강원도	7,648명	광주부	68명
충청도	9,844명	함경도	8,566명	강화부	1,028명
경상도	15,532명	평안도	41,975명	총	123,276명
전라도	3,908명	수원부	1,225명		
황해도	19,225명	개성부	947명		

〈표 2〉 경상도 71개 고을 사망자 수

고을	사망자 수	고을	사망자 수	고을	사망자 수
진주	369명	김산	130명	문경	323명
성주	317명[41]	곤양	61명	개령	54명

고을	사망자 수	고을	사망자 수	고을	사망자 수
상주	1,158명	청도	299명	용궁	65명
대구	274명	초계	200명	의흥	101명
경주	1,095명	흥해	143명	산청	169명
안동	858명[42]	양산	119명	신녕	282명
영해	218명	영천榮川	212명	고령	139명
청송	231명	함안	179명	하양	141명
김해	55명	고성	279명	군위	91명
거제	10명	거창	331명	지례	158명
순흥	283명	진보	136명	예안	139명
함양	133명	창녕	148명	청하	53명
선산	334명	단성	88명	연일	332명
인동	101명	영산	56명	의령	128명
칠곡	27명	비안	191명	남해	163명
울산	512명	진해	6명	안의	389명
하동	401명	현풍	21명	웅천	70명
밀양	156명	봉화	66명	장기	58명
동래	285명	함창	201명	사천	131명
창원	201명	자인	132명	기장	103명
예천	549명	삼가	52명	언양	157명
풍기	152명	경산	78명	영양	144명
합천	137명	영덕	229명	칠원	93명
영천永川	39명	의성	794명	총계	15,529명[43] (15,532명)

1799년 3월 기준 전국 사망자 수 123,276명을 1789년에 편찬된 『호구총수』의 총 인구 7,403,606명에 대입하면 전체 인구의 1.66퍼센트가 전염병으로 사망한 것을 알 수 있다. 안동은 『호구총수』 기준 56,603명의 인구 중 1.52퍼센트에 이르는 858명이 사망한 것으로 나타난다. 2월 22일 안동부에서 400명의 사망자가 발생했다는 『하와일록』의 기록을 감안한다면, 안동에서는 1~3월 동안 전염병이 극성을 부린 것으로 보인다.

물론 『호구총수』의 인구수와 3월 30일 치계된 사망자 수가 전체 통계는 아니다. 1799년 3월 이후에도 사망자가 발생했으며, 『정조실록』에는 1798년을 제외하고 1799년 한 해에만 128,000명이 죽었다고 기록하였다.[44] 무엇보다 위의 치계는 도성의 사망자를 제외한 것이다. 1918~1919년 스페인독감 때 식민지 조선에 살던 1,715만 명 중 139,128명이 사망하였는데, 이는 같은 해 전체 인구 중 0.81퍼센트에 해당한다. 같은 독감이지만 사실상 방역 정책이 전무했던 전 근대의 인명 피해가 더욱 클 수밖에 없었다.

〈표 1〉을 통해 피해 규모를 각 도별로 살펴보면 도성을 제외하고 평안도의 사망자가 41,975명으로 가장 많고, 뒤이어 황해도가 19,225명으로 나타난다. 전염병이 청나라에서 시작되었던 만큼, 그 연로에 있던 평안도와 황해도에서 전염병이 먼저 확산되었고 피해도 컸던 것이다. 경상도의 사망자는 15,532명으로 피해 규모가 세 번째로 컸다. 다만 8도 중 경상도 인구가 가장 많은 점을 고려해야 한다. 이들 사망자 수를 『호구총수』의 각 도별 인구에 대입하면 전체 경상도 인구 중 0.97퍼센트, 평안도는 전체 인구 중 3.24퍼센트, 황해도는 3.38퍼센트

가 이때 사망한 것으로 나타난다. 한편, 〈표 2〉의 경상도 지역 사망자 규모를 보면 대체로 상주·경주·안동과 같은 대읍과 도성과 가까운 경상도 북부 지역의 피해가 컸음을 알 수 있다.

『하와일록』에는 류의목 주변 인물의 부고가 1799년 봄뿐만 아니라 여름 이후에도 이어진다. 류의목 본인도 6월 17일 또다시 병에 걸려 한 달가량 누워 있었다.[45] 이 때문에 『하와일록』에는 6월 18일부터 8월 9일까지의 일기 내용이 없다. 여름 이후의 병환과 죽음에 대해서는 전염병과 관련된 언급을 별도로 하고 있지 않지만, 그 여파는 분명 하반기까지 이어졌을 것이다.[46] 이 때문에 『하와일록』에는 주변인의 죽음을 슬퍼하는 술회가 여러 곳에 남겨져 있다.

1798~1799년 동안 그 누구도 전염병의 참상을 피할 수 없었다. 생존자들도 주변인의 죽음에 애통함을 감추지 못하였다. 서유문의 『무오연행록』에는 이와 같은 상황을 극적으로 보여 주는 기록이 있다.

요동의 석문령을 지나 조선에 다가오고 있는데 거기서 받은 편지에서 (⋯) 수레를 빨리 몰아 참에 내려 편지를 뜯어 부모님의 친필을 받아 보니 할머니가 정월 초 7일 진시에 상을 당하신지라. 경황없이 통렬하고 야박한지라 (⋯) 여러 장 편지를 다 보니, 작년부터 괴이한 전염병이 발생하여 병들지 않은 사람이 없으며, 병이 들면 구하지 못하는 자가 많으니, 서울 5부 안에 구하지 못한 사람의 수가 7만여 인이라, 3대신과 4도백과 재상 이하로부터 서울 조관이며 외방의 수령 중에서도 일어나지 못하는 자가 가히 헤아리지 못하니, 유행하는 전염병이 혹독하여 그 영악함을 부려 이 큰 액운을 이룸이라. 역관과 삼행 소속 중에 혹 친상을 당하거나,

혹 처자가 상을 당한 소식을 듣고, 이박에 멀거나 가까운 사람 중에 상을 만나지 않은 사람이 없으니, 그 친상을 만난 사람은 군관·역관과 하인을 막론하고 다 속여 이르지 못하니, 여기서부터 곡을 하면 보전하지 못하기가 틀림없는 일임이라. 보는 바가 지극히 참혹하기 짝이 없더라. 이르므로 집안사람 중에 무사한 자는 서로 경하하면서 요행의 사람이라 하여 완전히 복이 있다고 하니, 이런 기이한 일은 대개 옛 역사책에도 드문 일이리라.[47]

위의 일기는 1799년 3월 3일 사행을 마치고 돌아오는 길에 있었던 일이다. 사신 일행은 국경 근처에서 조선에서 온 사람으로부터 가족이 전해 준 편지를 받았는데, 서유문은 할머니의 부고를 듣게 된다. 그런데 그날 자신뿐만 아니라 일행의 대부분이 편지를 보고 가족 및 친인척의 부고 소식을 들었다. 1798년 겨울부터 유행한 전염병에 의해 세상을 떠난 것이다. 이에 부고가 있는 일행을 위로하는 것이 아니라, 부고가 없는 일행을 경하하는 특이한 모습이 벌어졌다.

〈표 1〉에는 기록되어 있지 않지만 전염병의 피해는 도성이 가장 컸다. 이미 2월과 3월 사이 도성에서 6만 5,000명 내지 7만 명에 이르는 사망자가 발생했다고 한다.[48] 또한 1799년 1월 10일 할아버지 류일춘을 찾아온 서조는 이 무렵 선조先祖를 위한 일로 상경한 경상도 유생 가운데 돌아온 사람이 한 명도 없다는 이야기를 전했다.[49] 여기서 선조의 일은 『영남인물고嶺南人物考』 간행과 관련된 일로 보인다. 1798년 정조의 명으로 영남 출신 문신·학자 등의 전기를 엮은 『영남인물고』가 편찬되었다. 그러나 하회 출신을 비롯해 산삭刪削된 인물이 적지

않았다. 이에 안동과 풍산 류씨 문중에서는 상소를 올리려는 움직임이 일어났다. 류일춘은 연명 상소를 반대하였지만,[50] 경상도의 적지 않은 가문들이 불만을 품고 있었다. 이에 개별적으로 또는 합심하여 『영남 인물고』를 개정하려는 일련의 유생들이 한성으로 향했던 것인데, 전 염병을 만나 돌아오지 못한 것이다.

전염병이 극성을 부리는 가운데 중앙 관인들의 죽음도 이어졌다. 당 시 상황은『노상추일기』에 상세하게 전한다.

> 섣달 보름 이후부터 대신과 공경·재상으로서 사망하여 입계된 사람의 수가 거의 20여 인이 넘었다. 그 사람들은 영부사 홍낙성洪樂性, 경기관찰 사 민종현閔鍾顯, 전임 판서 윤홍렬尹弘烈·정호인鄭好仁·김상집金尙集·신 광리申光履·박종갑朴宗甲·이민보李敏輔, 전임 참판 류강柳爀·윤득부尹得 孚·류의柳誼, 황해도관찰사 이의준李義駿·이창한李昌漢·송민재宋民載·이 창회李昌會·이지영李之英·이주연李柱延이다. 그리고 황주목사 윤치성尹致 性은 임지에서 사망했으며, 그의 아버지 윤홍렬도 황주에서 사망하였다. 윤치성의 후임인 윤광석尹光碩도 부임한 지 이틀 만에 황주에서 사망하 였다. 류인철柳仁哲은 용천龍川 부임지에서 사망하고, 강원도관찰사 홍인 호洪仁浩도 임지에서 사망했으며, 전임 병마절도사 이우현李禹鉉도 사망 했다고 한다. 그 이하 문관·음관·무관으로 입계되지 않은 사람이 많으나 이루 다 기록할 수 없다. 전임 참판 심진현沈晉賢도 사망하였다.[51]

노상추는 도성에 있으면서 여러 관인들의 죽음을 직접 들을 수 있었 다. 위의 일기에 따르면 이미 1798년 12월 보름 이후 영중추부사 홍낙성을 필두로 여러 관인이 전염병으로 세상을 떠난 것으로 나온다. 그 외에도 봉조하 김종수金鍾秀, 전 판서 이성규李聖圭, 전 판서 서호수徐浩修, 정언 신완申完, 전 정승 채제공蔡濟恭 등의 부고가 있었다. 그렇게 1월 중순 무렵까지 3명의 대신을 비롯해 11명의 전 판서가 한꺼번에 세상을 떠났다.[52]

안동 출신 문신 김한동金翰東(1740~1811)의 「사행일록仕行日錄」에 따르면, 1799년 1월까지 대신·공경·재상부터 말단의 문관·무관·음관에 이르기까지 400여 인이 죽었다고 한다.[53] 신분고하를 막론하고 전염병을 피할 수 없었다. 특히 중앙 관료와 지방관의 경우 여러 사람과 접촉하는 위치에 있었다. 그렇기 때문에 누구보다 전염병에 쉽게 노출되었고, 그만큼 사망한 자도 적지 않았던 것이다.

하회의 풍산 류씨도 여러 방편을 통해 관료들의 부고 소식을 들었다. 『하와일록』의 1월 23일 일기에는 평안·함경·황해·전라·강원도의 관찰사뿐만 아니라, 경상도관찰사 이의강李義綱과 두 비장裨將의 부고 소식이 기록되어 있다.[54] 이러한 소식이 이어지는 가운데 류의목 일족에게 가장 큰 충격을 준 것은 1월 18일에 있었던 채제공의 죽음이었다.

경산慶山 할아버지가 와서 할아버지에게 "번암樊巖 채제공의 상사가 났다고 합니다. 과연 그렇다면 남쪽의 선비들은 이미 희망이 없습니다"라고 하니, 진사 할아버지가 "어젯밤에 이것을 상주 사람에게 물었는데, 상주 사람이 '이곳은 모두 채제공의 자제라고 생각한다'라고 하였습니다"라고 했다. 할아버지가 "의미심장한 말이다. 분명 심상치 않다. 그렇다면 영남의 운수가 쇠할 것이로다"라고 하였다.[55]

장천長川 할아버지가 와서 할아버지를 뵙고 "채제공에 대한 말이 원근의 여러 곳에서 거듭 나오니, 우리 영남이 기운을 잃는 일입이다"라고 하였다.[56]

채제공은 당시 정부에서 시파時派와 벽파僻派 간의 갈등이 지속되는 가운데 친위 세력을 확보하고 왕권을 강화하기 위해 정조가 등용한 남인계 인사였다. 이에 부응하여 채제공은 경상도의 남인 인사를 발탁하였으며, 이들이 진행하는 각종 위선사업爲先事業에 적극적으로 협조하였다. 이른바 '영남嶺南'과 '경남京南'의 제휴가 이루어지는 가운데, 채제공의 죽음으로 남인의 정치사회적 위상은 타격을 받을 수밖에 없었다.

실제 1800년 정조마저 세상을 떠나자 권력을 잡은 벽파 세력은 다양한 형태로 남인을 압박하였다. 특히 영남에서는 벽파계 수령들이 앞장서서 채제공의 흔적을 없애는 데 주안을 두었다. 채제공이 비문을 쓴 예안 도산서원陶山書院 앞의 시사단試士壇을 파괴하고, 순흥 소수서원紹修書院에 있는 채제공의 화상畫像을 빼앗았다. 나아가 순조는 교시를 내려 채제공을 안동 춘양春陽의 도연서원道淵書院에 제향하는 것을 금지시켰다.[57] 그렇기 때문에 안동 남인을 대표했던 하회의 풍산 류씨 일족과 할아버지 류일춘은 채제공의 죽음을 안타까워하며 '영남'의 앞날을 걱정하였던 것이다.

1798~1799년의 전염병은 하회의 풍산 류씨에게 정치사회적 위기를 가져다주었다. 그런 가운데 류의목의 아버지 류선조가 1799년 10월 5일 세상을 떠났다.[58] 류선조의 병환은 1797년 1월부터 시작되었지만,[59] 전염병을 겪는 동안 그 병세는 더욱 심해졌으며 이후에는

여러 합병 증세를 보이기까지 했다. 성장기의 류의목은 전염병을 겪으면서 아버지와 일족의 죽음을 목도하였다. 아버지가 세상을 떠난 후 어머니를 봉양하고 아우들을 보살펴야 하는 입장에서, 또한 일족의 정치사회적 앞날이 걱정되는 시점에서, 가치관이 형성되는 중요한 청소년기를 겪은 것이다.

1798~1799년의 전염병 대처

정부의 구휼과 제의祭儀 설행設行

조선의 정부기구 중에서 빈민을 구제하는 혜민서惠民署와 서민의 질병을 관리하는 활인서活人署가 전염병 전파를 차단하고 백성들을 치료하는 업무를 맡았다. 하지만 18세기에 이르러서는 두 기관 모두 유명무실해진 상태였다.[60] 그런 가운데 정조는 즉위 이후 전염병으로 인한 피해를 최소화하고 감염된 백성을 구휼하기 위한 정책에 힘썼다. 정조는 재위 동안 흉년과 전염병으로 버려진 아이들을 구휼하기 위하여『자휼전칙字恤典則』을 반포하였으며,[61] 혜민서에는 홍역 치료와 관련된 「진역구료절목疹疫捄療節目」을 올리게 했다.[62] 또한 백성들이 의서醫書를 쉽게 활용할 수 있도록『동의보감東醫寶鑑』을 참조한『수민묘전壽民妙詮』과『제중신편濟衆新編』을 간행[63]하였다.[64] 그러나 1798~1799년 전염병 때 과연 이러한 정책으로 효과를 보았는지는 미지수다.

빠른 속도로 전염병이 확산되면서 감염자와 사망자가 속출하는 가운데 방역을 위한 정부 차원의 실질적인 대응은 확인되지 않는다. 오

주휼뎐측

젼교ᄒᆞ샤 ᄀᆞᆯᄋᆞ샤ᄃᆡ흉년에 내빅셩의ᄒᆞᆷ 문굴

이거동ᄒᆞ고 젼련 뉴리ᄒᆞ야업ᄐᆞ ᄒᆞᄂᆞᆫ쟤 누님금

의졍스에 건지고 구휼ᄒᆡ 아니리오만은 그즁

구쟝 고흘듸업고 쟝블샹ᄒᆞᆼ재 아희들파어

린거시니 져 즈란거슨ᄂᆞᆷ의 고공이 되야믈도

기르며 나모도 져 오히려가히 죠ᄅᆞᄒᆞ야 살녀

니와 아희둘어 린거슨이와 달나 몸을ᄭᅵ우

고 입을 먹을 도리스스로 힘쓸길이업서 울고

브르지져 살기를 비러도 가ᄒᆡ의 지휼곳이 업

『자휼전칙』

1783년 흉년으로 버려진 10세 이하의 어린아이를 구제하기 위해 정조의 명으로 반포한 법제서다.

(출처 : 국립중앙도서관 소장본)

히려 전염병으로 인한 핵심 관료와 지방관의 잇따른 죽음으로 공권력에 공백이 일어났을 것이다. 그렇기에 정부는 실질적인 방역 대책보다 전염병으로 피폐해진 백성을 구휼하고 시신 수습과 제의를 통한 위무 정책에 중점을 두었다.

> 성城 안팎의 가난하고 잔약한 백성으로서 자력으로 병을 치료하기 어려운 자나 죽어서 장사를 치를 수 없는 사람들에 대해서는 각부各部에 엄히 신칙하여, 진휼청에서 뽑아 보고하고 연교筵教에 의거해 거행하도록 하라. 삼남三南 및 제도諸道에 대해서도 또한 엄히 신칙하여 막幕을 짓고 굶주림을 구하는 일과 기타 돌보아 주는 일들을 일체 경청京廳의 예에 의거해서 거행하도록 하라. 또 고을 소재지와 거리가 조금 멀어서 미처 두루 살필 수 없는 곳에 대해서는 해당 동리洞里에서 힘을 모아 서로 돕도록 하라. 그리고 몇 사람을 구활하고 몇 사람을 거두어 장사지냈는지를 도신道臣으로 하여금 조사해서 장문狀聞하도록 하라.[65]

1799년 1월 13일 정조는 위와 같이 전교를 내려 백성에 대한 구휼을 우선적으로 지시하였다. 진휼청을 통하여 백성들의 굶주림을 구제하는 데 역점을 두었으며, 특히 지방에서는 동리별로 서로 구제할 것을 지시하고 있다. 왕조의 기반이 되는 향촌 공동체의 붕괴를 막으려는 의도다. 또한 연고가 없거나 이런저런 사정으로 장사치를 수 없는 시신은 중앙정부와 지방 관아가 나서서 장사를 치를 것을 지시하였다. 시신 수습은 전염병 확산을 막는 효과도 있지만, 민심 안정의 목적이 컸다. 방치된 시신을 목격함으로써 발생하는 두려움을 차단하고, 죽은 영혼을 위로함으로써 여귀의 발호를 막을 수 있다는 믿음을 심어 주기 때문이다.

지역에 따라 효과적인 구휼과 시신 수습은 민심을 안정시키는 데 어느 정도 효과를 보기도 했다. 『하와일록』에는 전염병이 확산되는 가운데, 상주목사尙州牧使 이소李素가 구휼 정책을 잘 펼쳐 백성들로부터 칭송을 받았다는 이야기가 수록되어 있다.

> 구미 할아버지가 와서 뵙고 "상주는 어진 수령을 얻어 수개월 사이에 도망갔던 백성들이 사방에서 돌아왔습니다. 거듭 창고의 곡식을 열어 굶주린 백성을 구휼하니 온 지역에 태평하다는 칭송 소리가 크게 일어났습니다"라고 하였다.[66]

반대로 이를 제대로 하지 못한 지방관은 징계를 받았다. 예를 들어 김화현감金化縣監 김재겸金載謙은 전염병으로 죽은 전임 지방관의 초상을 제때 치러 주지 않았으며, 초산부사楚山府使 송상렴宋祥濂은 자신의 임지에서 죽은 이웃 고을 수령의 장례를 치러 주지 않았다. 두 사람 모두 감염을 두려워했기 때문이다. 이에 대사간 신헌조申獻朝는 백성의 시신을 수습하라는 전교가 내려져 이를 철저하게 따라야 함에도 불구하고, 지방관의 시신조차 제대로 수습하지 않은 두 사람의 삭직을 아뢰었다. 이에 정조는 나문拿問하여 공초하라는 지시를 내렸다.[67] 전염병이 극성을 부리는 가운데 공권력이 부재하다면, 더 큰 혼란을 야기할 수 있기 때문에 정부 입장에서는 무엇보다 수령의 기강을 바로잡아야 했다. 이처럼 실질적인 방역 조치가 어려운 상황에서 정부는 일차적으로 민심 수습에 주력하였던 것이다.

전염병의 요인을 정확하게 파악할 수 없었던 전통 시대에 많은 사람들은 귀신鬼神의 소행으로 이것이 발생한다고 믿었다. 따라서 정부에서도 전염병을 일으킨 귀신에게 제사를 올려 무지에서 비롯된 백성들의 두려움을 안정시키고자 했다. 도성과 전국 각 고을에서 매년 정기적으로 설행하던 여제厲祭는 전염병의 원인이 되는 여러 귀신과 원혼을 위무하는 의례다. 정부는 일찍이 『경국대전經國大典』을 통해 그 규례를 제정해 놓았다.[68]

그러나 실제 전염병이 발생하면 정기적인 여제와 별도로 별여제別厲祭·별위제別慰祭를 설행하였다.[69] 별여제는 보통 택일하지만 전염병이 극심할 경우에는 바로 설행하는 경우도 있었다. 전염병을 일으킨 여러 귀신의 넋을 달래어 조화를 도모함으로써 전염병의 확산을 막으려는 의도였다.[70] 1798년을 넘어 1799년 초에도 전염병이 극성을 부리자 정부는 별여제를 설행하였다.

경중京中의 경우 북교北郊에 경조당상京兆堂上을 보내서 별여제를 거행하고, 동·서·남 삼교三郊에는 경악經幄(경연經筵)의 신하를 보내서 위제를 거행하며, 양서兩西(평안도·황해도)의 경우는 여제와 위제를 아울러 베풀고, 그 밖의 여러 도에서는 모두 벽고酺辜(사방의 온갖 신에게 지내는 제사)의 예를 거행하라.[71]

위의 기사처럼 정조는 전염병 피해가 극심했던 도성과 평안도·황해도 지역에 별여제·별위제 설행을 지시하였다. 초월적인 존재에 대한 기원은 근본적인 전염병 대책이 될 수 없었지만, 당시로서는 백성의 두려움을 해소하고 민심을 안정시키는 것이 우선이었을 것이다.

당연히 민간에서도 초월적인 존재에게 의지함으로써, 전염병에 대한 두려움으로부터 벗어나고자 했다. 앞서 살펴보았듯이 민간에서는 1798~1799년의 전염병이 호승의 저주에서 시작되었다는 소문이 돌고 있었다.[72] 전염병의 발병지인 청나라에서도 마찬가지였다. 그들도 전염병의 발생 원인을 초월적인 연유에서 찾고 있었다. 이와 관련해 청나라를 다녀온 서유문은 정조에게 문견별단聞見別單을 올려서 다음과 같이 보고하였다.

지난 해 초겨울 그곳의 돌림병이 매우 성하여 병을 앓는 자가 계속 이어졌습니다. 사망자 규모를 비록 자세히는 알 수 없으나 연로沿路를 갔다 올 때 마을 사람들을 보니, 상복을 입고 있는 이들이 매우 많았습니다. 사람들이 서로 전하는 말에 따르면 "지금은 태상황太上皇의 말년 운에 해당되어 이러한 일이 있게 된 것이다"라고 하면서, 또한 곧 깨끗해질 것이라고도 하였습니다.[73]

청나라에서는 천자天子인 건륭제의 말년이기 때문에 전염병이 일어났다는 소문이 돌고 있었고, 이를 들은 서유문이 정조에게 문견별단으로 보고하였던 것이다. 그렇기에 민간에서는 별도로 제의를 설행하거나 귀신을 달래는 여러 행위를 고을 및 마을 단위 또는 개인적인 차원에서 실시하기도 했다.

『하와일록』에는 1798~1799년 전염병이 극성을 부릴 때 이와 같은

의례를 설행한 기록이 없다. 어찌 보면 모두가 전염병에 감염되어 의
례를 설행할 여력조차 없었을 수도 있다. 다만 전후로 발생한 다른 전
염병과 병환 때 귀신에게 부탁한 사례가 보인다. 예를 들어 1798년
3월 30일 일기에 따르면, 마을에 전염병이 들자 사람들은 그 원인을
북림北林의 오래된 나무를 베었기 때문이라고 판단하고, 제문祭文을 지
어 제사를 올렸다.[74] 북림이 마을을 보호하는 수호신인데, 이를 베어
버려 전염병이 창궐했다는 것이다.

같은 해 8월 14일에는 "두호痘虎(천연두)가 극성을 부려 부형父兄들이
의논하여 추석에 차례를 지내지 않기로 정했다"[75]라는 일기가 있다.
부연 설명이 없어 얼핏 보기에는 거리두기를 선택한 것으로 여겨진다.
그러나 과연 제사 중단이 그런 의도인지는 천연두에 대한 다른 대응
양상도 살펴보아야 판단이 가능하다. 이 또한 천연두를 일으키는 마마
신(두창신痘瘡神)에 대한 공경과 금기에서 비롯되었을 가능성이 있기 때
문이다.

16세기 무렵 편찬된 어숙권魚叔權의 『패관잡기稗官雜記』에는 다음과
같은 언급이 있다.

> 우리나라 풍속에 마마귀신을 중하게 여긴다. 그래서 제사, 범염犯染(초상
> 집 출입), 잔치, 방사房事(남녀 간의 성교), 외인外人 및 기름과 꿀 냄새, 비린내
> 와 노린내, 더러운 냄새 등을 대체적으로 금기禁忌하였는데, 이것은 의방
> 醫方에 실려 있다. 이는 마마가 누에와 같이 물건에 따라 변하기 때문이다.
> 세속에서는 이것을 매우 신중히 지키고 있는데, 그 밖에 꺼리는 일들을 이
> 루 다 적을 수가 없다. 어쩌다가 범하면 죽고 또 위태롭게 되는 자가 열에

예닐곱은 된다. 만약 목욕하고 빌면 거의 죽어 가다가도 다시 살아난다. 그러므로 사람들은 더욱 그것을 믿고 지성으로 높이고 받든다. 심지어는 출입할 때에 반드시 관대冠帶를 하고 나갈 때나 들어올 때에 고하기까지 한다. 앓고 난 뒤 1~2년이 되어도 여전히 제사 지내기를 꺼려 비록 사인 士人이라도 그 풍속에 구애되어 제사를 폐지해 버리는 사람까지 있다. 마마귀신에 대한 금기가 예전에는 이렇지 않았는데 근년에 와서 더욱 심해 졌으니, 만약 또 40~50년이 지나면 마침내는 어떻게 될지 모르겠다.[76]

전통 시대 민간에서는 대부분의 사람들이 겪게 되며, 상대적으로 치사율이 높았던 천연두를 가장 두려워했다. 따라서 마마신에 대한 금기를 더욱 철저히 지키려고 했는데, 가장 중요한 것이 바로 제사를 지내지 않는 것이었다. 이는 마마신의 속성 때문이다. 마마신은 질투가 심해 자기가 있음에도 다른 귀신을 섬기면 천연두를 일으키는 존재였다. 사대부라도 마마신이 두려워 제사를 지내지 않는 경우가 많았다. 그렇기에 이이李珥와 같은 인사는 해주海州에서 제정한 향약鄕約의 '과실상규過失相規' 조항에 천연두로 인해 제사를 폐하는 풍습을 금지하였다.[77] 또한 다른 전염병의 사례이지만 이문건李文楗(1494~1567)은 이웃집에서 몰래 제사를 지내기도 했다.[78]

외조모의 기일이다. 제사는 신온申溫의 집에서 지내므로 아침 일찍 참석하러 갔다. 권상權常도 와서 참석했다. 다만 온의 집에서는 역신疫神을 보내는 제사를 올리지 않았다고 하여 이웃집을 빌려서 지냈다. 제사를 마친 후 온의 집으로 자리를 옮겨서 남은 제사 음식을 먹었다.[79]

이러한 행태를 미루어 본다면 류의목 일족이 추석 때 차례를 지내지 않은 것도 마마신에 대한 두려움과 무관하지 않을 것이다.

한편, 1799년 6월 15일 류의목의 가족은 류선조의 병세가 악화되는 가운데 무당을 불러 세 차례 축귀逐鬼를 했다. 이날 일기에 류의목은 "대개 부득이 한데서 나와서 하지 아니한 바가 없었다"[80]라고 덧붙여 놓았다. 무당에 대한 혹신惑信을 멀리하는 사대부였지만, 전염병이나 병환에 대한 뚜렷한 대책이 없을 경우 평소 지향하던 바와 모순된다 할지라도 지푸라기를 잡는 심정으로 무당과 귀신에게 의지하였다. 전후의 이러한 사정을 미루어 볼 때 1799년 연초 하회를 강타한 전염병 대응 때도 류의목 일족은 초월적인 존재에 대한 의지를 염두에 두었다.

시신 처리와 격리

전염병 방역에 있어 가장 중요한 것은 바이러스에 노출되지 않는 것이다. 이는 조선 정부도 오래전부터 알고 있었다. 그래서 전염병이 발생하면 즉각 병막病幕을 설치하여 감염자를 격리하였다.[81] 앞서 살펴본 1799년 1월 13일 전교에서 막의 설치를 지시한 것도[82] 이와 같은 의도다. 하지만 전염병이 대규모로 창궐했을 경우 병막 설치에는 한계가 있었으며, 감염자 시신 처리도 문제가 되었다. 겉으로 증상이 나타나지 않고 있는 감염자와 비감염자의 접촉도 막기가 사실상 어려웠다. 1798~1799년 전염병 때는 이러한 한계가 그대로 노출되었다.

전염병으로 죽은 류의목의 주변 인물들은 일상적인 상례를 통해 시신이 처리된 것으로 보인다. 사대부로서 경제적 여유가 있고, 경상도 지역은 도성이나 평안도·황해도에 비해 피해가 적었기 때문이다. 그러나 도성의 사정은 달랐다. 『하와일록』에는 도성에서 상주가 없는 시신을 사람들이 실어 날라 짚으로 덮어 쌓아둔 것이 산과 같다는[83] 이야기와 임금이 다시 넓은 땅을 매입하여 주인 없는 시신을 옮겨 쌓았다는 기록이 있다.[84] 도성은 그만큼 피해가 극심하여 무연고 시신이 많을 수밖에 없었다. 그래서 시신을 한 곳에 쌓아 놓는 방법을 선택하였다. 설사 연고가 있다고 해도 정상적인 장례는 불가능하였다.

> 이웃에 사는 비인庇仁 수령 이철유李儒喆가 사망한 지 10여 일이 지나도록 관으로 사용할 나무를 얻을 수 없었다. 그래서 방에 시체를 그대로 놓아두고 상주가 직접 양주楊州에 가서 널판을 구해 왔다. 게다가 남자 종 1명과 여자 종 2명이 한꺼번에 죽었기에 관에 넣지 못하는 시신이 방에 가득하였다.[85]

위와 같이 도성에 있던 노상추는 시신 처리와 관련해 좀 더 극단적인 상황을 경험하였다. 사망자 이유철은 수령을 지낸 관인 층이었지만, 전염병으로 인한 사망자가 너무 많아 여느 때처럼 상례를 치르기가 불가능하였다. 심지어 종들의 시신마저 처리 못해 방 안에 무더기로 방치되어 있는 상황이었다. 이처럼 사망자가 폭발적으로 증가할 경우 시신 처리는 속수무책이었고, 이로 인한 감염도 증가했을 것이다.

반면에 신속한 처리를 통해 칭송받는 경우도 있었다. 정약용丁若鏞은 당시 피해가 극심했던 황해도 지역에서 곡산부사谷山府使로 재임하고 있었으며, 자신도 감염되어 한동안 병을 앓았다.

정월에 청나라 고종황제高宗皇帝(건륭제)가 붕어하여 칙사가 왔으므로 호조참판의 임시 직함을 가지고 칙사 일행을 맞이했다. 이에 앞서 서로에 감기가 크게 번져 걸리면 노인들은 반드시 죽었다. 공도 이 병을 앓았다. 갑자기 잠자리에서 생각하니 이 병이 의주로부터 감염되어 왔으니 반드시 중국으로부터 온 듯했다. 황제가 나이가 많았던 터이라 칙사의 행차가 있을 법했다.[86]

위의 글에 따르면 정약용은 1798~1799년 전염병이 노약자에게는 치명적이었고 중국에서 건너온 것임을 분명히 알고 있었다. 그런 가운데 부임지 곡산에서도 사망자가 다수 발생하자, 정약용은 다음과 같이 신속하게 시신을 처리하는 혜안을 보이기도 했다.

『속대전續大典』의 「예전禮典」 혜휼惠恤 편에 이렇게 규정하였다. "서울과 지방에서 유행병으로 전 가족이 몰사하여 매장을 못하는 자가 있으면 휼전恤典을 거행한다."
가경嘉慶 무오년 겨울 한질寒疾이 갑자기 성하였다. 그때 나는 황해도 곡산에 있었는데, 가장 먼저 매장하는 정책을 시행하였다. 아전이 말하기를, "조정의 명이 없으니 실행해도 공이 없습니다" 하기에, 나는 말하기를 "실행하라! 영이 있을 것이다" 하였다. 5일마다 사망자의 장부를 만들고 친척이 없는 자는 관에서 비용을 지급하여 매장하게 했다. 이렇게 한 지 한 달 남짓 지나자 비로소 조정의 명이 도착하니, 감사의 장부 독촉이 성화 같았다. 다른 읍에서는 모두 갑자기 장부를 정리하느라 여러 차례 문책을 받았지만, 나는 이미 정리해 놓은 것을 바치고 조용히 아무 일도 없

으니 아전도 크게 기뻐하였다.[87]

한편, 전염병이 극성을 부리는 시기에 방역의 기본은 거리두기이며, 환자는 격리하는 것이 기본 원칙이다. 이는 조선시대 사람들도 잘 알고 있었다. 정부에서도 사람들이 모이는 것을 피하기 위해 경우에 따라서는 과거시험 연기, 죄수 방면, 군인들의 상번上番 정거停擧를 하기도 했다. 그러나 일상 모임까지 제한하기는 쉽지 않았으며, 사람들도 거리두기의 중요성을 제대로 인지하지 못하였다.

『하와일록』에도 그러한 현상이 나타난다. 1799년 1월 7일부터 류의목을 필두로 가족들이 병환으로 눕기 시작했으나, 방문객은 전혀 줄지 않았다. 9~11일 사이에 병문안이 이어졌다.[88] 더구나 할아버지 류일춘은 가문의 문장門長이자, 고을의 좌수座首였으며, 서원의 원장院長을 역임하였기에 그 누구보다도 향촌사회에서의 활동량이 왕성하였다. "며칠 전부터 원근에서 찾아오는 사람들이 마당에 계속 이어졌다"[89]라는 기사처럼 1798년 연말부터 손님들이 줄을 이었고, 거기에다 류일춘은 1월 3~4일 고죽서원孤竹書院, 5~8일에는 병산서원에 머물며 많은 사람을 만났다. 그리고 8일부터 할아버지와 모든 가족이 일시에 드러눕는 일이 벌어졌다.[90]

사망자가 속출하고 있던 도성 사람들도 거리두기보다는 인정人情을 중요시했다. 이 무렵 도성에 있던 노상추는 이모李某라는 사람을 가리켜 "살림살이가 매우 풍족한데도 돌아보지 않으니 이런 사람을 사람으로 여길 수 있겠는가!"[91]라며 사람을 만나지 않고 보신保身하는 자에게 섭섭한 마음을 드러내었다. 지금 입장에서 되돌아 보면 안타까운 대목이지만, 이 시기 사람들은 전염병으로 인해 그간 쌓아 온 인정이 무너지고 단절되는 것을 더욱 염려했는지도 모른다.

도우屠牛와 쇠고기 섭취

1798~1799년의 전염병 기록에서 눈에 띨 만한 처방이나 치료 방법은 확인되지 않는다. 단순히 좀 더 강한 감기로 인식하였기에 기존의 대응과 큰 차이가 없었다. 그런 와중에 흥미로운 현상이 하나 나타나는데, 바로 쇠고기 섭취의 증가다.

> 우리 고을 수령의 전령에 쇠고기가 감기를 다스리는 방도이니 마땅히 잡아 쓰라고 하였다.[92]

> 마을에 또 괴이하고 괴이한 병이 생겼다. 병에 걸리면 순식간에 죽는 병이었다. 지금 크게 번지고 있는데 소고기가 병을 치료하는 방법이 되기 때문에 요즘 시골 거리에서 소를 많이 잡았다. 하루에 네다섯 마리 아래로 내려가지 않으니, 또한 세상의 변고다.[93]

어떠한 이유인지는 모르나 쇠고기가 전염병에 효능이 있다는 소문이 돌았다. 그렇게 쇠고기 섭취가 증가하자 정부는 이를 권장하는 차원에서 일시적으로 도우屠牛를 허용하게 된다. 그런데 불과 한 달 전까지만 해도 정부에서는 우금牛禁이 논의되고 있었다. 1798년 11월 30일 충의위 배의裵宜는 상소를 올려 농사를 권장하기 위해서 도우를 철저하게 금지해야 한다고 건의하였다.[94] 한창 전염병이 퍼지고 있던 12월

14일에는 왕이 직접 형조와 한성부의 당상관에게 도우를 금지하라고 지시하였다.

> 한漢나라의 법이 관대했지만 토지가 개간되지 않았을 경우에는 자사刺史와 태수太守를 죽였다. 토지를 개간하는 것은 바로 밭가는 소이니, 소를 도살할 수 있겠는가. 이것이 소를 도살한 데 대한 율律을 살인한 죄에 비해 두 등급을 감하여서 곤장을 치고 유배 보내는 까닭이다. 연전에 고故 정승이 거듭 금지시킬 것을 청했을 때 단지 고개만 끄덕이고 지금까지 특별한 전교를 내리지 않았던 것은 그에 대한 나름대로의 옛 법이 있으므로 단지 거행하는 것이 어떠한가를 보고자 해서였다. 그리고 또 해이해진 뒤에 다시 신명하고자 한다면, 어찌 지나치게 가혹한 조치가 아니겠는가.[95]

평상시 정부는 도우를 금지하는 우금을 유지하였다. 우금은 금주酒禁·송금松禁과 더불어 국가에서 금지하는 삼금三禁의 대상이었다. 따라서 도우는 관부의 허가만 있어야지 가능했다. 그러나 전염병이 돌고 있는 상황에서 마땅한 치료 방법을 찾지 못하던 정부는 궁여지책으로 민간에 떠도는 처방을 면밀한 검증 없이 허락하였다. 정부 입장에서는 효능 여부보다, 적극적으로 대처하는 모습을 민간에 보여 줌으로써, 흉흉해진 민심을 안정시키고 정부를 따르게 하는 것이 더 중요했기 때문이다.

물론, 쇠고기 섭취가 치료에 전혀 무익한 것은 아니었다. 기본적으로 육류 섭취는 영양을 풍부하게 해 줘, 감염자의 면역력을 높여 주었을 것이다. 또한 일반적인 감기에도 효능이 있었다고 한다. 1798~1799년의 감기 증상은 대체로 열과 두통, 오한이 동반되어 감염자를 드러눕게 만들었다. 이러한 부류의 감기 증상을 예전에는 '기허감모氣虛感冒'라 불렀다. 기가 허해 생긴 감기라는 뜻이다. 『동의보감東醫寶鑑』에 따르면, 우육牛肉, 즉 쇠고기는 예로부터 허한 기를 보충해 주는 음식이었다. 당시 사람들은 기가 허한 사람이 감기에 감염된다고 생각했을 것이고, 그에 따라 쇠고기 섭취가 폭발적으로 증가하였던 것으로 이해할 수 있다.

그런데 쇠고기는 식용과 별개로 주술적 기능도 가지고 있었다. 일종의 벽사辟邪 수단으로 활용되었는데,[96] 이와 관련해 1577년(선조 10) 봄에 다음과 같은 일이 일어났다.

> 서울 및 8도에 전염병이 크게 만연하여 사망자가 연달아 발생했는데, 황해도와 평안도가 더욱 심하였다. 임금이 근시近侍를 보내어 황해, 평양 두 도에 여제를 지냈다. 이때 민간에 와전되는 소문에 독한 역질 귀신이 내려오니 꼭 오곡으로 된 잡곡밥을 먹이고 기도해야 한다고 하여 서울 안이 떠들썩했다. 이 때문에 잡곡을 저장한 사람은 그 이익을 많이 얻었다. 또 말하기를 "꼭 쇠고기를 먹이고 소피를 문에 뿌리고 기도해야 한다" 하여 곳곳에서 소를 무수히 도살하였다. 전년의 흉년과 금년의 염병으로 죽은 사람의 수효를 알 수 없다.[97]

옛적 사람들은 전염병을 역신의 소행으로 보았다. 위의 소문처럼 역신은 소를 싫어했다. 쇠고기를 섭취한 사람과 소피가 뿌려진 집은 역신이 피한다고 보았다. 그래서 전염병이 돌게 되면 사람들이 국가의 지시와 별개로 도우를 했는데, 이는 전국적인 현상이었다. 뚜렷한 방역 대책이 없는 상황에서 정부도 도우를 묵인할 수밖에 없었던 것이다.

위의 『하와일록』 기록처럼 1799년의 도우 허용은 전염병으로 인한 정부의 특별 지침이었다. 하지만 이때를 기회로 생각하는 사람들이 있었다.

> 5부에서 도살한 소는 넘쳐나는데 쇠고기의 값은 올라서 도리어 도살을 금지했던 때와 같으니 괴이하다. 이것은 사람의 마음이 자신의 이익만을 좋아해서 그 이익을 취하려고 하기 때문이다. 돈에 대한 욕심을 어찌 막겠는가.[98]

관부가 도우를 허락하는 경우는 소가 사고로 죽거나 크게 다쳤을 때, 또는 질병에 걸렸을 때였다. 질병 치료나 제수祭需 때문에 허락하는 경우도 있었다.[99] 그렇게 획득한 쇠고기는 도우를 청원한 자들이 식용으로 쓰기도 하고, 현방懸房 등지에서 판매되기도 했다. 하지만 수요에 비해 공급되는 쇠고기는 언제나 부족했고, 가격은 비쌀 수밖에 없었다. 그래서 사람들은 다양한 방법으로 수요를 채워 나갔다. 거짓으로 사유를 만들어 도우를 청원하기도 했고, 각종 불법·편법을 동원하여 도우를 했다.

1799년 전염병이 극성을 부리자 일시적으로 도우를 허가하였다. 공급이 늘어났으니, 쇠고기 값은 내려가야 했다. 그러나 노상추의 지적대로 도성의 쇠고기 값은 폭등하였다. 업자들이 폭리를 취하기 위해 쇠고기를 쌓아두고 판매를 제대로 하지 않았던 것이다. 전염병으로 많은 사람들이 어려움을 겪고 있지만, 그런 어려움 속에서도 사익을 취하려고 하는 인간사의 천태만상은 예나 지금이나 다를 바 없었다.

1798~1799년 전염병의 재구성

지금까지 한 사대부가 청소년이 쓴 일기를 중심으로 1798년 겨울부터 1799년 봄까지 전국을 강타했던 전염병의 참상과 대응 양상을 살펴보았다.

당시 전염병의 종류는 독감으로 추정하고 있다. 중국을 통해 평안도와 황해도를 거쳐 도성으로 전파되었으며, 이후 전국적으로 확산되었다. 독감의 원인은 명확하지 않다. 다만, 새로운 환경과의 접촉을 생각해 볼 수 있다. 인류가 정착 생활을 시작한 후 터전을 확대하기 위해 자연을 개척하기 시작하였다. 새로운 환경에 맞닥뜨린 인류를 지금까지 경험하지 못한 바이러스에 노출되었다. 문명 간의 충돌, 신대륙 발견, 집단 이주, 제국주의 팽창이 진행되는 과정에서 바이러스 전파도 함께 이루어졌던 것이다. 산업 발전에 따른 도시 발달도 전염병이 확산되는데 좋은 환경을 제공하였다. 거기다 흉년이 발생하여 사람들의 면역력이 약화된다면, 피해 규모는 걷잡을 수 없이 커졌다.

1798~1799년의 전염병도 세계 정세의 변화와 조선 후기 사회경제적 발전이 한 요인이 되었다. 지방의 경우 중국과 인접한 평안도·황해도의 피해가 컸으며, 도성 사망자는 집계조차 제대로 되지 않았다. 십

수만 명의 사람들이 불과 몇 달 사이에 전염병으로 사망했으며, 안동에서도 858명이 세상을 떠났다. 안동 하회의 류의목 일가는 1799년 1월 7~9일 사이에 증상이 나타났다. 온 가족이 병으로 드러누웠으며, 친족과 이웃의 부고 소식이 연이어 들려왔다. 노약자에게 이 감기는 치명적이었다. 또한 채제공을 비롯해 전·현직 대신과 중신들이 전염병으로 세상을 떠났다.

전염병이 극성을 부렸지만 정부 대응에는 한계가 있었다. 법전에는 구휼책이 제정되어 있으나, 강한 전염병 앞에서는 속수무책이었다. 오히려 관료들의 죽음이 이어져 행정 공백이 우려되는 상황이었다. 정확한 감염 원인과 처방을 파악하지 못한 가운데 정부는 민심을 안정시키는 데 역점을 두었고, 여제와 같은 각종 제의를 설행하였다. 이는 정부만의 행태가 아니었다. 민간에서도 각종 주술적인 방법을 동원하여, 초월적인 존재에 의지함으로써 전염병을 극복하고자 했다.

현재는 전염병이 발생할 경우 거리두기와 격리를 강조한다. 이것이 최고의 방역임은 여러 사례로 입증되었다. 그러나 1798~1799년에는 무지와 정책의 한계 때문에 감염되는 사람들이 많았다. 도성에는 시신이 넘쳐났지만 오랫동안 이를 방치하였고, 이는 또 다른 감염의 원인이 되었다. 사람들 간의 만남도 거리낌이 없었다. 류의목 가족이 전염병에 걸렸지만, 방문객은 그대로 이어졌다. 오히려 병문안 때문에 평상시보다 방문객이 많았다. 전염병에 노출되는 것보다 인정이 단절되는 것을 더욱 두려워했던 것이다.

이 무렵 전염병 예방책으로 쇠고기 섭취가 폭발적으로 증가하였다. 원래 도우는 국가 금령이었지만, 전염병이 극성을 부리자 정부도 한동안 도우를 허락할 수밖에 없었다. 실제 효능과는 별개로 쇠고기 섭취에는 주술적인 벽사 의식도 포함되어 있다.

1799년 날씨가 따뜻해지면서 전염병은 잦아들었으며, 서서히 일상을 회복하였다. 그렇다고 해서 전염병을 극복한 것은 아니었다. 여전히 바이러스가 주위를 맴돌고 있었지만, 지난겨울과 그해 봄처럼 폭발적인 증가가 일어나지 않았을 뿐이다. 1798~1799년의 그 지독했던 독감도 이제 일상생활에 지장을 주는 수준의 평상 시 감기와 다를 바가 없어진 것이다.

중요한 것은 경험하지 못한 전염병이 도래했을 때 나타나는 파급력과 그로 인한 혼란이다. 당시 우리 선조들은 전염병을 극복하지는 못했으나, 그것보다 전염병으로 인해 그동안 구축해 온 공동체와 질서 그리고 인간관계가 무너지는 것을 더욱 두려워했던 것으로 보인다. 그렇기에 정부는 민심 안정을 위해 노력하였고, 우리 선조들도 서로를 되돌아보며 위기를 극복하고자 했다. 대처 방법은 다르겠지만, 현대사회도 이와 다를 바 없을 것이다.

참고문헌

『朝鮮王朝實錄』

『日省錄』

『備邊司謄錄』

『經國大典』

『六典條例』

『戶口總數』

『增補文獻備考』

『燃藜室記述』

『稗官雜記』

『牧民心書』

『默齋日記』

『戊午燕行錄』

『盧尙樞日記』

『河窩日錄』

『栗谷全書』

『俟菴先生年譜』

『無名子集』

『臥隱集』

『守軒集』

강상순, 「조선시대의 역병 인식과 신이적 상상세계」, 『일본학연구』 46, 단국대학교 일본
　　연구소, 2015.

김명자, 「『하와일록(1796~1802)』을 통해 본 풍산 류씨 겸암파의 관계망」, 『대구사학』 124,
　　대구사학회, 2016.

＿＿＿, 「순조 재위기(1800~1834) 하회 풍산 류씨의 현실 대응과 관계망의 변화」, 『국학
　　연구』 29, 한국국학진흥원, 2016.

김승우·차경희, 「조선시대 고문헌에 나타난 소고기의 식용과 금지에 대한 고찰」, 『한국
　　식생활문화학회지』 30-1, 한국식생활문화학회, 2015.

김정운, 「1799년 전염병[胡疫]의 대유행과 국가의 위기대응 방식」, 『대구사학』 145, 대
　　구사학회, 2021.

배대호, 「19세기 전후 사대부가의 감염병 양상과 대처-정원용의 『경산일록』을 중심으
　　로-」, 『조선시대사학보』 95, 조선시대사학회, 2020.

변정환, 「조선시대의 역병에 관련된 질병관과 구료시책에 관한 연구 (Ⅳ)」, 『동서의학』
　　10-4, 대구한의대학교 제한동의학술원, 1985.

신동원, 「1821년 콜레라 유행과 역사적 변곡점」, 『지식의 지평』 30, 대우재단, 2021.

우창준, 「조선시대 전염병에 대한 피해상황 인식과 대처 방법」, 『기독교사상』 740, 대한
　　기독교서회, 2020.

이규근, 「조선 후기 질병사 연구-『조선왕조실록』의 전염병 발생 기록을 중심으로-」,
　　『국사관논총』 96, 국사편찬위원회, 2001.

이기봉, 「조선 후기 역병에 대한 정부의 대응-정조 시기의 특징을 중심으로-」, 『대구사
　　학』 141, 대구사학회, 2020.

이정은, 「《매일신보》에 나타난 3·1운동 직전의 사회상황」, 『한국독립운동사연구』 4, 독
　　립기념관 한국독립운동사연구소, 1990.

이준호, 「조선시대 기후변동이 전염병 발생에 미친 영향-건습의 변동을 중심으로-」,
『한국지역지리학회지』 25-4, 한국지역지리학회, 2019.

이호철·박근필, 「19세기 초 조선의 기후변동과 농업위기」, 『조선시대사학보』 2, 조선시
대사학회, 1997.

전경목, 「조선 후기 소 도살의 실상」, 『조선시대사학보』 70, 조선시대사학회, 2014

정연식, 「조선시대의 천연두와 민간의료」, 『인문논총』 14, 서울여자대학교 인문과학연
구소, 2005.

최종남·류근배·박원규, 「아한대 침엽수류 연륜연대기를 이용한 중부산간지역의 고기
후복원」, 『한국제4기학회지』 6-1, 한국제4기학회, 1992.

황상익, 「감염병과 국가와 인간」, 『역사와 현실』 116, 한국역사연구회, 2020.

주

1 변정환, 「조선시대의 역병에 관련된 질병관과 구료시책에 관한 연구 (Ⅳ)」, 『동서의학』 10-4, 대구한의대학교 제한동의학술원, 1985.

2 1798~1799년 전염병은 최근까지 학계에서 주목받지 않다가, 2020년 팬데믹에 맞추어 '이기봉, 「조선 후기 역병에 대한 정부의 대응-정조 시기의 특징을 중심으로-」, 『대구사학』 141, 대구사학회, 2020; 배대호, 「19세기 전후 사대부가의 감염병 양상과 대처-정원용의 『경산일록』을 중심으로-」, 『조선시대사학보』 95, 조선시대사학회, 2020; 우창준, 「조선시대 전염병에 대한 피해상황 인식과 대처 방법」, 『기독교사상』 740, 대한기독교서회, 2020; 황상익, 「감염병과 국가와 인간」, 『역사와 현실』 116, 한국역사연구회, 2020; 김정운, 「1799년 전염병[胡疫]의 대유행과 국가의 위기대응 방식」, 『대구사학』 145, 대구사학회, 2021' 등의 연구에서 다루어지기 시작하였다.

3 『수헌집守軒集』 권8, 부록, 「행장行狀」.

4 『수헌집』 권3, 기記, 「남애서숙기南厓書塾記」.

5 『정조실록正祖實錄』 권51, 23년 1월 13일.

6 『무명자집無名子集』 시고詩稿 4책, 시詩.

7 이정은, 「《매일신보》에 나타난 3·1운동 직전의 사회상황」, 『한국독립운동사연구』 4, 독립기념관 한국독립운동사연구소, 1990, 217쪽.

8 『정조실록』 권50, 22년 12월 30일.

9 황상익, 위의 논문, 2020, 5쪽.

10 이준호, 「조선시대 기후변동이 전염병 발생에 미친 영향-건습의 변동을 중심으로-」, 『한국지역지리학회지』 25-4, 한국지역지리학회, 2019, 428쪽.

11 『영조실록英祖實錄』 권70, 25년 12월 4일, "임금이 대신과 비국 당상을 인견하고 근신近臣을 경성京城과 제도諸道에 보내어 여제厲祭를 베풀 것을 명하였다. 이때 여역癘疫이 서로西路에서부터 일어나서 여름부터 겨울에 이르기까지 팔로八路에 만연되어 민간의 사망자가 거의 50만~60만이나 되었다."

12 영의정 조현명趙顯命은 1750년 5월에 올라온 각도 장계 기준으로 전염병으로 인한 사망자가 12만 4,000명인데, 호적에서 빠진 사와 길에 떠도는 거지까지 합치면 30만에 이를 것이라고 했다.(『영조실록』 권71, 26년 5월 15일) 또한 같은 해 5~9월 제도諸道의 보고에 따르면, 이 기간 동안의 사망자는 142,465명에 이른다.(『영조실록』 권71, 26년 5월 29일; 6월 28일; 7월 30일; 8월 29일; 9월 30일)

13 『정조실록』 권21, 10년 4월 13일.

14 최종남·류근배·박원규, 「아한대 침엽수류 연륜연대기를 이용한 중부산간지역의 고기후복원」, 『한국제4기학회지』 6-1, 한국제4기학회, 1992, 26~32쪽; 이호철·박근필, 「19세기 초 조선의 기후변동과 농업위기」, 『조선시대사학보』 2, 조선시대사학회, 1997, 132~137쪽; 이규근, 「조선 후기 질병사 연구-『조선왕조실록』의 전염병 발생 기록을 중심으로-」, 『국사관논총』 96, 국사편찬위원회, 2001, 3쪽.

15　『하와일록』, 무오. '…■■…'은 원문 결락.

16　『정조실록』 권47, 21년 9월 29일.

17　『정조실록』 권49, 22년 8월 28일.

18　이규근, 앞의 논문, 2001, 6쪽.

19　『순조실록純祖實錄』 권21, 21년 8월 13일, "평안감사 김이교金履喬가 아뢰기를 '평양부의 성 안팎에 지난달 그믐 사이 갑자기 괴질이 유행하여 토사와 관격을 앓아 잠간 사이에 사망한 사람이 10일 동안에 자그마치 1천여 명이나 되었습니다. 의약도 소용없고 구제할 방법도 없으니, 눈앞의 광경이 매우 참담합니다. 항간巷間의 물정物情이 기도를 하였으면 하는데 기도도 일리가 없지 않으니, 민심을 위로함이 마땅할 것입니다. 비록 지금 크고 작은 제사를 모두 중지하고 있습니다만, 이것은 제사와는 다르기 때문에 먼저 본부의 서윤 김병문金炳文으로 하여금 성내 주산主山에 정성껏 기도를 올리게 하였습니다. 그러나 아직도 그 돌림병이 그칠 기미가 없고 점차로 확산될 염려가 있으며, 점차 외방의 각 마을과 인접한 여러 고을로 번지고 있습니다. (…)'라고 하였다.

20　신동원, 「1821년 콜레라 유행과 역사적 변곡점」, 『지식의 지평』 30, 대우재단, 2021, 5쪽.

21　『무오연행록』 권1, 무오년 11월 21일.

22　『무오연행록』 권2, 무오년 12월 8일.

23　『하와일록』, 기미 2월 22일.

24　강상순, 「조선시대의 역병 인식과 신이적 상상세계」, 『일본학연구』 46, 단국대학교 일본연구소, 2015, 85~86쪽.

25　『호구총수戶口總數』 1책.

26　『증보문헌비고增補文獻備考』 권161, 호구고戶口考 2.

27　『노상추일기盧尙樞日記』, 「기미일기己未日記」, 1월 14일.

28　『하와일록』, 기미 3월 3일.

29　『노상추일기』, 「기미일기」, 1월 17일, 18일: 2월 초10일.

30　『하와일록』, 기미 1월 10일.

31　『노상추일기』, 「기미일기」, 2월 4일

32　『하와일록』, 기미 1월 1~6일.

33　『하와일록』, 기미 1월 7일.

34　『하와일록』, 기미 1월 8일.

35　『하와일록』, 기미 1월 9일.

36　『하와일록』, 기미 1월 12일, 16일, 21일, 26일.

37　『하와일록』, 기미 2월 22일.

38　『일성록日省錄』 631책, 1799년 3월 30일.

39　원문에는 '3007구三十七口'라고 기재되어 있는데, 317명의 오기로 보인다.

40　원문에는 '80508구八十五十八口'라고 기재되어 있는데, 858명의 오기로 보인다.

41　치계의 경상도 부분 말미에는 사망자가 도합 15,532명이라고 했으나, 치계의 각 고을별 사망자를 합산하면 15,529명이다.

42　『하와일록』, 기미 3월 3일.

43　『무오연행록』 권6, 기미년 3월 3일.

44　『정조실록』 권51, 23년 1월 13일.

45　『하와일록』, 기미 6월 17일.

46 『하와일록』, 경신 4월 2~5일, "1800년 4월에도 류의목과 그의 어머니 아우 매제 등이 돌림병 증세를 보이며 앓아누웠다."

47 『무오연행록』 권6, 기미년 3월 3일.

48 『하와일록』, 기미 3월 3일; 『무오연행록』 권6, 기미년 3월 3일.

49 『하와일록』, 기미 1월 10일.

50 『하와일록』, 무오 12월 17일; 김명자, 「『하와일록(1796~1802)』을 통해 본 풍산 류씨 겸암파의 관계망」, 『대구사학』 124, 대구사학회, 2016, 16~18쪽 참조.

51 『노상추일기』, 「기미일기」, 1월 7일.

52 『노상추일기』, 「기미일기」, 1월 9일, 11일, 18일.

53 『은와집臥隱集』 권5, 잡저雜著, 「사행일록仕行日錄」.

54 『하와일록』, 기미 1월 23일.

55 『하와일록』, 기미 2월 1일.

56 『하와일록』, 기미 2월 2일.

57 『하와일록』, 임술 1월 15일; 김명자, 「순조 재위기(1800~1834) 하회 풍산 류씨의 현실 대응과 관계망의 변화」, 『국학연구』 29, 한국국학진흥원, 2016, 81~82쪽.

58 『하와일록』, 기미 10월 5일.

59 『하와일록』, 정사 1월 2일.

60 『비변사등록備邊司謄錄』 166책, 정조 8년 1월 12일, "한성판윤漢城判尹 김이소金履素가 이르기를 '대체로 여역癘疫의 극성은 흔히 시절의 흉년에서 오는 것입니다. (…) 조정에서 혜민서와 활인서를 설치한 것은 그 덕의德意가 매우 거룩하고 그 유제遺制가 매우 아름답습니다만, 그러나 이것이 유명무실하여서 참으로 개탄스럽습니다. 신이 보건대 두 관서를 신칙하여 질병을 치료하고 목숨을 구제할 모든 방법을 우선 강정講定하여 병든 자로 하여금 편안히 정착할 수 있게 하고, 약이 없는 자로 하여금 약을 구하여서 살 수 있게 한다면, 이것이 혹시 재앙을 늦추고 화기和氣를 유도하는 단서가 되지 않을까 싶습니다.' (…)"

61 『정조실록』 권16, 7년 11월 5일.

62 『정조실록』 권21, 10년 4월 20일.

63 『정조실록』 권52, 23년 12월 11일.

64 정조 연간 의료 정책에 대해서는 '이기봉, 앞의 논문, 2020' 참조.

65 『정조실록』 권51, 23년 1월 13일.

66 『하와일록』, 기미 2월 22일.

67 『정조실록』 권51, 23년 5월 22일.

68 『경국대전經國大典』 권3, 「예전禮典」, 제사祭祀.

69 『육전조례六典條例』 권5, 「예전」, 제사, "별여제는 큰 전염병이나 재해가 생기면 특지特旨 또는 묘당의 계啓에 의거해 설행設行한다. 기양제祈禳祭와 별위제別慰祭도 동일하다."

70 이규근, 앞의 논문, 2001, 33~34쪽.

71 『정조실록』 권51, 23년 1월 15일.

72 『하와일록』, 기미 2월 22일.

73 『정조실록』 권51, 23년 3월 30일.

74 『하와일록』, 무오 3월 30일.

75 『하와일록』, 무오 8월 14일.

76 『패관잡기稗官雜記』 권2.

77 『율곡전서栗谷全書』권16, 잡저, 「해주향약海州鄕約」, '증손여씨향약문增損呂氏鄕約文', "이 단異端을 배척하지 않는 것인데, 집안에서 음사淫祀를 숭상하는데도 금지하지 않으며, 술가術家의 풍수설에 유혹되어 선대先代 분묘를 함부로 이장하거나 또는 기일이 지나도 장사 지내지 않거나, 종기나 마마로 인하여 제사를 폐하는 것이 해당한다. 대개 좌도左道를 배척하지 않는 일이 이런 것들이다."

78 정연식, 「조선시대의 천연두와 민간의료」, 『인문논총』14, 서울여자대학교 인문과학연구소, 2005, 102쪽.

79 『묵재일기默齋日記』권1, 1537년 3월 25일.

80 『하와일록』, 기미 6월 15일.

81 이규근, 앞의 논문, 2001, 31~32쪽.

82 『정조실록』권51, 23년 1월 13일.

83 『하와일록』, 기미 1월 10일.

84 『하와일록』, 기미 2월 7일.

85 『노상추일기』, 「기미일기」, 1월 18일.

86 『사암선생연보俟菴先生年譜』.

87 『목민심서牧民心書』권3, 애민육조愛民六條, 애상哀喪.

88 『하와일록』, 기미 1월 9~11일. 9일에는 미동美洞의 김종탁金宗鐸과 김종술金宗述 친척 어른들, 10일에는 성곡의 서조, 11일에는 김세규金世奎 어른이 병문안 왔다.

89 『하와일록』, 기미 1월 2일.

90 『하와일록』, 기미 1월 3~8일.

91 『노상추일기』, 「기미일기」, 1월 18일.

92 『하와일록』, 기미 1월 27일.

93 『하와일록』, 기미 2월 17일.

94 『정조실록』권50, 22년 11월 30일.

95 『정조실록』권50, 22년 12월 14일.

96 김승우·차경희, 「조선시대 고문헌에 나타난 소고기의 식용과 금지에 대한 고찰」, 『한국식생활문화학회지』30-1, 한국식생활문화학회, 2015, 74쪽.

97 『연려실기술燃藜室記述』별집 권15, 천문전고天文典故, 「재상災祥」.

98 『노상추일기』, 「기미일기」, 1월 12일.

99 전경목, 「조선 후기 소 도살의 실상」, 『조선시대사학보』70, 조선시대사학회, 2014, 173~185쪽.

하와일록

1판 1쇄 발행 2022년 11월 30일

지은이 · 안경식 김종석 김명자 이우진 백민정 이광우
펴낸이 · 주연선

(주)은행나무
04035 서울특별시 마포구 양화로11길 54
전화 · 02)3143-0651~3 | 팩스 · 02)3143-0654
신고번호 · 제1997-000168호(1997. 12. 12)
www.ehbook.co.kr
ehbook@ehbook.co.kr

ISBN 979-11-6737-257-4 (93910)